Advanced Introduction to
the Austrian School of Economics

오스트리아 경제학파의 고급 입문서

랜달 홀콤 지음

이성규 · 김행범 옮김

도서출판 해남

오스트리아 경제학파의 고급 입문서

초판1쇄 인쇄 2018년 6월 20일
초판1쇄 발행 2018년 6월 27일

지은이 랜달 홀콤
옮긴이 이성규 · 김행범
발행인 노현철
발행처 도서출판 해남

출판등록 1995. 5. 10 제 1-1885호
주　　소 서울특별시 서대문구 충정로 38-12(충정로 3가) 우리타워 6F
전　　화 739-4822 **팩스** 720-4823
이 메 일 haenamin30@naver.com
홈페이지 www.hpub.co.kr

ISBN 978-89-6238-125-2 93320

| 역자 서문 |

오스트리아학파(Austrian School)의 경제 이론은 그 동안 몇몇 문헌들로 여러 차례 소개되어 왔다. 그럼에도 그 진수가 일관된 서술 체계에 따라 잘 기술된 경우는 드물다. 간헐적인 토픽 거리로서의 오스트리아학파 이야기가 아니라 '과학적 담론 대상'으로서의 오스트리아학파의 이론 실체를 보여 주는 책이 오랫동안 요구되어 왔다. 오스트리아학파에 대한 좋은 입문서(入門書)이면서 동시에 통상의 초보적 독본을 넘어 이론의 깊숙한 정수들을 가장 쉽게 풀이하는 것은 학자로서는 꿈이고도 난제이기도 하다.

입문서이면서도 그 내용은 중요 핵심을 정확히 소개하는 것은 입문적 수준과는 거리가 먼 가장 고등한 역량을 지닌 학자들만이 할 수 있다. 현재 오스트리아학파의 대표적 학자이고 동시에 공공선택학의 세계적 대가인 랜달 홀콤(Randall Holcombe) 교수의 『오스트리아 경제학파의 고급 입문서』는 이 점에서 매우 탁월한 저서이다. 오늘날 경제 문제를 설명하고 처방을 내리는 주류 경제학인 신고전파 경제이론은 이론적으로나 실천적으로 큰 한계와 도전에 직면해 있다. 이 상황에서 가장 직관적으로 '쉽게' 그리고 매우 '수준 높게' 경제 현실을 설명해 주는 책이 있다면 바로 이 책일 것이다. 경제학 개론 정도를 일독한 독자들이면 가장 큰 지적 효과를 얻을 수 있다.

이 책이 강조하는 핵심은 다음과 같이 요약된다. 우선, 서구 자본주의 안에서 주류인 신고전학파와 오스트리아학파를 비교해 보면, 전자가 인위적으로 균형을 상정하는 '균형 접근'(equilibrium approach)을 취함에 비해, 후자는 살아 있는 현실의 시장의 작동 메커니즘을 보는 '시장 과정 접근'(market process approach)을 따른다. 또한 사회주의와 오스트리아학파를 대비해 보면, 전자가 '인간 설계'(human design)에 의존함에 비해, 후자는 시장 속에서 개인이 나타내는 현실의 '인간 행동'(human action)에 의존한다.

다음으로, 사회 속 개인의 지식들은 많은 부분은 '암묵적 지식'(tacit knowledge)이고, 분산되어(decentralized) 있어서 그것들이 사회 내에서 소통되기 어려운 상태에 있다는 하이에크(Hayek)의 주장을 들고 나온다. 또 미래를 불확실하다고 보는 오스트리아학파 특유의 생각을 도출한다. 지식이 암묵적이며, 분산적이고, 미래는 불확실한 상황에서 시장이 수행하는 역할은 개인들이 세운 경제 계획들을 '조정'할 수 있을 뿐이지, 이들 계획들을 합(合)한 수리적 균형을 만드는 것이 아니며 그렇게 할 수도 없다. 경제 행위들은 역동적(dynamic)이고 늘 진행 중인 진화 과정이고, 따라서 균형(equilibrium)은 경제 현실을 정확히 묘사하는 것이 아니라 가상적 개념일 뿐이다. 미래가 불확실하고 지식은 모두에게 고르게 분포되어 있지 않기 때문에 시장 속 개인들의 행동은 이 균형을 찾아가는 과정일 뿐이라고 본다.

홀콤이 강조한 오스트리아학파의 또 다른 특징은 '주관적 가치와 비용론'이다. 가치와 비용은 주관적이기 때문에 인간은 시장에서 이를 극대화하기 위해 수리적 추론을 하는 것이 아니라 서로가 이익을 얻는 행위를 통해 만족 증진을 추구할 뿐이다.

홀콤은 '경쟁'에 대한 오스트리아학파의 독특한 관점도 잘 부각해 주고 있다. 모든 기업이 완전한 지식과 정보를 가지고 있으며 시장 균형에서 만들어진 단일의 가격(즉, 신고전파가 말하는 '시장 가격')에 따라 동일한 제품을 판다고 보는 신고전파 이론을 거부한다. 오히려 현실 경제의 경쟁은 다양한 기업가들이 자신이 가진 차별적 지식을 사용하여 더 나은 다른 제품을 더 낮은 가격으로 판매하려고 서로 치열하게 다투는 과정이다.

또한 홀콤은 경제 계산과 기업가 정신을 강조하는 오스트리아학파의 핵심 이론을 강조한다. '이윤'이 경제 진보 및 후생 증진의 지표라는 점을 논증한다. 주류 경제학자들은 이윤을 독점력이나 불균형으로부터 나오는 비효율성의 신호로 간주하지만, 오스트리아학파는 이윤을 '기업가 정신을 움직이는 동력'으로 보고 있다.

오스트리아학파 이론의 특징은 '경기 순환 이론'에서도 선명하다. 사실, 하이에크의 노벨상 수상 이유 중 하나는 경기 순환 이론에 대한 창의적 분석에 있다. 부분지불준비제도(fractional reserve banking system)와 이를 뒷받침하는 중앙은행 및 나아가 중앙은행이 정부의 압력 하에 놓여 있다는 점으로 대표되는 것이 현대 화폐제도이다. 이러한 조건 하에서 시장 가격, 특히 이자율이 왜곡되며 이 때문에 개인은 잘못된 경제 계산을 하게 되고, 나아가 '잘못된 투자'(malinvestment)를 하게 된다. 이 결과로 나타난 경기 순환 국면을 오스트리아학파는 강조한다. 즉, 합리적 경제 계산은 시장 가격들을 필요로 하는데 그릇된 현재의 통화제도로 이자율이 왜곡되고, 이것이 투자를 잘못 유인하여 잘못된 투자로 이어진다. 그런데 오스트리아학파는 경기 팽창과 침체를 과거의 투자에 대한 자연스러운 적응 과정으로 본다. 과도한 운동 뒤 신체 활동이 위축되는 것은 정상적이지 않은 행동에 대한 조정 과정이다. 이 경우 다시 활력을 주겠다며 새로운 활력소를 투약함은 조정을 더욱 어렵게 만든다. 경기순환론에서 오스트리아학파의 또 다른 특징적 요소는 '자본의 이질성'(heterogeneity)이다.

신고전파 이론의 분석틀과는 달리 자본이 동질적이지 않는 것으로 본다. 따라서 '이질적 자본'은 대체 가능성이 한정되기 때문에 총량으로 취급하기 어려우며, 특정 자본이 다른 자본에 비해 과다 혹은 과소 투자됨으로써 경기 순환을 낳는다.

경제는 그 전모가 완전히 파악될 수 없는 '복잡계'(complex system)이며, 비록 우리가 그 과정이 작동되는 방식은 이해할 수 있지만, 그 세부 내용들은 개인의 지식에 바탕을 두고 있고 또 시간 및 장소에 관한 개인들의 특정한 지식에 따라 내려질 수밖에 없다. 이 상황에서 개인, 특히 기업가(entrepreneur)가 내리는 결정이 중요하다. 이러한 기업가는 두 가지로 구분할 수 있는데, '슘페터의 기업가'와 '커즈너의 기업가'이다. 이 둘을 홀콤은 정확히 대조한다. 창조적 파괴(creative destruction)를 행하여 개인들의 경제 계획을 교란시켜 기존의 균형을 깨뜨리는 것이 전자라면, 후자는 그러한 교란에 반응을 하고 새로운 이윤 기회를 찾아 마침내 새로운 균형을 찾아가는 것이다.

합리적인 경제 계획(rational economic planning)은 '시장경제' 없이는 불가능하다는 것이 오스트리아학파의 일관된 견해이다. 그러나 공산주의 이론은 물론 서구의 주류 경제학마저 중앙 계획의 장점을 칭송하고 있었고, 소련 경제가 미국 경제를 따라잡을 것이라고 예측했었다. 중앙계획위원회가 시장을 흉내내어 계획을 작성하면 된다는 이들 주장에 묻혀 오스트리아학파는 외면 받았다. 그러나 1989년 독일 베를린 장벽의 붕괴 이후 이어진 공산주의 몰락과 1990년대 닷컴 버블 기간의 잘못된 투자들과 2000년대의 주택 버블을 겪은 후 오스트리아학파의 적실성은 다시 주목 받고 있다.

오스트리아학파 경제학은 한국의 경제 현실의 정확한 설명 및 처방에 대한 많은 시사를 준다. 올바른 경제이론은 현실의 경제와 부합하는 것이어야 하며 과학화를 위해 인위적으로 차용한 방법론이 오히려 그것을 통해 해결하고자 하는 대상인 경제 현실 자체를 규정해서는 안 된다. 시장이 직면하고 있는 고도의 불확실성과 역동성, 중앙은행 및 정치 등이 시장경제에 참여하는 현실을 설명해 주는 경제 이론이 필요하다.

우리 사회의 '민주화'는 국민이 직접 혹은 그 대표들의 정치 과정을 통해 시장경제를 좌우할 수 있다는 그릇된 믿음을 가져다주었다. 그것은 오스트리아학파가 치열하게 옹호해 온 시장경제와는 정반대되는 것이다. 이 책은 오늘의 한국 경제 문제 해결 비법을 알려주지 않는다. 그런 기적은 어느 경제학 이론에도 없다. 그러나 적어도 그것들을 정확히 해석할 수 있는 안목(眼目)을 줄 수 있을 것이다. 한 학자가 오스트리아학파의 이론 전체를 완전하게 소화하여 이토록 일관되고도 쉽고 깊이 있게 소개한 책은 학문 영역을 통틀어 드물다. 독자들이 오스트리아학파의 거장들인 멩거, 뵘바베르크, 미제스 및 하이에크 등의 책들을 직접 읽지 못했더라도 좋다. 이 책을 읽고 나면 그들의 높은 사상들이 부지(不知) 중에 용해되어 독자들의 뇌 속에 들어가 안착하게 될 것이다.

마지막으로, 역자들은 탁월한 책을 저술한 홀콤 교수에게 경의를 표한다. 또한 번역된 원고 내용들을 독자의 시각으로 읽어 준 부산대 행정학과 주은혜, 홍지섭, 김혜란 박사와 서채령 양에게도 감사를 드린다. 그러나 무엇보다도 어렵고 불확실한 출판 여건 하에서 '기업가적 판단'으로 본 번역서의 출판을 결정하고 기꺼이 출판해 주신 도서출판 해남 노현철 사장님 및 편집부 직원들께도 심심한 감사를 드린다. 이 분들의 '합리적 경제 계산'이 정확하고 '그릇되지 않은 투자'와 '인간 행동의 결과'가 옳았던 것으로 드러나기를 기원하는 바이다. 마지막으로, 번역자들이 추구하는 가장 중요한 '이윤'은 독자들이 한국 경제에 대한 바른 시각을 얻으며 나아가 '경제학의 새로운 지적 진보'(intellectual progress)에 기여하는 것이다.*

2018년 5월 첫째 날

김행범 · 이성규 씀

* 본 역서는 '경제학 전문 학술 번역서'임.

| 한국 독자들을 위한 서문 |

오늘날 주류 경제 이론(mainstream economic theory)은 '신고전학파 균형 모형'(Neoclassical Equilibrium Model)을 토대로 하고 있다. 일반 과학뿐만 아니라 경제학에서 '균형'(equilibrium) 개념은 다음과 같이 설명된다. 즉, "어느 경제에서 이미 달성된 어떤 균형을 깨뜨리기 위하여 무슨 일이 일어나면 그 경제를 다시 최초의 균형 상태로 되돌아오게 하기 위하여 시장에서 어떤 힘들이 작용한다"는 것을 의미한다. 신고전학파 균형 모형은 가격 – 즉, '보이지 않는 손'(invisible hand) – 에 의해 모든 시장에서 공급자들과 수요자들의 욕구를 조정함으로써 공급량과 수요량이 어떻게 같아지는지에 대해 많은 통찰력을 제공해 준다. 이것은 경제학의 위대한 업적들 중의 하나이다. 이와 같이 경제 현상을 분석하는데 유용한 '균형 접근법'(Equilibrium Approach)은 20세기와 21세기에 걸쳐 개발·완성되어 왔다.

모든 모형들은 복잡한 현실을 '단순화' 시키려고 한다. 이로 인해 현실의 중요한 이슈들이 어떤 모형의 가정에 의해 제외되면 그 모형은 '잘못된 정책처방'을 가져다줄 수 있다. 신고전학파 균형 분석 체계(모형)가 일부 경제학자들을 잘못 인도하는 하나의 분야가 있다면 그것은 경제적 진보와 관련된 정책처방들일 것이다. 또한 시장에서 어떤 힘들이 작용하여 균형을 깨뜨리면 그 힘들은 거기에 그치지 않고 당해 시장과 경제 전체의 기본 성질도 변화(왜곡)시킨다. 그 결과 당해 시장과 경제는 최초의 균형 상태로 결코 되돌아오지 못한다. 따라서 경제 현상은 신고전학파가 주장하는 '균형'(equilibrium)이 아니라 '변하와 진보'(change and progress)에 의해 설명되어야 한다.

신고전학파 균형 분석 체계(모형)에 따르면 '기업들은 각자의 생산함수를 가지고 있으며, 이를 바탕으로 특정 재화와 서비스를 생산한다'고 가정한다. 그러나 신고전학파 균형 분석 체계(모형)는 ① 생산 기술들이 어떻게 발전하는지, 그리고 ② 새롭고 더 나은 재화와 서비스를 생산하기 위한 아이디어들이 어떻게 나타나는지에 대해서는 아무런 설명을 하지 않고 있다. 반면에 오스트리아학파(Austrian School)는 이들을 명시적으로 다루고 있다. 특히, '기업가들(entrepreneurs)의 역할'은 오스트리아학파가 경제학에 끼친 주요 기여들 중의 하나이다. 여기서 '기업가'란 새롭고 개선된 재화들을 개발하거나 더 나은 생산 방법을 발견하는 사람을 말한다.

'지식의 분산'도 기본적인 경제 문제들 중의 하나이다. 즉, 어떤 경제에서 지식은 당해 경제에 살고 있는 모든 사람들에게 분산되어 있다. 좀더 구체적으로 말하면, 지식은 사람들 간에 분산되어 있고, 새로운 정보는 대개 기존 정보와 모순되고, 어느 한 사람의 지식은 다른 사람들에게 쉽게 전달될 수 없다. 그 결과 사람들은 분산된 지식과 정보를 효과적으로 사용할 수 없게 된다. 신고전학파 분석 체계(모형)는 시장이 어떻게 균형 가격과 균형량을 가져다줄 수 있는지를 강조한다. 그러나 오스트리아학파는 "시장이 어떤 경제에 분산되어 있는 지식(decentralized knowledge)을 어떻게 조정하고, 새로운 지식(정보)을 어떻게 지식 베이스(knowledge base) 속에 통합시키느냐"에 초점을 맞추고 있다. 이러한 경우에 시장경제는 어떻게 경제적 진보를 달성하는가? 오스트리아학파에 따르면 모든 사람들에게 분산되어 있는 지식을 조종하고, 효과적으로 사용하는 것이 바로 시장경제가 경제적 진보를 이룩하는 길이다.

이미 잘 알고 있듯이 한국은 1970년대 초반 이래로 놀라운 경제적 진보를 달성해 왔다. 한국 사람들은 글로벌 경제가 발전함에 따라 어떤 경제가 정체된다면 그 경제는 더욱더 뒤떨어지게 될 것이라는 사실을 잘 알고 있다. 이러한 상황에서 우리의 과제는 '경제적 진보를 지속시키는 정책들'을 찾는 일이다. 이에 대해 오스트리아학파는 우리에게 어떤 통찰력(insight)을 제시해 주는가? 오스트리아학파에 따르면 "분산된 지식(decentralized knowledge)의 효과적 조종(effective coordination)과 새로운 지식의 효과적 통합(effective incorporation)에 의해 경제 번영을 달성할 수 있다"는 새로운 통찰력을 일깨워 준다. 즉, 국가(정부)는 사람들 간에 분산되어 있는 지식을 효과적으로 조종하고, 새로운 지식을 지식베이스와 경제에 효과적으로 통합시킴으로써 지속적인 경제 번영을 이룩할 수 있다.

앞으로 한국이 해결해야 할 과제는 그 어느 선진 국가들보다 더 힘들 것이다. 왜냐하면 과거 한국의 경제적 성공은 경제에 대해 정부의 과도한 감독과 명령을 허용하는 '산업 정책'(industrial policy)에 의존한 결과이며, 미래에도 그러한 산업 정책에 계속 의존해야 하기 때문이다. 오스트리아학파는 그러한 산업 정책을 '회의적으로' 바라본다. 본서에서 설명한 '사회적 계산 논쟁'(Socialist Calculation Debate; 본 번역서 pp. 105-38 참조)은 그러한 회의적 시각에 대해 몇 가지 근거를 제시해 줄 것으로 생각된다.

또한 오스트리아 경제학파(Austrian School of Economics)는 "기업가 정신과 혁신을 어떻게 촉진시키고, 경제적 진보를 어떻게 달성할 수 있는지"를 이해하고자 하는 사람들에게 많은 통찰력들을 제공해 줄 것이다. 오스트리아학파에 대한 주요 연구 논문과 저서들은 본서의 참고 문헌에 소개되어 있다. 대부분의 연구 문헌들은 영어로 쓰여졌으며, 일부 문헌들은 독일어로 쓰여졌기 때문에 그동안 한국 독자들은 관련 문헌들을 이용하는 데 어려움이 있었던 것으로 생각된다. 따라서 본서는 한국 독자들에게 오스트리아학파에 대한 유용한 '입문서'가 될 것으로 생각된다. 본서를 꼼꼼히 읽는다면 한국 독자들은 오스트리아학파의 주요 사상들에 대해 잘 이해할 수 있을 것이다. 마지막으로 본서를 한국어로 번역해 준 이성규(안동대) 교수와 김행범(부산대) 교수께 감사를 드린다.

2018년 4월

플로리다에서 랜달 홀콤 씀

| 서문 |

오스트리아 경제학파(Austrian School of Economics)는 20세기 중반 경에는 경제학계에서 거의 사라졌으나, 20세기 후반과 21세기 초반 무렵에 기적적으로 '부활'하였다. 최근 활발한 학문 연구 프로그램뿐만 아니라 금융 관련 신문들도 오스트리아학파의 사상을 자주 언급하고 있다. 또한 나는 내 강의를 듣는 학부 대학생들과 여러 차례 대화하면서 비록 그들이 대학원에 진학하거나 금융 기관에 취업할 의사가 없음에도 불구하고 '오스트리아 경제학파'에 큰 관심을 가지고 있다는 사실을 알게 되었다. 이들의 이러한 관심에 힘입어 나는 오스트리아 경제학파의 사상에 대한 고급 입문서를 쓰고자 결심하였다. 그런 후 나는 두 가지 목표를 가지고 이 책을 쓰게 되었다. 첫째, 본서를 읽고 오스트리아 경제학의 핵심을 잘 이해할 수 있도록 '깊이 있게'(in-depth) 쓰고자 했다. 둘째, 경제학에 대한 기본 지식만 가진 사람들도 읽을 수 있고, 오스트리아학파의 특징을 이해할 수 있도록 '쉽게'(accessible) 쓰고자 했다.

사상의 학파(a school of thought)는 소속된 회원(학자)들의 사상(ideas)에 의해 정의되지만, 그 경계를 밝히는 선은 분명하지 않다. 첫째, '누가 학파에 소속되어 있느냐'에 대한 질문이다. 비록 소속 회원들이 누구인지 분명하더라도(물론 이것은 분명하지 않다!) 학파의 회원들은 대부분의 이슈들에 대해서는 폭넓은 의견 일치를 보지만, 몇몇 이슈들에 대해서는 종종 서로 간에 의견이 일치하지 않는다. 아마 회원들 간에 폭넓은 의견 일치를 보는 분야들이 있다면 그것은 바로 그 학파의 중심 사상이 될 것이다. 그러나 학파의 회원들은 폭넓은 의견

일치를 보는 분야를 찾는 데에도 어려움을 겪을 것이다. 예를 들면, 어느 한 경제에서 '기업가 정신'(entrepreneurship)의 역할은 오스트리아 경제학의 필수불가결한 요소이지만, 오스트리아학파의 두 거장인 커즈너(Israel Kirzner)와 로스버드(Murray Rothbard)조차도 기업가 정신의 구성 요소에 대해서 약간의 의견 불일치가 있음을 볼 수 있다. 그러나 본서는 오스트리아학파의 주요 사상들에 대해 명료하게 설명하기 위하여 의견 불일치와 논란이 있는 이슈들에 대해서는 일부러 피해 갈 것이다.

어떤 사람들은 '학파를 서술하는 유용성'에 대해 의문을 제기할 것이다. 1974년 미국 버몬트(Vermont)주 사우스 로열톤(South Royalton)에서 어떤 학술 대회가 개최되었다. 이 학술 대회는 20세기 후반에 일어난 오스트리아학파의 부활에 중요한 역할을 하였다. 밀턴 프리드먼(Milton Friedman) 교수도 이 학술 대회에 참가하여 오찬 후 진행된 어느 토론에서 경제 사상(economic ideas)을 '학파'(學派)에 의해 서술하는 관행과 유용성에 대해 의문을 제기하였다. 여기서 프리드먼은 "세상에는 좋은 경제학(good economics)과 나쁜 경제학(bad economics)이 있다"라고 말했다. 또한 프리드먼은 경제학을 '학파들'에 의해 분류하는 것보다 '좋은 경제학과 나쁜 경제학'으로 분류하는 것 – 물론 '좋은 경제학'을 연구하는 것 – 이 더 생산적이라고 말했다. 예를 들면, 어떤 아이디어나 사상이 오스트리아학파(Austrian School)나 시카고학파(Chicago School), 또는 후케인스학파(Post-Keynesian School)와 더 밀접하게 연관되어 있는지가 왜 중요한가? 당시 프리드먼 교수는 경제학을 연구하기를 원하는 학술대회 참가자들에게 좋은 충고를 해주었다. 그러나 이러한 학파들은 다른 학파들과 구별할 수 있는 특징적인 사상들을 가지고 있다. 따라서 경제학 연구자들에게 해준 프리드먼 교수의 좋은 충고에도 불구하고, 나는 특정 학파의 정체성(identity)을 이해하는 데 관심이 있는 사람들을 위하여 '학파의 사상'을 서술하는 것은 여전히 유용성이 크다고 생각한다.

프리드먼 교수의 충고를 따른다면 나는 본서에서 설명한 모든 사상들이 '좋은 경제학'(good economics)이라고 생각한다. 보통 '입문서'에서는 특정 학파 내에서 논란이 되는 사상이나 문제들을 다루지 않는 것이 일반적이다. 따라서 본서는 오스트리아학파의 가장 중요하고 특징적인 사상들만을 다루고 있다. 그러나 오스트리아학파의 사상에 대해 어느 정도 지식이 있다고 생각하는 사람들에게 본서는 오스트리아학파의 사상을 이해하는 데 유용한 '좋은 입문서' 역할을 할 것이다.

나는 대학원생 시절에 처음으로 오스트리아 경제학파에 대해 알게 되었다. 그것도 강의 자료나 토의가 아니라 몇몇 다른 학생들의 관심 때문에 알게 되었다. 비록 내가 경제학을 전공하고 있었지만 학부 시절에 나는 오스트리아 경제학에 대해 전혀 알지 못했다. 그 후 나는 오스트리아학파의 사상에 매료되었다. 나는 대학원생 및 교수로서 오스트리아학파의 사상과 관련된 많은 학술대회에 참가했다. 또한 1982년 미 오번(Auburn) 대학교에 '미제스연구소'(Ludwig von Mises Institute)가 설립되었을 때 나는 오번 대학교의 교수진이었고, 현재는 이 연구소의 준회원이다. 또한 1996년에 '오스트리아 경제학 발전학회'(Society for the Development of Austrian Economics)가 설립된 이래로 이 학회의 회원으로 활동했고, 2007년에는 회장으로 일했다. 이와 같이 나는 오스트리아학파에 오랫동안 관심을 가지고 연구해 왔다.

본서는 오스트리아학파에 대한 '입문서'로서 ① 오스트리아학파에 대한 깊은 지식을 가지고 있지 않은 사람들과 ② 오스트리아학파의 사상과 방법론에 대한 특징을 이해하고자 하는 사람들을 대상으로 하고 있다. 그러나 본서는 '고급' 수준이다. 왜냐하면 경제학에 대한 약간의 기초 지식을 가지고 있는 독자들을 대상으로 하였기 때문이다. 또한 본서는 '입문서'이다. 왜냐하면 오스트리아학파에 대해 아무런 지식이 없이도 읽을 수 있기 때문이다. 본서는 오스트리아학파에 대한 입문서이기 때문에 본문과 책 말미에 소개한 참고 문헌들은 오스트리아학파 연구자들의 주요 연구 저서와 논문들이다. 그러나 오스트리아학파와 특별한 관련이 없는 사상에 대한 참고 문헌들은 생략하였다. 따라서 본서의 말미에 소개된 모든 참고 문헌들은 일반 경제학보다는 '오스트리아학파'와만 관련되어 있다.

마지막으로, 나는 Peter Boettke, Samuel Bostaph, William Butos, Rob Bradley, Peter Klein, Peter Lewin, Dave Garthoff, Sanford Ikeda, Steve Kates, Jonathan Mariano, George Reisman 등에게 충심으로 감사를 드린다. 이들은 본서의 초고(草稿)를 모두 또는 부분적으로 읽고 유익한 논평을 해주었다. 오스트리아학파의 사상을 개관(槪觀)하면서 나는 연구자들이 다른 시각을 가질 수 있음을 알게 되었다. 일부 구체적 사항들에 대해 연구자들 간의 시각 차이가 존재하지만, 그 차이는 그리 크지 않을 것이다. 그럼에도 불구하고 오스트리아학파의 사상을 서술하는 방식에서 미비한 점들이 있을 것이다. 그러한 미비점들에 대한 책임은 전적으로 나에게 있음을 밝히며 이 글을 마친다.

2014년 3월

랜달 홀콤(Randall Holcombe)

| 차 례 |

Chapter ***1*** 시장 과정

Chapter 2 분산된 지식: 기업과 시장의 역할

Chapter 3 경제 계산

Chapter 4 화폐, 은행 제도 및 경기 순환

Chapter 5 오스트리아학파의 부활

Chapter 1

시장 과정

1.1 자생적 질서

1.2 지식과 경제 조정: 지식에 의한 경제 조정

1.3 균형: 개별 계획들의 조정

1.4 균형: 이용되지 않은 이익 기회들이 존재하지 않는 상태

1.5 발견 과정으로서의 시장

1.6 시간 요소: 경제 분석에서 시간의 중요성

1.7 가치의 주관적 성질

1.8 비용의 주관적 성질

1.9 효용과 개인의 행동

1.10 경쟁

1.11 결론: 시장 과정 접근법의 의의

표준적인 경제 분석은 '균형 분석'(equilibrium analysis)의 토대 위에서 발전해 왔다. 경제 분석은 역사적으로 20세기를 거쳐 오늘날 21세기까지 꾸준히 발전해 오고 있다. 경제학자들이 시장의 효력을 설명하기 위해 사용하는 '공급과 수요의 분석틀'(supply and demand framework)은 오늘날 모든 경제학도들에게 친숙한 개념이다. 시장에서 '가격 조정'에 의해 공급력(공급의 힘)과 수요력(수요의 힘)이 서로 간에 '균형'을 이루며, 그 결과 공급량과 수요량이 같아진다. 이러한 균형 분석틀(equilibrium framework)은 "어떤 경제가 균형 상태에 있지 않으면 시장의 힘 – 즉, 공급력과 수요력 – 이 그 경제를 균형 상태로 이끌어 간다"는 것을 의미한다. 그러나 '공급과 수요 모형'(또는 공급과 수요의 분석틀) 그 자체는 우리들에게 균형을 가져다주는 시장의 힘(즉, 균형 도달 과정)이 아니라 '균형 결과'(equilibrium outcome; 즉, 시장 결과)만 알려 준다. 반면에 오스트리아 경제학파(Austrian School)의 주요 특징들 중의 하나는 균형 결과 그 자체보다는 어떤 경제를 균형으로 이끄는 '시장 과정'(market process; 즉, 균형 도달 과정)에 초점을 맞추고 있다.

경제 분석에 대한 '오스트리아학파의 접근 방법'(Austrian Approach)은 "어떤 경제에 시장의 힘이 존재한다"고 전제하고 있다. '시장의 힘'은 그 경제를 하나의 균형 상태로 이동시키는 기능을 수행한다. 그러나 오스트리아학파는 또한 "어떤 경제는 실제로 결코 균형에 도달하지 못할 것이다"라는 점을 인정하고 있다. 부분적으로 그 이유는 시장 환경이 항상 변하기 때문이다. 이러한 변화는 사람들의 선호가 변하거나, 지식의 발전에 따라 새로운 통찰력과 기술이 출현함으로써 새로운 제품과 생산 과정이 항상 변하고 발전되기 때문에 나타난다. 또 다른 이유로 시장의 힘이 존재함에도 불구하고 '경제가 결코 균형에 도달하지 못할 것'이라는 오스트리아학파의 주장은 균형에 도달하는 데 필요한 정보(information)가 어떤 경제의 모든 참가자들 간에 분산되어 있기 때문이다. 그러나 이러한 '분산된 정보'(decentralized information)가 가진 본질은 "하나의 균형을 도출하기 위하여 사람들 간에 분산되어 있는 정보가 결코 합쳐질 수 없다"는 점이다. 또한 시장 참가자들이 이용할 수 있는 정보가 끊임없이 변하며, 그 결과 사람들은 불완전하고 불확실하고 심지어 모순된 정보로 자신의 '지식 베이스'(knowledge base)[1]를 끊임없이 업데이트하고 있다. 시장경제는 어떤 경제에서 모든 사람들의 계획들을 조정하기 위하여 조직된다. 사람들의 계획을 조정하기 위해 정보가 필요하다. 그러나 사람들의 계획들을 조정하기 위해 필요한 정보가 불완전하기 때문에 시장경제에서의 이러한 '조정 문제'(coordination problem)는 결코 완전하게 해결될 수 없다.

물론, 어떤 경제에서 모든 시장 참가자들의 지식 베이스가 변하지 않는다면 당해 경제는 궁극적으로 하나의 균형 상태에 도달할 수 있을 것이다. 그러나 어떤 경제가 균형 상태로 이동할 때 기본적인 시장 상황들이 끊임없이 변하며, 이에 사람들은 그러한 변화들을 조정하기 위하여 끊임없이 자신의 정보(情報)와 기대(期待)를 업데이트(갱신)할 것이다. 시장 상황의 변화와 경제 활동의 조정을 방해하는 일부 요인들은 일시적으로 존재할 것이다. 그러나 많은 요인들은 어떤 경제에서 영구적인(또는 지속적인) 변화들(permanent changes)을 초래할 것이며, 그 결과 경제 조정은 과거에 존재하였던 것과 다른 경제 활동의 구조를 가져다줄 것이다. 이러한 결과를 '균형 분석'의 틀 속에서 보면 우리는 "기

1 [역자주] '지식 베이스'란, 예를 들면 컴퓨터에서 필요한 지식을 일정한 포맷(format)으로 정리하여 축적한 것을 말한다.

본적인 균형이 변했다"고 말할 것이다. 그러나 사실은 균형은 항상 변하고 있으며, 그 결과 이러한 균형은 어떤 경제가 특정 시점에 도달한 '결과'를 가장 잘 나타내 주지 못할 수도 있다. 주지하다시피 '균형'(equilibrium)이란 "만약 어떤 경제가 균형 상태로부터 이탈된다면 시장의 힘이 작용하여 그것이 다시 균형 상태로 되돌아오는 것"을 말한다. 그러나 현재의 균형 상태가 새로운 제품이나 새로운 생산 방법의 도입에 의해 이탈된다면, 그 경제는 결코 이전의 균형 상태로 되돌아가지 못할 것이다.

오스트리아학파 경제학자들도 '균형 개념'을 언급하고 있다. 그러나 오스트리아학파 경제학자들은 끊임없이 변화하는 경제 상황에서 균형은 끊임없이 이동하는 표적(moving target)이라고 생각하였다. 이러한 이유로 시장경제는 다름 아닌 하나의 '조정 메커니즘'(coordination mechanism)이다. 즉, 시장경제는 사람들이 자신의 경제 활동들을 계획하기 위하여 자신이 소유한 정보를 사용하도록 하게 하는 '조정 메커니즘'과 같으며,[2] 이러한 조정 메커니즘을 통해 사람들은 자신의 계획을 다른 사람들의 계획과 조정하거나 일치시킨다. 그러나 이러한 조정이 항상 완전하게 일어나지는 않는다. 경제 분석의 여러 목표들 중 하나는 '조정이 왜 때때로 실패하는지'를 이해하는 데 있다. 그러나 몇 가지 근본적인 결함들에도 불구하고 시장 메커니즘(market mechanism; 좀더 정확히 말하면, 시장경제의 조정 메커니즘)은 ① 모든 사람들의 계획을 조정하고, ② 어떤 경제 내에서 활동하는 모든 사람들이 소유한 분산된 모든 정보들을 효과적으로 사용하기 위하여 놀라울 정도로 잘 작동한다. 각종 시장들을 청소(clear)시켜 모든

2 [역자주] 다시 말하면, 시장경제를 통해 사람들은 자신의 경제 활동들을 계획하기 위하여 자신이 소유한 정보를 사용할 수 있다.

시장들에서 공급량과 수요량을 일치시키는 경제적 힘(정확히 말하면, 시장의 힘)이 너무 강해서 사람들은 대개 '시장 가격을 지불함으로써 자신이 원하는 재화나 서비스를 쉽게 얻을 수 있다'는 생각을 당연시하고 있다. 반면에 오스트리아 경제학파는 시장경제에서 경제 조정이 일어나는 '과정'(process)에 초점을 맞추고 있으며, 경제 조정의 '결과'(outcome)는 2차적인 중요성을 가지는 것으로 인식하였다.

1.1 자생적 질서

경제학(economics)이 가르쳐 주는 가장 중요한 교훈은 무엇보다도 "어떤 경제 내에서 활동하는 사람들의 행동은 그것을 의도적으로 계획하지 않고서도 스스로 잘 조정되어 '질서정연하고 효율적인 결과'(orderly and efficient outcome)를 가져다준다"는 점일 것이다. 이는 시장경제가 하나의 '자생적 질서'(spontaneous order)와도 같음을 의미한다. 따라서 시장경제는 '인간 행동(인간의 질서정연한 활동)의 결과'(result of human action)이지 '인간 설계의 결과'(result of human design)가 아니다.[3] 와그너(Richard Wagner, 2007)는 이를 다음과 같이 비유하였다.[4] 즉, ① 어떤 가두 행렬에서 행진하는 사람들과 ② 어떤 쇼핑 몰에서 매장(상점)들 간에 이동

3 이 표현은 하이에크(Hayek, 1949)가 강조한 주요 아이디어들 중의 하나이다(Friedrich A. Hayek, 1949). "시장경제가 '인간 행동의 결과'이지 '인간 설계의 결과'가 아니다"라는 표현은 18세기 스코틀랜드 철학자 애덤 퍼거슨(Adam Ferguson)이 최초로 고안되었고, 20세기에 와서 하이에크에 의해 유명해지게 되었다.

4 Richard E. Wagner(2007).

하는 사람들의 경우를 비교하였다. 두 경우 모두에 사람들의 질서정연한 움직임을 볼 수 있다. 그러나 전자의 경우에 가두 행렬에 참가하는 각 개인들의 움직임은 어느 한 중앙집권화된 하향식 계획(top-down plan)에 의해 면밀히 계획되고 조정된다. 반면에 후자의 경우에 쇼핑을 하는 모든 개인들은 중앙집권화된 하향식 계획이 아니라 자신이 스스로 계획을 세우며, 행동의 전체 결과는 질서정연하고 효율적이다(물론 각 개인들이 하는 행동의 전체 결과는 사전에 예측될 수 없다). 이 경우에 중앙 계획 당국(central authority)은 어떤 사람이 특정 시간에 어떤 매장에 있을지를 예측하지 못할 것이다. 그러나 각 개인들의 분권화된 계획(decentralized planning)은 자연적으로 발생한 질서, 즉 '자생적 질서'를 가져다주며, 자생적 질서를 통해 모든 사람들의 개별 계획들이 조정된다.

자생적 질서는 경제적 활동 내에서뿐만 아니라 '경제적 활동 밖'에서도 일어나는 수많은 사회적 활동에서도 나타난다. 자생적 질서가 사회적 상호작용(social interaction)을 통해 어떻게 나타날 수 있는지를 살펴보기 위하여 '경제학 밖'(outside economics)에서의 예를 고려해 보자. 즉, '언어의 발명'을 고려해 보자. 누가 언어를 발명했는가? 아무도 언어를 발명하지 않았다. 언어(언어의 발명)도 인간 행동(human action)의 결과이지 인간 설계(human design)의 결과가 아니다. 즉, 언어의 발명도 '자생적 질서'의 결과이다. 언어는 여러 가지 소리들을 내는 원시인들로부터 비롯되었다. 이러한 소리들은 다른 사람들에게 여러 가지 의미를 전달해 주는 역할을 하였다. 어떤 소리들은 사람, 장소, 물건, 생각 등을 나타내 주었고, 우리는 이들을 '명사'(名詞)라 부른다. 다른 소리들은 행동이나 활동들을 나타내 주었고, 우리는 이들을 현재 '동사'(動詞)라 부른다. 때때로 추가적인 뉘앙스들(말의 미묘한 차이들)을 통해 여러 유용한 의미들을 나타내 주었고, 그 결과 명사와 동사는 각각 '형용사'(形容詞)와 '부사'(副詞)에 의해 수식될 수 있다. 얼마나 멋진 발명품인가! 누가 부사를 발명했는가? 아무도 부사를 발명하지 않았다. 부사의 발명도 단지 인간 행동의 결과이지 인간 설계의 결과가 아니다.

또한 '화폐'(money)도 인간 행동의 결과이지 인간 설계의 결과가 아니다. 원시 시대에 사람들이 자신의 경제 활동에 있어서 전문화(specialization)의 이익(즉, '전문화로부터 이익이 발생한다'는 사실)을 인식함에 따라, 사람들은 자신을 위해 모든 물건을 생산하는 대신에 자신이 더 생산적으로 생산할 수 있는 활동에 전문화하여 생산하고, 이들 산출물을 다른 사람들이 더 생산적으로 생산한 산출물과 교환할 수 있음을 알게 되었다. 그 결과 사람들은 교환을 통해 자신이 직접 생산하여 소비할 때보다 더 많은 것을 얻을 수 있게 되었다. 예를 들면, 어떤 한 사람이 각종 농기구들을 제작하여 농민들에게 판매하고 그 대가로 농산품(식량)을 구입한다면, 자신이 직접 농사를 지을 때보다 더 많은 식량(농산품)을 얻을 수 있다는 사실을 알게 될 것이다. 또한 이러한 자본주의 체제 하에서 사람들은 교환의 대가로 받기를 더 좋아하는 재화들이 있다. 예를 들어, 우유와 내구성이 큰 빗자루가 있다고 가정해 보자. 이 경우 사람들은 어떤 재화와 교환의 대가로 우유보다 빗자루를 받는 게 더 나을 것이다. 왜냐하면 그 사람이 우유를 며칠 내에 소비하지 않는다면 우유는 곧 상하게 될 것이지만, 내구재인 빗자루는 오래 보관할 수 있고, 또 나중에 다른 사람에게 판매할 수도 있기 때문이다. 따라서 사람들은 교환의 대가로 쉽게 상할 수 있는 우유(즉시 소비재)보다 내구성이 큰 빗자루(내구재)를 받는 게 나을 것이다.

사람들이 교환의 대가로 더 받으려 하는 재화들이 있다. 사람들은 당연히 교환의 대가로 다른 재화들보다 어떤 재화들을 더 받으려 한다. 왜냐하면 그러한 재화들은 나중에 더 쉽게 판매할 수 있기 때문이다. 그러므로 사람들은 심지어 자신이 소비할 의향이 없을 때조차도 교환의 대가로 나중에 판매하기 용이한 재화들을 더 기꺼이 받으려 한다. 그러면 사람들은 교환으로 어떤 재화를 가장 많이 받으려 하는가? 오스트리아 경제학파의 창시자인 멩거(Carl Menger, 1871[1976])는 화폐를 '상품들 중에서 가장 매매하기(교환하기) 쉬운 재화'라고 불렀다.[5] 시간이 흐르면서 사람들은 어떤 재화가 쉽게 팔리고, 또 어떤 재화가 팔기 더 어려운지를 자연스럽게 알게 되었다. 그 결과 어느 한 재화 또는 소수의 재화들이 '교환의 수단'(medium of exchange; 교환의 매개물)으로서 받아들여지게 되었다. 그러면 누가 화폐를 발명했는가? 아무도 화폐를 발명하지 않았다. 화폐는 인간 설계의 결과가 아니라 인간 행동의 결과로 출현하게 되었다.

시장경제는 그 자체가 하나의 '자생적 질서'이며, 인간 설계의 결과가 아니라 인간 행동의 결과이다. 그러면 누가 시장경제를 발명했는가? 아무도 시장경제를 발명하거나 설계하지 않았다. 오히려 사람들은 전문화와 교환으로부터 이익이 발생한다는 사실을 자연스럽게 알게 되었고, 이를 얻기 위해 서로 간에 거래를 시작하게 되었다. 사람들이 서로 간에 거래를 하게 됨에 따라 화폐와 같은 '시장 제도들'(market institutions)이 등장하게 되었으며, 어느 누구도 이를 의도적으로 계획하지 않았다. 따라서 각종 시장 제도들도 인간 설계의 결과가 아니라 인간 행동의 결과이다. 시간이 지남에 따라 사람들은 경제적 문제들과 어려움들을 알게 되었고, 각 경제적 문제는 동시에 그것을 극복할 기회

5 Carl Menger(1871).

를 제공해 주었다. 사람들이 경제적 문제들을 극복하는 과정에서 시장 제도들은 어떠한 중앙 계획자(central planner)나 중앙 계획(central plan)도 없이 처음부터 자생적으로 생겨나게 되었다. 즉, 시장 제도들은 자연적으로 생겨난 것이다.

자생적 시장 질서의 예로 '주식 시장'(stock market)의 등장을 들 수 있다. 주식 시장은 경제 활동에 투자(자금 조달)를 촉진시키기 위해 등장하게 되었다. 1500년대에 유럽 사람들은 전 세계에 걸쳐서 광범위한 상업 활동들을 전개하기 시작하였다. 많은 재산을 가진 개인들은 선박을 구입하여 해외무역에 종사할 수 있었다. 이들은 나중에 자신의 선박에 먼 나라들로부터 물건들을 가득 싣고 와 국내에서 이익을 남기면서 팔려는 희망을 가지고 항해를 떠나게 되었다. 대부분 그러한 항해들은 성공적이었지만 항해가 항상 성공한 것은 아니었다. 그러나 어느 한 투자자가 자금을 대서 구입한 선박이 무역 항해에서 되돌아오지 못하면 그 투자자는 커다란 손실을 입게 될 것이다. 따라서 영어에서 운이 좋은 결과를 나타내기 위하여 '내 선박이 돌아오면'(when my ships comes in)[6] 이라면 표현이 생겨났다. 무역 선박들에 대한 이러한 자금 조달은 큰 이익을 가져다주었지만, 다른 한편으로 위험이 수반되기도 했다.

그 당시 사람들은 위험을 어떻게 피할 수 있었는가? 항해에 따른 위험을 다루기 위하여 당시 암스테르담에서 일단의 사람들이 모여서 여러 척의 선박들을 구입하기 위한 자금을 마련하기 위하여 자금을 공동으로 출자하는 데 합의하였다. 선박 구입에 공동 출자한 모든 투자자들은 선박들이 무사히 돌아오면 적재한 물건을 팔아 생긴 이익을 공동으로 분배하였다. 어떤 선박들은 영영

6 [역자주] 영어 사전에 따르면 "when one's ship comes home/in" 이라는 표현은 "돈이 손에 들어오면, 또는 운(운수)이 트이면" 을 의미한다.

돌아오지 못할 수도 있지만, 그들은 이와 같은 방식으로 그들의 위험을 공동 부담함으로써 각자의 위험을 감소시키고 출자액(투자액)에 대해 똑같은 기대 수익을 유지할 수 있었다. 이러한 기업(enterprise)이 바로 1602년에 설립된 '네덜란드 동인도 회사'(Dutch East India Company)였다. 당시 네덜란드 동인도 회사는 많은 이익을 보았다. 또한 선박들이 되돌아왔을 때 선박 소유자들은 더 많은 선박들을 외국으로 보내기 위하여 항해에서 벌어들인 수익금들을 재투자하는 데 사용하였다. 그러나 일부 선박 소유자들은 수익금을 재투자하지 않고 회수하기를 원했고, 이를 위해 자신의 주식을 선박에 투자하기를 원하는 다른 사람들에게 팔았다. 이윽고 네덜란드 동인도 회사의 주식들은 시장에서 정상적으로 거래되기 시작하였다. 이 과정에서 일부 사람들(즉, 주식 중개인)은 수수료를 받고 구매자들과 판매자들을 중개하는 전문적인 활동을 수행하였다. 또한 네덜란드 동인도 회사 주식의 시장에서의 성공적인 매매(거래) 활동에 힘입어 다른 기업들도 자기 회사의 주식을 시장에서 거래하기 시작하였다. 주식을 판매하고자 하는 사람들과 구매하고자 하는 사람들을 중개하는 사람들이 나타남으로써 마침내 주식 시장은 주식 거래 활동을 수행하는 하나의 '제도'(institution)로서 등장하게 되었다. 따라서 주식 시장도 인간 설계의 결과가 아니라 인간 행동의 결과로서 나타나게 되었다.

시장 거래를 촉진시키는 각종 새로운 제도들이 이와 같은 방식으로 계속해서 일어나게 되었다. 예를 들면, 몇몇 상점들은 믿을 수 있는 고객들이 돈이 부족할 때 그들에게 외상으로 물건을 사도록 허락해 주고, 나중에 대금을 지불하기를 기꺼이 허용해 주었다. 이러한 새로운 제도는 상점들이 구매자들에게 '신용카드'(credit cards)를 제공해 줌으로써 마침내 '제도화'(制度化)되었다.

1950년대에 거의 모든 신용카드들은 하나의 소매상인들에게만 한정되었다. 예를 들면, 백화점들은 각자의 신용카드들을 가지고 있었고, 주유소들도 각자의 신용카드들을 가지고 있었다. 신용카드를 사용하여 물건을 사려는 사람들은 특정 판매자(상인)가 발행한 하나의 신용카드를 가지고 있어야만 하였다. 그러나 여러 신용카드들이 발행되자 상인(판매자)들은 모든 상점들에서 널리 받아들여지는 '하나의 신용카드'를 가지는 것이 유용하다는 사실을 깨닫게 되었다. 그 결과 21세기에 와서 특정 상점에서만 사용될 수 있는 신용카드들은 거의 사라지게 되었다. 그 대신 오늘날 현금만큼 널리 사용되는 비자카드(Visa Card)와 마스터카드(Master Card)와 같은 신용카드들이 등장하게 되었다. 이와 같이 오늘날 사람들이 당연시 여기는 신용카드도 인간 설계의 결과가 아니라 인간 행동의 결과이다. 상인들이 거래를 편리하게 하기 위한 더 나은 방법들을 꾸준히 찾으려 노력해 옴에 따라 신용카드들은 현재의 형태로 발전하게 되었다.

시장경제는 산업혁명(Industrial Revolution)이 시작된 이래로 사람들의 물질적 풍요를 크게 증가시켜 왔다. 이러한 시장경제는 인간 설계의 결과가 아니라 인간 행동의 결과로서 출현해 온 하나의 '자생적 질서'이다. 아마 경제학이 가르쳐 주는 가장 중요한 교훈은 "질서정연하고 효율적인 결과는 어느 누구도 의도적으로 그것을 계획함이 없이 자생적으로 나타난다"는 점이다 1950년대, 1960년대, 1970년대, 심지어 1980년대를 뒤돌아볼 때 많은 뛰어난 경제학자들조차도 경제를 운영하는 데 '중앙 계획'(central planning)이 모든 것을 시장의 불확실성에 맡기는 것보다 더 효율적인 방법이라고 믿었다. 그러나 1989년 베를린 장벽(Berlin Wall; 동·서독 간의 장벽)의 붕괴와 1991년 소련 연방(Soviet Union)의

■ 시장경제가 '자생적 질서'라는 사례 [역자]

(1) 시장경제는 인간 설계의 결과가 아니라 '인간 행동의 결과'이다.
(2) 언어도 인간 설계의 결과가 아니라 '인간 행동의 결과'이다.
(3) 화폐도 인간 설계의 결과가 아니라 '인간 행동의 결과'이다.
(4) 시장 제도들도 인간 설계의 결과가 아니라 '인간 행동의 결과'이다.
(5) 주식 시장도 인간 설계의 결과가 아니라 '인간 행동의 결과'이다.
(6) 신용카드도 인간 설계의 결과가 아니라 '인간 행동의 결과'이다.

해체로 이러한 견해는 인기를 잃게 되었고, 자본주의(Capitalism)가 사회주의(Socialism)보다 더 효과적인 경제 체제로 간주되었다. '왜 자본주의가 잘 작동하는지'를 이해하려면 무엇보다도 시장이 자원들을 배분하는 과정을 이해해야만 한다. 앞에서 설명했듯이 오스트리아 경제학파는 시장 과정(market process)이 만들어 낸 '자생적 질서'를 강조하였다. 그 결과 오스트리아학파의 경제학자들은 '시장에 의한 자원 배분'을 호의적으로 보았고, 일반 경제학자들보다 '정부 계획(government planning)에 의한 자원 배분'을 대해 더 비판적으로 보았다.

경제학이 가르쳐주는 가장 중요한 교훈은 "사람들의 경제 활동들은 시장 메커니즘을 통해 조정될 수 있으며, 이 과정에서 어느 누구도 질서정연하고 효율적인 결과를 미리 계획하거나 설계함이 없이 하나의 '자생적 질서'를 가져다준다"는 점이다. 즉, 사람들의 경제 활동들은 시장 메커니즘을 통해 잘 조정됨으로써 하나의 '자생적 질서'가 출현하며, 그 결과 어느 누구도 미리 계획함이 없이도 '질서정연하고 효율적인 결과'가 초래된다. 모든 사람들은 자신의 개별 계획들을 세우고, 시장 제도들은 이러한 개별 계획들을 조정하며, 그 결과 사람들의 계획은 대체로 실현된다. 이 과정에서 사람들은 자신이 가진 정보를 최대한 이용함으로써 사회적으로도 최상의 결과(즉, 모든 사람들에게 번영에 가져다주는 결과)가 초래된다. 이러한 통찰력은 애덤 스미스(Adam Smith, 1776[1937])[7]로 거슬러 올라간다. 놀랍게도 애덤 스미스는 "사람들은 자신의 이익을 추구함으로써 '보이지 않는 손'(invisible hand)에 의해 모든 사람들에게 최대의 이익을 가져다준다"는 사실에 주목하였다.

20세기에 유행한 '중앙 계획적 사회주의 경제'의 결과와 '자본주의 경제'의 결과를 비교해 보면, "어떠한 중앙 계획도 사람들의 경제 활동에 있어서 '바람직한 결과'(즉, 질서정연하고 효율적인 결과)를 가져다주는 데 필수적이지 않다"는 사실을 보여 준다. 또한 좀더 일반적으로 말하면, "자생적 질서의 결과가 하향식 계획(top-down plan; 또는 중앙계획)의 결과보다 더 바람직하다"는 사실을 보여 준다. 따라서 이러한 관찰로부터 다음을 추론할 수 있다. 즉, 사람들은 자신의 개별 지식(individual knowledge)을 바탕으로 자신의 개별 계획들(individual plans)을 세우고, 이러한 분권화된 계획들(decentralized plans)은 시장 메커니즘을 통해 조정되고, 이를 통해 '질서정연한 결과'(orderly outcome)가 나타난다. 이러한 질서정연한 결과는 인간 설계의 결과가 아니라 '인간 행동의 결과'이다.

7 Adam Smith(1776).

1.2 지식과 경제 조정: 지식에 의한 경제 조정

시장경제의 주요 기능은 '모든 참가자들의 경제 활동들을 조정하는 것'이다. 부분적으로 이 말은 "모든 시장에서 공급량과 수요량을 같게 하기 위하여 시장의 힘이 작동한다"는 것을 의미한다. 또한 이 말은 종종 경제학자들이 '시장 균형'(market equilibrium)을 언급할 때 사용된다. 그러나 본장의 서두에서 설명한 '균형' 개념에 대한 비판적 분석에 비추어 볼 때 '공급량과 수요량을 같게 하는 것'을 '균형'이라기보다는 '시장 청소'(market-clearing)라고 표현하는 것이 서술적으로 더 적절할 것이다. 왜냐하면 위에서 이미 언급했듯이 어떤 일의 현재 상태를 교란시키는 사건들은 종종 '영구적 변화'를 초래하며, 그로 인해 경제적 자원들의 배분에 '영구적 효과'를 미칠 수 있기 때문이다. 전문 용어와 관계없이 모든 경제학자들은 '어느 한 경제에서 시장 청소의 힘(market-clearing forces; 시장 청소력)이 어떻게 작동하는지' 에 대해서뿐만 아니라 '시장 청소력이 공급량과 수요량을 같게 함으로써 사람들의 경제 활동을 어떻게 조정하는지' 에 대해서도 잘 이해하고 있다.

경제 과정(economic process)을 좀더 장기적으로 보면 경제 상황이나 사정들은 항상 변하며, 그러한 변화들에 대한 정보는 널리 분산되고, 이해하기 어렵기 때문에 종종 해석을 필요로 한다. 그 결과 사람들은 불완전한 정보를 가지게 된다. 어느 누구도 다른 사람들이 알고 있는 모든 것을 알지 못한다. 그래서 한 사람이 알고 있는 지식은 다른 사람들이 알고 있는 지식과 다르거나, 심지어 서로 모순될 수 있다. 또한 사람들은 상반되거나 서로 모순되는 다른 원천들로부터 정보를 얻을 수 있다. 오스트리아학파 경제학자인 하이에크(F. A. Hayek, 1945)는 자신의 가장 유명한 논문[8]에서 "모든 사람들은 시간(time)과 장소(place)에 관해 특별한 지식을 가지고 있다"고 주장하였다. 사람들은 다른 사람들이 알지 못하는 지식뿐만 아니라 다른 사람들이 알 수 없는 지식을 가지고 있다. 이와 같이 지식은 사람들 사이에 분산되어 있다. 사람들 간에 분산되어 있는 지식은 어떻게 조정되는가? 시장경제는 어느 사회에서 사람들이 가지고 있는 모든 '분산된 지식'(decentralized knowledge)을 조정한다.

사람들이 가지고 있는 많은 지식들은 '암묵적 지식'(tacit knowledge)이다. 암묵적 지식이란 "사람들이 사용할 수 있지만 다른 사람들에게 효과적으로 전달할 수 없는 지식"을 말한다. 따라서 암묵적 지식은 그것을 가지고 있는 사람들만이 사용할 수 있다. 하이에크에 따르면 사람들은 대체로 '과학적 지식'(scientific knowledge)의 의미에서 지식을 생각하지만, 많은 지식들은 과거의 경험들과 관찰들로 이루어져 있다. 과거의 경험들과 관찰들은 사람들의 행동과 의사결정의 기초를 제공해 준다. 그러나 과거의 경험들과 관찰들에 기초한 지식은 기록하거나 다른 사람들에게 설명할 수 없을 것이다. 예를 들어, 우리는 단지 다른 사람의 설명만 듣거나 다른 사람이 하는 것을 보기만 해서는 자전거 타는 법이나 야구공 치는 법을 배울 수 없다. 그러한 행동들은 다른 사람의 설명이나 시범이 아니라 자신의 직접 '경험'(즉, 암묵적 지식)을 통해 배울 수 있다. 이와 마찬가지로 많은 경제적 활동들도 암묵적 지식(경험)을 통해 수행될 수 있다. 기업의 최고경영자(CEO)들과 관리자(이사)들은 고액의 연봉을 받는다. 왜냐

8 Friedrich A. Hayek(1945), pp. 519-30.

하면 이들은 다른 사람들에게 쉽게 전달하지 못하는 암묵적 지식(예를 들면, 경영 노하우)을 가지고 있기 때문이다. 만약 이것이 사실이 아니라면 기업들은 회사를 성공적으로 운영하기 위하여 더 많은 경험(암묵적 지식)을 가진 사람들보다 최근에 MBA 학위를 취득한 사람들을 고용하는 게 옳을 것이다. 다시 말하면, 기업 경영에서 암묵적 지식(경험)이 중요하지 않다면 기업들은 기업 경영과 관련된 최신 과학적 지식을 가지고 있는 MBA 취득자를 뽑는 게 더 나을 것이다. 그러나 기업 경영에서 암묵적 지식이 중요하기 때문에 기업들은 MBA 취득자들보다 더 많은 경험을 가진 사람들을 고용할 것이다. 또한 그것이 사실이 아니라면 고용주들이 하급 종업원들에게 하는 멘토링(mentoring)은 불필요할 것이다. 다시 말하면, 기업 경영에서 암묵적 지식(경험)이 중요하지 않다면 고용주들은 하급 종업원들에게 멘토링을 해줄 필요가 없을 것이다. 그러나 암묵적 지식이 중요하기 때문에 고용주들은 하급 종업원들에게 적극적으로 멘토링을 해줄 필요가 있다.

암묵적 지식(경험)은 기업의 최상층에 있는 사람들뿐만 아니라 어떤 경제 내에서 활동하는 모든 사람들이 가지고 있다. 하이에크(1937[1949])[9]에 따르면 사람들은 어느 한 직업에서 '경험'을 얻으면 그 일을 더 잘하거나 더 생산적으로 할 수 있고, 또한 사람들은 특정 사업에서 '경험'을 얻으면 그 사업에서 어떻게 성공하는지를 더 잘 판단할 수 있다고 강조하였다. 게다가 사업을 어디에서 할지, 제품 디자인을 어떻게 바꿀지, 생산 과정의 효율성을 어떻게 증대시킬지 등은 '경험'을 통해 더 잘 결정할 수 있는 일들이다. 이러한 일들은 주로 기업

9 Friedrich A. Hayek(1937[1949]), pp. 33-54.

의 최상층에 있는 사람들에게 적용되지만, 하위직에 있는 사람들도 '경험'을 통해 암묵적 지식을 획득할 수 있으며, 그 결과 이들의 생산성을 증대시킬 수 있다.

사람들의 지식은 대체로 분산적(decentralized)이고 암묵적(tacit)일 뿐만 아니라 불완전(incomplete)하거나 불확실(uncertain)하다. 불완전한 지식(incomplete knowledge)을 가진 사람들 또는 상이한 지식 기반(knowledge bases)을 가진 사람들은 종종 '상반되는 결론'에 도달할 수 있다. 어떤 사람들은 행동 A가 자신들에게 이로운 행동이지만, 다른 사람들은 동일한 상황에서 행동 B가 이로운 행동이라고 생각할 수 있다. 그러나 두 행동이 모두 옳거나 또는 모두 틀리거나, 또는 어느 한 행동이 다른 행동보다 더 나을 수 있다. 예를 들면, 애플(Apple)사가 2007년에 신제품인 아이폰(iPhone; 애플사의 스마트폰)을 출시했을 때 많은 전문가들은 아이폰 제품은 부분적으로 성공할 것이라고 예측하였다. 왜냐하면 아이폰이 출시되기 이전의 휴대폰들은 손으로 누르는 키들을 가지고 있었으며, 전문가들은 사용자(소비자)들이 아이폰에 장착된 터치 스크린 인터페이스(접촉식 화면 인터페이스)보다 수동식 키들을 더 좋아할 것이라고 예측하였기 때문이다. 그러나 아이폰이 출시되고 불과 몇 년 내에 터치 스크린 인터페이스가 마침내 시장에서 인기 제품이 되었다.

이러한 유형의 '불확실성'과 '분산적이고 암묵적인 지식'에도 불구하고 시장은 하나의 발견 과정이다. 왜 그런가? 우리는 행동 A 또는 B가 더 이로운지 정확히 알 수 없다. 왜냐하면 그 대답은 사람들의 '주관적인 선호들'(subjective preferences)에 달려 있으며, 그러한 선호들은 오직 '시장 거래들'을 통해서만 드러나기 때문이다. 따라서 시장이 없으면 정보는 결코 존재하지 않는다. 또한 사람들은 자신에게 이익이 되도록 경제적 자원을 배분하기 위하여 자신이 가진 지식을 사용할 수 있다. 그 결과 시장은 지식을 효과적으로 사용하는 사람들에게 '이익'으로 보상하고, 지식을 비효과적으로 사용하는 사람들에게는 '손실'로 처벌한다. 따라서 시장은 지식을 바탕으로 소비자들이 원하는(가장 가치가 있다고 평가하는) 재화와 서비스로 자원을 배분하는 하나의 메커니즘을 제공해 준다. 시장에서 많은 경우에 이익을 가져다주는 결정들(profitable decisions)은 우월한 지식의 결과이지만, 다른 경우에는 그저 행운의 결과이다. 여하튼 정보는 시장의 산물이며, 시장이 없으면 정보는 결코 존재하지 않는다. 일단 시장이 '이로운(이익이 되는) 행동'(profitable action)을 알려준다면 그러한 정보는 시장의 모든 참가자들에게 알려지며, 이를 바탕으로 시장의 힘은 경제에 부가가치를 제공하는 재화와 서비스를 생산하게 해준다.

그러나 기본적인 경제 조건들이 '변하지 않는' 경제에서 – 이러한 경제를 '가상적인 경제'(hypothetical economy)라 부름 – 자원을 효율적으로 배분하는 문제는 그리 어렵지 않을 것이다. 어떤 재화의 공급량이 수요량을 초과하면 그 재화의 가격은 하락할 것이고, 반면에 수요량이 공급량을 초과하면 그 재화의 가격은 상승할 것이다. 이러한 과정은 공급량과 수요량이 같아질 때까지 계속되며, 그 결과 경제는 균형 상태에 도달하게 된다. 그러나 실질적인 경제 문제는 기본적인 경제 조건들이 '항상 변한다'는 점이다. 또한 그러한 변화들은 예측하기 어렵고, 심지어 눈으로 보이지만 이해하기 어렵다.

위에서 설명했듯이 지식이 분산적이고 암묵적이면, 심지어 이론적으로도 어느 한 중앙 계획자(central planner)가 관련된 모든 정보들을 모아서 자원을 효율적으로 배분할 수 있는 방법은 없다. 그러나 시장은 분산적이고 암묵적인 지식을 통합·조정해서 자원을 효율적으로 배분하는 데 사용할 수 있다. 따라서 시장은 어떤 경제 내에서 활동하는 모든 사람들이 가지고 있는 지식들(정보들)을 통합·조정하기 위한 하나의 메커니즘이며, 그 결과 정보는 시장 내에서 자원을 배분하는 데 가장 효율적으로 사용될 수 있다.

1.3 균형: 개별 계획들의 조정

하이에크(F. A. Hayek, 1937[1949])는 '경제적 균형'(economic equilibrium)을 "사람들의 개별 계획들의 조정(coordination of individual plans)"이라고 표현하였다.[10] 이러한 균형은 단기에서의 균형과 장기에서의 균형으로 나눌 수 있다. 먼저, 단기적으로 '균형'은 "시장이 깨끗하게 청소되어[11](market clears) 모든 시장에서 재화나 서비스의 공급량과 수요량이 같아지는 것"을 의미한다. 시장 가격으로 물건을 사려는 모든 사람들은 그렇게 할 수 있고, 시장 가격으로 물건을 팔려는 모든 사람들도 그렇게 할 수 있으며, 그 결과 시장에서 모든 사람들의 계획이 조정된다. 그러나 장기적으로는 추가적인 복잡성들이 발생한다. 공장이나 아파트를 건설하려는 어느 한 기업가는 공장 산출물에 대한 수요나 임대 아파트에 대한 수요를 정확히 측정할 수 있을 때에만 자신의 건설 계획이 실현될 수 있다. 그러나 그 기업가의 공장이나 아파트 건설에 대한 수요 측정이 지나치게 낙관적이면 그의 '계획'은 실현되지 못할 것이다. 공장이나 아파트에 대

10 Friedrich A. Hayek(1937[1949]), pp. 33-54.
11 [역자주] 시장에서 어떤 물건이 남거나(초과공급) 모자라지(초과수요) 않는 상태를 말함.

한 수요 측정이 너무 낙관적으로 이루어지면 일부 공장들은 가동되지 않을 것이고, 일부 아파트들은 임대되지 않고 남아돌 것이다. 반면에 그 기업가의 아파트 건설에 대한 수요 측정이 지나치게 비관적이면 아파트 소비자(수요자)들은 자신의 '계획'을 실현하지 못할 것이다. 예를 들면, 소비자들이 1년 또는 2년 후에 집을 사거나 가족 휴가 여행을 가기 위하여 돈을 모아 둔다고 가정해 보자. 그러나 1년 또는 2년 후 집을 사거나 가족 휴가 여행을 갈 때쯤 집 가격이나 여행비가 인상되면 그들의 '계획'은 실현될 수 없을 것이다. 어떤 경제가 장기적으로 '균형' 상태에 있으려면 모든 사람들이 오늘 세우는 계획들이 미래에 반드시 실현될 수 있어야만 한다. 특히, 오드리스콜과 리조(O'Driscoll and Rizzo, 1985)는 하이에크의 이러한 균형 개념(즉, 개별 계획들의 조정)을 사용하였다.[12] 또한 르윈(Lewin, 1997)도 '하이에크의 균형'(Hayekian equilibrium) 개념을 상세히 고찰하였다.[13]

모든 사람들은 미래가 불확실하다고 인식한다. 그래서 사람들은 '우발적인 사태들'(contingencies)을 최대한 고려하면서 계획을 세운다. 예를 들면, 애틀랜타 지역에 살고 있는 어느 가족이 2년 후에 하와이로 여행을 가기로 계획했다고 가정해 보자. 그러나 이 가족이 2년 동안 충분한 돈을 모으지 못한다면 하와이보다 비용이 더 저렴한 올랜도(Orlando) 지역으로 간다고 가정하자. 오드리스콜과 리조(O'Driscoll and Rizzo, 1985)는 "사람들은 우발적인 환경 변화가 발생하면 자신의 계획을 조정한다"고 인식하였다. 특히, 오드리스콜과 리조는 시장에 의해 이루어진 조정을 '패턴 조정'(pattern coordination)이라고 불렀다. 사

12 Gerald P. O'Driscoll and Mario J. Rizzo(1985).
13 Peter Lewin(1997), pp. 245-66.

람들은 여러 가지 우발 사태 발생 시 자신의 계획을 조정하기 위하여 신축적으로 계획을 세울 것이다. 그러나 때때로 우발 사태에 대비한 계획들(contingency plans)이 충분하지 못하며, 그 결과 사람들의 계획은 실현되지 못한다. 그러면 경제는 균형에 이르지 못하게 된다. 사람들의 계획이 조정되지 못하게 하는 요인들에 대해서는 나중에 논의할 예정이다. 여기서 우리는 하이에크의 주장을 바탕으로 '균형'을 바라보는 하나의 방법에 주목하고자 한다. 즉, 균형이란 "사람들의 개별 계획들이 시장에서 조정되며, 그 결과 사람들은 각자의 계획들을 실현할 수 있다"는 것을 의미한다.

이와 같이 시간의 변화(즉, 장기)가 고려되면 균형은 파악하기 어려운 개념이 된다. 사람들은 자신이 획득하는 새로운 정보를 이용하여 항상 자신의 계획을 갱신(updating)한다. 그 결과 어느 누구도 자신이 오늘 세우는 계획이 막연한 미래에 완전히 실현되지 못할 것이다. 오드리스콜과 리조는 이를 '정확한 조정'(exact coordination)이라는 제목으로 논의하였다.[14] 모든 사람들의 오늘 세우는 계획들이 막연한 미래에 실현되지 못할 것이라는 의미에서 경제는 균형 상태에 이르지 못할 것이다. 그러나 우리가 "사람들이 우발 사태들을 자신의 계획에 반영할 수 있다"는 점을 인식한다면 그러한 조정은 현실에 더 가까울 것이다. 사람들은 불확실한 미래에 대해 계획을 세우지만 새로운 정보가 나타나면 자신의 계획을 갱신한다. 그 결과 미래에 도달하면 사람들은 자신의 갱신된 계획들(updated plans)을 실현할 수 있다.

균형은 어떤 경제가 도달하는 '하나의 확정적인 결과'를 의미하는 것 같

14 Gerald P. O'Driscoll and Mario J. Rizzo(1985), pp. 80-81.

지만, 주변 상황이나 조건이 변화하면 '균형도 항상 변한다'는 것을 의미한다. 시장 과정(market process) 분석 방법이 제시하는 바에 따르면 경제는 끊임없이 변화하며, 사람들의 계획도 새로운 상황에 끊임없이 적응한다. 시장은 사람들이 새로운 상황에 적응하는 데 필요한 정보를 가져다준다. 그 결과 미래가 도래하면 사람들은 자신의 갱신된 계획을 실현할 수 있다.

"사람들이 불확실한 미래에도 계획을 잘 세운다"는 사실을 고려해 보면, "대부분의 시장에서 공급량과 수요량이 같아진다"는 사실은 시장 메커니즘의 놀라운 결과이다. 그러한 시장 메커니즘이 너무 잘 작동하여 사람들은 대체로 그것을 당연하게 여긴다. 예를 들면, 소비자들이 상점(시장)에 가서 수많은 제품들 중에서 자신이 좋아하는 것을 선택해서 즉석에서 구매할 수 있다는 것을 당연하게 여길 뿐만 아니라 경제 모형들도 이를 당연시한다. 경제 모형들은 시장들이 균형에 도달하는 힘에 대해서는 아무런 분석도 없이 종종 "모든 시장이 균형 상태에 있다"라고 가정한다.

1.4 균형: 이용되지 않은 이익 기회들이 존재하지 않는 상태

커즈너(Kirzner, 1973)는 '균형'(equilibrium)을 "이용되지 않은 이익 기회들이 존재하지 않는 상태"로 정의(定義)하였다.[15] 현실 세계에서 '이용되지 않은 이

15 Israel M. Kirzner(1973).

익 기회들이 존재하지 않는 경제'가 과연 존재할 수 있는가? 그러나 현실 세계에서 '이용되지 않은 이익 기회들이 존재하지 않는 경제' – 즉, 균형 상태에 있는 경제 – 를 기대하거나 찾는 것은 매우 어려운 일이다. 따라서 어느 한 경제는 결코 균형에 도달하지 못할 것이다. 왜 그런가? 기업가들은 이러한 이용되지 않은 이익 기회들을 알아채고 이들을 좇아 행동함으로써 그러한 기회들이 점점 존재하지 않게 되고, 그 결과 어느 한 경제는 균형에 가깝게 다가갈 수 있다.(역자주: 커즈너는 '기업가들이 이용되지 않은 이익 기회들을 알아채고 이들을 좇아 행동하는 것'을 '기업가 정신'(entrepreneurship)이라고 표현하였다.) 이와 같이 커즈너는 '기업가 정신의 균형화 역할'(equilibrating role of entrepreneurship)을 강조하였다. 즉, 기업가들의 '기업가 정신에 의해' 이용되지 않은 이익 기회들이 사라지게 되고, 그 결과 어느 경제는 '균형'에 도달하게 된다. 그러나 그 사이에 새로운 이익 기회들이 끊임없이 생겨나서 당해 경제가 결코 균형에 도달하지 못하도록 한다.

하이에크와 커즈너는 모두 저명한 오스트리아학파 경제학자들이다. 그래서 이들이 '균형을 어떻게 정의하는지'의 차이를 비교해 보는 것은 흥미로운 일일 것이다. 하이에크의 정의에 따르면, 모든 사람들의 계획이 조정되기 때문에 어느 한 경제는 균형 상태에 있을 수 있다. 그러나 커즈너의 정의에 따르면, 알아채지 못한 이익 기회(unnoticed profit opportunity)가 계속해서 알아채지 못한 상태로 있기 때문에 당해 경제는 균형 상태에 있지 못할 것이다. 따라서 어느 한 경제는 ① 하이에크의 정의에 따르면 균형 상태에 있을 수 있지만, ② 커즈너의 정의에 따르면 균형 상태에 있을 수 없다. 그러나 커즈너의 정의에 따라, 만약 어느 한 경제가 '균형 상태에 있다면' 그 경제는 하이에크의 정의에 따라서도 균형 상태에 있어야만 한다. 즉, 만약 '이용되지 않은 이익 기회들이 존재하지 않는다면'(커즈너의 균형 개념; 즉, 균형 상태에 있다면) 모든 사람들의 계획도 조정되어야만 한다(하이에크의 균형 개념). 왜냐하면 만약 모든 사람들의 계획이 조정되지 않는다면(하이에크의 정의) 이용되지 않은 이익 기회들이 존재하게 되며(커즈너의 정의), 이때 어느 한 기업가는 사람들의 계획을 조정함으로써 이익을 얻을 수 있기 때문이다. 따라서 이용되지 않은 이익 기회들이 존재하지 않는다면 모든 사람들의 계획도 마땅히 조정될 것이다. 완전 정보(perfect information) 가정과 모든 시장들이 청소되는(clear) 경우에 달성되는 신고전학파의 경쟁적 균형(competitive equilibrium)에서는 '균형'에 대한 하이에크와 커즈너의 정의가 모두 만족된다. 따라서 신고전학파의 경쟁적 균형 구조에서는 균형에 대한 두 학자의 견해를 구별할 수 없다.

위에서 언급했듯이 하이에크는 '균형'을 "사람들의 개별 계획들이 조정되는 것"으로 정의하였다. 하이에크의 이러한 균형 개념은 일반적으로 널리 수용되고 있으며, 본서에서도 이 개념을 바탕으로 오스트리아학파의 이론을 설명하고자 한다. 그러나 하이에크의 균형 개념에도 불구하고 경제 분석에 대한 오스트리아학파의 '과정 중심적 접근법'(Austrian School's Process-oriented Approach)은 경제 활동의 '계속되는 변화'를 강조하고 있다.(역자주) '균형'과 '계속되는 변화'는 일견 모순되는 것처럼 보인다. 오스트리아학파는 하이에크의 '균형' 개념을 수용하면서도 다른 한편으로 '계속되는 변화'를 강조하고 있다.) 그러나 오스트리아학파의 과정 중심적 접근법은 균형을 '현실 세계에서의 경제'를 서술하기보다는 '하나의 가상적인(hypothetical) 개념'으로 인식하였다. 시장은 궁극적으로 청소되기 때문에 오스트리아학파는 이러한 의미에서 균형 개념을 받아들이고 있다. 그러나

[하이에크와 커즈너의 균형의 존재 유무와 균형 관점의 차이]

학자	균형의 존재 유무	이유
하이에크(Hayek)	경제는 균형 상태에 있을 수 있음.	모든 사람들의 계획이 조정되기 때문
커즈너(Kirzner)	경제는 균형 상태에 있지 않음.	이용되지 않은 이익 기회가 존재하지 않는 상태가 성립하기 어렵기 때문
신고전학파의 경쟁적 균형	하이에크와 커즈너의 균형 개념이 모두 만족됨.	완전 정보 가정과 모든 시장들이 청소되기 때문

* 역자가 만든 표임.

가격과 수량에 대한 현재의 상태가 교란되면 이러한 교란은 종종 기본적인 경제 상태를 변화시키며, 그 결과 경제는 이전의 상태로 되돌아가지 않을 것이다.

1.5 발견 과정으로서의 시장

사람들은 시장에서 '상호 이익을 가져다주는 조건'(mutually-beneficial-terms) 하에서 재화와 서비스를 교환함으로써 서로 간에 상호 작용한다. 사람들은 어떻게 교환에 참가하는가? 사람들은 교환에 참가하는 모든 당사자들이 교환으로부터 이익을 얻을 수 있을 것이라는 믿음이 있는 경우에만 그러한 교환에 동의(찬성)할 것이다. 경제학자들은 자주 '균형 가격'(equilibrium price)에 대해 이야기하고, 많은 모형들이 '시장의 힘이 균형 가격을 가져다준다'는 생각을 바탕으로 수립되지만 '균형 가격'은 추상적 개념이다. 왜 그런가? 구매자들은 몇몇 판매자들이 기꺼이 판매하려는 가격들을 알 수 있고, 판매자들은 구매자들이 기꺼이 구매하려는 가격들을 알 수 있다. 그러나 구매자들과 판매자들은 하나의 균형 가격을 알기 위해 이용할 만한 정보가 없다. 많은 경우에 구매자들은 재화와 서비스를 구매하기 전에 여러 판매자들로부터 가격 제안들을 살펴본 후 ① 자신에게 유리한 가격(favorable price)을 찾거나, ② 가격이 다를 경우에는 품질 차이를 고려할 것이다. 만약 일부 판매자들의 가격이 다른 판매자들보다 더 높다면 이러한 정보는 곧 구매자들에게 전파될 것이며, 그 결과 당해 판매자들은 자신의 고객을 잃게 될 것이다. 이것은 어느 한 판매자가 얼마의 가격에 팔아야 할지에 대한 제약 요인이 될 것이다. 만약 판매자들이 현재의 가격에서 수요를 충족시키기에 충분한 양을 생산할 수 없다는 사실을 안다면 그들은 가격을 올릴 것이다. 이러한 과정은 구매자들과 판매자들이 자신이 찾을 수 있는 '가장 유리한 거래들'을 찾으려 할 때 행하는 개별 조정들(individual adjustments)이다. 그러나 이 과정에서 어느 누구도 구매자들과 판매자들에게 '균형 가격이 얼마인지'에 대해 말해 주지 않는다. 왜냐하면 가격은 시장에서 구매자들과 판매자들의 상호작용의 결과로서 '시장 청소 가격'(market-clearing price)에 도달할 것이기 때문이다.

어떤 재화나 서비스의 시장 가치(market value; 즉, 시장 가격)는 전적으로 당해 시장에서의 공급자들과 수요자들의 상호작용에 의해 결정된다. 재화나 서비스의 시장 가치는 어떻게 드러나는가? 시장 과정(시장에서의 상호작용)은 어느 한 경제에서 재화와 서비스의 가치를 나타내 준다. 각각의 개별 거래에 대한 시장 가격은 구매자들과 판매자들이 미래에 기꺼이 수락할 가격을 결정하는 데 도와주는 필요한 '정보'를 제공해 준다. 가격은 하루 또는 일 주일 기간 동안 상승하거나 하락할 수 있다. 따라서 "하나의 가격이 '균형 가격' 이고, 다른 가격은 '불균형 가격' 이다" 라고 말하기가 매우 어렵다. 가격은 경제 사정에 따라 변하기 마련이다.

반대로 경제 사정이 변해도 가격은 변하지 않을 수 있다. 종종 공급자들은 일일 또는 일 주일 단위로 일어나는 경제 사정들의 변화를 기초로 가격을 올리거나 내리려 하지 않으며, 그 대신 자신의 재고품들을 조정함으로써 기본적인 경제 사정들의 변화를 흡수하려고 한다. 예를 들면, 우산 판매자들은 비오는 날들에 우산 가격을 올리지 않고 고정된 가격을 유지하는 것이 더 나은 사업 방법이라는 사실을 알게 될 것이다. 이 경우 '고정 가격' 은 우산 고객들에게 유익한 정보를 제공해 주기 때문이다. 그러면 우리는 비오는 날들에 팔리는 대량의 우산 판매량이 '불균형 가격' 으로 이루어졌다고 말할 수 있는가? 아마 아닐 것이다. 위에서 이미 언급했듯이 가격은 구매자들과 판매자들 모두에게 '상호 이익이 되는 조건' (mutually-agreeable-terms)을 나타내며, 가격 변화는 '시장 과정' 의 진행 중인 부분이다. 따라서 '불균형 가격' 이라는 개념은 오스트리아학파의 시장 과정의 관점에서 보면 그 유용성이 제한되어 있다고 볼 수 있다.

시장이 재화와 서비스의 가치를 나타내는 이러한 과정은 시장이 수행하는 '조정 기능'에 필수적이다. 지식이 '분산화되어' 있고, 많은 지식들은 '암묵적' 이기 때문에 사람들은 '시장 가격' 이 없다면 자신의 경제 활동들을 조정할 수 있는 능력이 매우 제한되어 있을 것이다. 다시 말하면, 사람들은 '시장 가격' 을 통해 자신의 경제 활동을 조정할 수 있다. 리드(Leonard Read, 1958)는 자신의 유명한 에세이인 "나는 연필이다" (I, pencil)에서 "아무도 연필을 어떻게 만드는지 알지 못한다" 고 서술하고 있다.[16] 리드의 서술에 따르면 흑연은 스리랑

카에서 채굴되어, 미국 미시시피산(産) 점토와 멕시코산 칸델리라 왁스 등과 혼합되는 등 복잡한 생산 과정을 거쳐 연필이 만들어진다. 연필용 삼목은 흑연과 결합되기 전에 별개의 복잡한 과정들을 거친다. 즉, 삼목에 지우개를 붙이는 데 필요한 놋쇠 덮개가 채굴되어 정련되어야 하며, 지우개는 네덜란드령 동인도 제도(현재 인도네시아)에서 채굴한 종유(種油)와 이탈리아산 경석(輕石) 등을 사용하여 만들어진다. 이와 같이 여러 복잡한 과정들을 거친 후 비로소 한 자루의 연필이 완성된다. 리드의 이러한 이야기는 설득력이 있다. 왜냐하면 리드는 연필처럼 단순한 물건을 만드는 데도 전 세계 사람들로부터의 '경제 활동의 조정'을 필요로 한다는 것을 보여 주었기 때문이다. 이들은 심지어 그들이 만나지 않거나 다른 언어를 사용하더라도 협력한다. 사람들이 다른 언어를 사용하는 경우 그들이 서로 만나더라도 의사소통에 큰 어려움이 있을 것이다. 그러나 그들의 경제 활동들은 조정되고 협력함으로써 전 세계 소비자들이 저렴하게 이용할 수 있는 연필을 생산할 수 있다.

세상에서 어느 누구도 연필을 만드는 데 필요한 충분한 지식을 가지고 있지 못하다. 그러나 시장은 연필을 만들기 위하여 전 세계 사람들의 경제 활동들을 조정한다. 사람들이 다른 사람들의 경제 활동들에 관해 알아야만 하는 대부분의 정보는 '시장 가격' 속에 요약되어 있다. '시장 교환의 과정'(process of market exchange)을 통하여 시장은 연필을 만드는 데 들어가는 흑연, 삼목, 놋쇠, 기타 원료들 등의 가격을 발견한다. 시장에서 발견된 가격을 바탕으로 연필 제조 기업들은 '제조 과정'에서 사용되는 원료들을 어떻게 배합할지를 결정할

16 Leonard E. Read(1958), pp. 32-7.

수 있다. 또한 제조 과정에서 다른 종류의 목재나 다른 종류의 금속이 대체될 수 있다. 만약 원료들의 가격이 너무 비싸다면 사람들은 목재 연필 대신에 샤프펜슬이나 펜으로 대체할 수 있다. 사람들이 시장에서 교환에 참가할 때 시장은 재화와 서비스의 가치를 발견한다. 이렇게 발견된 시장 가격은 시장 내 다른 사람들이 가지고 있는 지식에 대한 많은 양의 정보를 전달해 준다. 연필 제조업자는 흑연 채굴자의 흑연 채굴 방법이나 지식에 대해 알아볼 필요가 없다. 단지 필요한 정보는 흑연에 대한 '시장 가격'뿐이다. 비록 사람들의 경제 활동들이 조정되더라도 지식은 여전히 '분산화' 되어 있다.

연필을 만드는 데 사용되는 여러 가지 원료들의 가치(가격)와 연필 자체의 가치(가격)에 대한 정보는 '시장 과정'을 통해 나타난다. 시장 과정이 가격들에 대한 정보를 생산하지 못한다면 그러한 정보는 존재하지 않을 것이다. 시장은 이러한 가치(가격)들을 드러내는 '발견 과정' 이다. 그러나 시장 과정이 가격들에 대한 정보를 생산하지 못한다면 이러한 재화들의 가치(가격)에 대한 정보는 존재하지 않을 것이다. 따라서 '시장 과정' 은 재화들의 가치(가격)들에 대한 정보를 생산할 뿐만 아니라 시장 참가자들에게 그 정보를 제공해 주기도 한다. 만약 시장(또는 시장 과정)이 없다면 이러한 재화들의 가치(가격)에 대한 정보도 발견되지 않을 것이다.

1.6
시간 요소: 경제 분석에서 시간의 중요성

경제 과정(economic process)은 시간이 정지된 상태(정태적)가 아니라 '시간이 흘러가면서' (즉, 동태적으로) 진행된다. 경제 현상을 분석하는 데 사용되는 전통적인 균형 분석틀은 '시간의 중요성'을 간과하려는 경향이 있다. 왜냐하면 전통적인 균형 분석틀에 따르면 ① 어떤 경제에서 하나의 '균형'을 정의하는 모든 조건들이 주어져 있거나 변하지 않으며, ② 단지 시장 과정이 당해 경제를 균형으로 이끌어(인도해) 준다고 생각하기 때문이다. 이것이 사실인가? 사실상 경제적 사정이나 상황들은 끊임없이 변한다. 예를 들면, 필연적으로 불완전한 정보를 바탕으로 자신의 행동 방침을 결정하는 다른 경제행위자들에 의해 끊임없이 이루어지는 결정들의 결과로서 경제적 사정이나 상황들은 부분적으로 항상 변한다. 또한 미래의 경제적 사정들은 사람들이 현재에 하는 결정들에 달려 있다. 즉, 사람들이 현재에 하는 선택들(또는 결정들)은 어떤 경제의 '미래 경로'(future trajectory)를 결정한다. 따라서 사람들은 미래의 여러 가지 예상치 못한 우발 사건들(contingencies)을 자신의 계획들 속에 반영시켜야만 한다. 이러한 상황에서 '발견 과정'(discovery process)은 어떠한 역할을 하는가? 발견 과정은 다음 두 가지 범주로 구성된다. 첫째, 부분적으로 물질계(物質界; 물질의 세계)에 대한 사실들만을 발견하거나, 둘째 주로 물질계와 다른 사람들의 예상 계획들에 대해 사람들이 어떻게 반응하는지를 발견한다. 첫 번째 범주의 경우 사람들은 날씨가 자신의 계획에 어떻게 영향을 미칠지에 대해 주의할 것이다. 예를 들면, 날씨가 농부의 경작이나 관광객의 휴가 계획에 어떻게 영향을 미칠지에 대해

주의하는 경우를 말한다. 또한 사람들은 새로운 제조 과정이나 새로운 종류의 제품 발견이 기존 제품 시장에 어떻게 영향을 미칠지에 대해 주의할 것이다. 반면에 두 번째 범주의 경우 생산자들은 사람들의 소비 선호의 변화에 주의해야만 하며, 또한 소비자들도 재화와 서비스 종류의 변화와 그 가격의 변화에 주의해야만 한다.

사람들이 필연적으로 불완전하고 종종 모순되는 정보들을 바탕으로 자신의 현재 결정들을 내리기 때문에 그들의 판단(결정)은 하나의 '확실한 결과'를 가져다주지 못하며, 또한 경제의 미래 경로는 사람들이 현재에 내리는 결정들에 달려 있다. 반면에 "어떤 경제가 시장 과정에 의해 균형으로 인도된다"는 경제적 사고(즉, 균형 분석틀)에 따르면 균형 결과(equilibrium outcome)는 초기 사정들에 내포되어 있다. 심지어 '시간을 고려한' 균형 모형들의 경우에도 당해 경제의 균형 경로(equilibrium trajectory)는 초기 사정들에 함축되어 있다.

미래가 불확실하기 때문에 '시간'(time) – 즉, 시간이라는 요소 – 은 경제학에서 중요하다. 사람들은 미래에 일어날 사건들에 대해 잘 판단하기 위하여 정보를 수집한다. 그러나 그러한 정보는 끊임없이 변화한다. 사람들이 내일 이용할 수 있는 정보(즉, 미래 정보)는 오늘 이용할 수 있는 정보(즉, 현재 정보)와 다를 뿐만 아니라, 심지어 오늘 이용할 수 있는 정보(현재 정보)와 모순될 수도 있다. 그러므로 시장 과정 내에서 활동하는 사람들은 항상 불확실한 미래의 사정들에 대한 정보를 끊임없이 획득하고 갱신한다. 또한 사람들이 불확실성 하에서 내린 결정들은 미래의 사정들에 영향을 미치는 요인들이다. '시간'을 경제 분석에 명시적으로 포함시키는 것은 단지 '시간이 흘러감에 따라 진행되는 경제 과정을 묘사하는 모형' 그 이상의 의미를 가지고 있다. 왜 그런가? 그것은 ①

경제적 결정에 항상 수반되는 불확실성을 포함하고 있으며, 또한 ② 사람들이 미래에 직면할 선택들과 경제적 기회들에 대한 지식(정보)을 획득하는 방법을 포함하고 있기 때문이다. 따라서 '시간'을 경제 분석에 명시적으로 포함시키는 것은 곧 '불확실성'과 '미래의 결정에 필요한 지식(정보)을 획득하는 방법'을 모형에 포함시키는 것과 같다. 이러한 이유로 시간은 경제 분석에서 중요하다.

미래의 변화 가능성(또는 불확실성)은 미래에 대한 계획을 불가능하게 한다. 그러면 미래의 불확실성 하에서 사람들은 미래에 대한 계획을 어떻게 수립하는가? 사람들은 ① 미래 세계의 발생 가능한 모든 상태들(states)을 고려하고, ② 그러한 상태들에 대해 일정한 확률(probability)을 부여하고, ③ 미래 세계에 대해 부여된 그러한 기대(확률)를 바탕으로 최상의 행동 방침(best course of action)을 선택함으로써 미래에 대한 계획을 수립할 수 있다. 그러나 미래의 변화 가능성(불확실성)은 사람들의 미래 계획을 불가능하게 만든다. 왜 그런가? 우선, 실제 세계에서 사람들은 지식의 한계 때문에 미래에 나타날 결과들을 예측할 수 없다. 또한 비록 사람들이 미래에 일어날 모든 상태들을 알 수 있다고 하더라도 그러한 상태들에 대해 일정한 확률을 정확히 부여할 수 없을 것이다. 이와 같이 현실 세계는 '불확실성'이 지배하고 있다. 이러한 불확실성으로 인해 미래는 불확정적이며 예측 불가능하다. 이러한 경우에 경제 분석은 어떤 역할을 하는가?

경제 분석은 사람들이 '미래에 대한 판단'을 하는 데 유용하다. 다시 말하면, 경제 분석의 도움을 통해 사람들은 미래에 대한 판단을 할 수 있다. 예를 들면, 사람들은 경제 분석을 통해 미래의 소득(각자의 소득과 총 소득), 미래의 가격,

재화의 이용 가능성 등에 대해 어떤 '예상'(expectation)을 할 수 있다. 따라서 미래가 완전히 알 수 없거나 예측 불가능한 것은 아니다. 사람들은 불확실성 하에서 미래에 대한 예상을 어떻게 하는가? 사람들이 가진 '축적된 지식'(accumulated knowledge) 때문에 사람들이 하는 미래에 대한 예상은 대체로 거의 정확할 수 있다. 사람들은 경제의 작동 원리를 어떻게 이해하는가? 이는 ① 사람들이 필요한 지식(정보)을 어떻게 획득하느냐와 ② 어떤 경제 내에 있는 모든 사람들의 지식이 '질서정연한 결과'(orderly outcome)를 가져다주도록 어떻게 조정되는지를 이해하는 데 그 핵심이 있다. 여기서 질서정연한 결과는 제1절에서 설명했듯이 '인간 설계(human design)의 결과가 아니라 인간 행동(human action)의 결과'이다. 그러나 경제 분석에서 '시간' 이라는 요소는 단순히 시간이 지나간다는 것을 의미하는 것 그 이상이다. 따라서 경제 분석에서 시간은 ① 사람들이 현재 시점에서 미래 계획을 어떻게 세우며, ② 경제 시스템이 그러한 계획들을 어떻게 조정하는지를 이해하는 데 유용하다. 그러므로 경제 분석에서 시간은 중요하다.

1.7
가치의 주관적 성질

재화와 서비스의 가치는 이들을 구매하는 사람들의 '주관적 평가'(subjective evaluation)에 의해 결정된다. 그러한 주관적 가치는 ① 사람마다(사람에 따라) 다를 수 있고, ② 똑같은 사람에 대해서도 시점에 따라 다를 수 있다. 먼저, 건조한 지역에 살고 있는 어떤 사람은 우산에 대해 아무런 가치를 부여하지 않으며, 심지어 하나의 우산이라도 가지려 하지 않는다. 반면에 비가 많이 오는 지역에 살고 있는 어떤 사람은 여러 개의 우산들을 소유할 수 있다(예를 들면, 나는 내가 살고 있는 플로리다 지역에 자주 내리는 뜻밖의 소나기에 대비해서 항상 하나의 우산을 차에 가지고 있고, 다른 하나는 사무실에 가지고 있다). 또한 여행 중에 비를 만나는 사람은 자신이 좋은 날씨에 새 우산을 살 때보다 하나의 우산 구입에 더 많은 돈을 기꺼이 지불하려고 할 것이다. 다음으로, 사람들이 재화와 서비스에 부여하는 가치는 일시적 유행, 패션, 입수 가능한 정보 등으로 인해 다를 수 있다. 또한 음악, 의류, 도서, 심지어 음식 등은 ① 사람에 따라, 그리고 ② 시간이 지남에 따라[17] 다르게 평가된다. 예를 들면, 달걀은 한때 영양가 면에서 이상적인 음식으로 간주되었으나, 최근 콜레스테롤 함유량에 대한 관심이 커지면서 사람들이 달걀에 부여한 주관적 가치가 하락하여 달걀 수요가 감소하게 되었다. 가치는 재화와 서비스에 부여된 객관적 성질이 아니다. 따라서 가치는 소비자들이 재화와 서비스를 소비함으로써 얻는 효용(utility)에 부여하는 '주관적 평가'에 의해 결정된다.

멩거(Carl Menger, 1871[1976])는 자신의 저서인 『경제학의 원리』[18]에서 다음과 같이 언급하였다. 만약 사람들이 자신이 소비하는 어느 한 재화나 서비스의 양을 증가시킨다면 그들이 소비하는 추가적인 단위들은 덜 긴급한 욕구들을 만족시키는 데 사용될 것이다. 그러한 덜 긴급한 사용(소비)은 당해 소비자에게

17 [역자주] 이는 "각 재화의 가치(가격)가 시장 가격에 의해 표시되더라도 '시간이 지남에 따라' 재화의 시장 가격이 달라지게 된다"는 것을 의미한다.
18 Carl Menger(1871).

더 낮은 주관적 가치를 부여해 줄 것이다. 이에 대한 좋은 예로 '물'의 경우를 들 수 있다. 어떤 사람이 매일 소비하는 최초의 물 몇 잔은 생명을 유지하는 데 필수적인 것처럼 매우 유용할 것이다. 물을 구하기가 매우 힘든 지역 – 예를 들면, 사막이나 우주선 등 – 에 살고 있는 사람들은 물을 구하는 데 많은 비용을 지불해야 하며, 그로 인해 물을 절약하려는 강한 유인을 가질 것이다. 만약 물이 귀하거나 부족하다면 사람들은 물을 절약하기 위해 샤워하는 대신에 젖은 수건으로 몸을 씻을 것이다. 반면에 물이 풍부한 곳에 사는 사람들은 물을 아끼지 않고 마음대로 샤워에 사용할 것이다. 만약 물이 매우 값싸다면 사람들은 실내 화분들에 물을 주거나 개를 씻거나 자동차를 세척하는 데 사용할 수 있다. 사람들은 이러한 물 사용들에 '낮은' 주관적 가치를 부여할 것이다. 그러나 이러한 물 사용들은 사람들이 자신의 생명을 유지하기 위해 마시는 물에 대해 부여하는 가치를 결코 낮추지 못할 것이나. 사람들이 소비하는 최초의 물 몇 잔은 그 주관적 가치가 '높을' 것이다. 그러나 더 많은 물들을 사용할 수 있다면 소비자들은 이들을 주관적 가치가 점점 더 낮은 곳에 사용할 것이다.

물의 가격이 올라가면 사람들은 덜 가치적인 활동들 – 예를 들면, 자동차 세척 – 에 사용되는 물을 감소시킴으로써 자신의 물 소비를 감소시킬 것이다. 그러나 이것은 하나의 추측일 뿐이며, 또한 '사람에 따라' 다를 수 있다. 우리는 다른 사람들이 재화와 서비스에 부여하는 '주관적 가치들'에 대해 알 수 없으며 단지 시장에서 그들의 행위를 관찰할 수 있을 뿐이다. 자동차를 매우 좋아하는 일부 사람들은 샤워하는 데 물을 덜 쓰고 자신의 자동차 세척에 많이 사용함으로써 자동차를 항상 깨끗하게 유지하려 할 것이다. 따라서 재화에 대한 가치가 '주관적'이기 때문에 재화의 가치는 오직 사람들이 시장 거래에 참여할 때 나타난다. 왜 그런가? 시장 거래에 참여하는 모든 당사자들이 '시장 거래를 통해 상호 가치(또는 상호 이익)를 얻는다'고 믿기 때문이다. 또한 '시장 가격'은 소비자들이 한계단위(marginal unit)로부터(즉, 한 단위 더 소비함으로써) 얻는 '효용의 가치'(value of utility)이다.

이제까지 설명했듯이 사람들이 재화와 서비스에 부여하는 가치는 ① 사람에 따라, 그리고 ② 시간이 지남에 따라 다르다. 사람들이 재화와 서비스에 대해 기꺼이 지불하려고 하는 '가치'를 시현함으로써 시장은 재화와 서비스의 가치에 대한 '정보'를 시현한다. 재화와 서비스의 가치에 대한 정보는 추상적으로 존재하지 않고, 시장에서 발견(시현)되는 것으로 여겨진다. 즉, 그러한 정보는 '시장 과정'을 통해 시현(발견)된다.

1.8 비용의 주관적 성질

가치의 주관적 성질(subjective nature of value)에 대한 수요 측면은 오스트리아 학파만의 유일한 생각이 아니다. 그러나 공급 측면에서 경제학자들은 종종 '비용'(cost)을 암묵적으로 그리고 아무런 분석도 없이 '객관적인 사실'로 설명하고 있다. 그러나 경제적 비용(economic costs)도 ① 최종재(final goods)의 가격 처럼 시장 가치이며, 또한 ② 주관적으로 결정된다. 생산 과정에 들어가는(사용되는) 투입물들의 가치(value of inputs)는 (이러한 투입물들이 생산해 내는) 산출물(최종재)의 가치(value of output)에 의해 결정된다. 따라서 사람들이 최종 재화와 최종 서비스에 부여하는 주관적 가치가 최종 재화와 서비스를 생산하는 데 사용되는 '투입물들의 가치'를 결정한다.

멩거(Carl Menger, 1871[1976])는 소비재(consumer goods)를 '제1차적 재화'(goods of the first order)라고 불렀고, 생산 과정에 사용되는 투입물인 중간재(intermediate goods)를 '더 고차적 재화'(higher-order goods)라고 불렀다.[19] 따라서 중간재인 '더 고차적 재화'의 가격은 소비자들이 소비재인 '제1차적 재화'에 부여하는 가치에 의해 결정된다. 만약 최종 재화와 최종 서비스 – 즉, 제1차적 재화와 서비스 – 의 가치가 상승한다면 최종 재화와 최종 서비스를 생산하는 데 사용되는 투입물들을 더 비싸게 만들 것이다(즉, 투입물들의 가격도 상승할 것이다).

2세기 전에 한 평의 땅이 석유를 함유하고 있었다면 그 땅의 가치는 하락했을 것이다. 왜냐하면 끈적끈적한 물질의 삼출(滲出; [역자주] 액체가 안에서 밖으로 스며서 나옴)이 그 땅의 경작 능력을 저해하기 때문이다. 그러나 오늘날 연료, 윤활유, 기타 용도로 석유 제품이 사용됨으로써 석유를 함유한 땅의 가치가 더욱 높아졌다. 따라서 투입물(즉, 석유를 함유한 땅)의 가치가 (당해 투입물이 생산해 내는) 최종재(즉, 석유 제품들)의 가치에 의해 결정된다. 또한 오늘날 프로 농구 선수들은 일류 육상 선수들보다 더 많은 돈을 받는다. 왜 그런가? 이는 농구가 육상보다 경기하는 데 기술이 뛰어나서가 아니라 사람들이 육상 경기보다 농구 경기를 보는 데 기꺼이 더 많은 돈을 지불하려 하기 때문이다. 즉, 사람들은 육상 경기보다 농구 경기를 보는 데 더 높은 주관적 가치를 부여하기 때문이다. 따라서 생산 과정에 사용되는 투입물들의 가치는 사람들이 산출물(최종재)

19 Carl Menger(1871[1976]).

의 가치에 부여하는 '주관적 가치'에 의해 결정된다.

또한 프로 농구 선수들은 절대적으로나 또는 다른 경기들에 비해서도 1950년대에 비해 2000년대에 훨씬 더 많은 돈을 받는다. 왜 그런가? 왜냐하면 1950년대에는 농구 경기가 TV로 거의 중계되지 않았고 경기장에서 직접 경기를 보기 위해 표를 사는 사람들만 경기를 볼 수 있었다. 그러나 그로부터 50년이 지난 오늘날 사람들은 TV 중계를 통해 쉽게 농구를 볼 수 있고 광고주들은 경기장에서 관중들과 접촉하는 데 높은 가치를 부여하였다. 이와 같이 오늘날 다양한 기술 발전으로 인해 산출물(최종재)의 주관적 가치가 증가하게 되었다. 이는 "산출물(최종재) – 즉, TV 중계나 광고 등 – 의 주관적 가치가 증가할수록 투입물들 – 즉, 농구 선수들의 노동 서비스 – 의 주관적 가치도 증가한다"는 것을 의미한다.

가치는 주관적이며, 투입물들의 가치가 산출물(최종재)의 가치에 의해 결정되기 때문에 비용(즉, 투입물들의 가치)도 주관적이다. 이와 같이 비용의 주관적 성질은 가치의 주관적 성질과 밀접한 관계가 있음을 알 수 있다.

1.9
효용과 개인의 행동

사람들은 '행동'한다. 왜 행동하는가? 왜냐하면 사람들은 행동하지 않을 때보다 어떤 행동을 함으로써 더 나아질 것이라고 기대하기 때문이다. 사람들은 자신의 행동의 결과로부터 효용(만족)을 얻을 것이라고 기대한다. 개인의 행동을 분석하기 위해 '시장 과정 접근법'(Market Process Approach)을 적용해 보면 다음 사실을 알 수 있다. 즉, 사람들은 자신의 행동들로부터 더 나아질 것이라고 믿기 때문에 경제 활동에 참가한다. 사람들은 자신의 행동을 통해 무엇을 얻는가? 또는 사람들이 행동으로부터 '더 나아진다'는 것은 무엇을 의미하는가? 개인의 행동과 효용 간에 다음과 같은 본질적인 관계가 존재한다. 즉, 사람들은 자신의 '행동'이 자신의 후생, 즉 '효용'을 증가시킬 것이라고 생각하기 때문에 행동한다.

'일반 경제적 균형'에 대한 복잡한 모형들을 개발하기 위하여 주류 경제학은 효용함수(utility function)를 도입하여 개인의 선호들에 대해 몇 가지 가정들을 세운다. 주류 경제학자들은 종종 사람들의 선호가 '이행적'이라고 가정한다. 즉, 만약 A가 B보다 선호되고(A>B), B가 C보다 선호된다면(B>C), 궁극적으로 A는 C보다 선호되어야(A>C) 한다. 또한 재화들은 "한계대체율(MRS)이 체감한다"라고 가정한다. 이러한 가정들 하에서 모형이 성립되려면 효용함수는 연속적이고 미분 가능하다고 가정한다. 이러한 제약적인 가정들이 없다면 당해 모형은 유일하고 안정적인 해(解)를 보장하지 못할 것이다.

이와 같이 개인의 행동을 분석하기 위해 사용되는 '시장 과정 관점(접근법)'은 주로 ① 시장에서 진행되는 교환들과 ② 어느 한 경제가 생산하고 또 계속적으로 변화하는 산출물의 종류들에 초점을 맞추고 있다. 그러나 균형 결과(equilibrium outcome)보다 오스트리아학파의 경제적 과정에 초점을 맞춤으로써 주류 경제학의 '균형 접근법'(equilibrium approach)이 요구하는 효용에 대한 대부분의 가정들은 필요하지 않다. 위에서 설명했듯이 사람들은 자신의 행동 결과로 효용이 증가할 것이라고 믿기 때문에 경제 활동에 참여한다. 사람들이 자신의 '효용이 증가한다'는 믿음으로 경제 활동에 참가하는 한 그것은 곧 '개인의 선호'를 나타내는 데 충분하다. 따라서 이 경우에 균형 조건들(균형을 가져다주는 데 필요한 조건들)을 별도로 명시할 이유가 없다. 왜냐하면 사람들은 현재에 항상 행동하고 있으며, 또 미래에 행동하기로 계획하기 때문이다. 또한 균형 조건들은 항상 변한다. 이러한 이유로 오스트리아학파 경제학자들은 '유일하고 안정적인 균형'이라는 생각에 중요성을 부여하지 않고 있다. 다시 말하면, 오스트리아학파 경제학자들에 따르면 유일하고 안정적인 균형이란 어불성설이다. 따라서 '개인의 행동'에 대해 경제학자들이 가해야만 하는 가정들은 경제 분석에 대해 (주류 경제학의) '균형 접근법'을 취할 때보다 (오스트리아학파의) '시장 과정 접근법'을 취할 때 훨씬 덜 제약적임을 알 수 있다. '인간의 행동'에 대한 오스트리아학파의 시장 과정 접근법은 사람들을 '효용을 극대화하는 주체'로 보지 않고 '상호 이익을 주는 교환에 참여하는 주체'로 보았다.[20)]

1.10
경쟁

경제적 모형들은 종종 '경쟁적 시장들'(competitive markets)을 '균형 관점'(균형 접근법)에서 바라본다. 이러한 관점에 따르면, ① 시장 메커니즘은 '경쟁적 가격'(competitive prices)을 가져다주며, ② 경쟁적 시장에서 구매자들과 판매자들

20 Buchanan(1964)은 경제학(economics)을 '개인의 선택과 효용 극대화를 연구하는 것'이 아니라 '교환을 연구하는 것'(the study of exchange)으로 강조하였다(James M. Buchanan, 1964, pp. 213-22).

은 '가격 수용자들'(price takers)이다. 가격 수용자들이란 ① 구매자들과 판매자들이 시장 가격을 '주어진 것'(given)으로 받아들이고, ② 시장 가격에 자신의 행동을 조정하며, ③ 주어진 시장 가격에서 얼마를 구입할지와 판매할지를 결정하는 것을 말한다. 또한 '경쟁적 시장 모형'은 ① 시장에서 산출물은 동질적(homogeneous)이며, ② 시장에서 구매자들과 판매자들은 완전 정보를 가지고 있다고 가정한다. 그러나 오스트리아학파의 '시장 과정의 관점'에서 경쟁 – 즉, 경쟁적 시장과 경쟁적 가격 – 을 바라보면 '균형 관점'과 다름을 알 수 있다. 즉, 오스트리아학파의 시장 과정 접근법에 따르면 시장은 가격을 결정하지 못하고 구매자들과 판매자들이 가격을 결정한다. 구매자들과 판매자들은 심지어 매우 경쟁적인 시장에서도 가격을 결정한다. 판매자들은 자신의 제품들에 대해 얼마의 가격을 받을지 결정한다. 또한 판매자들은 당해 제품에 대해 다른 판매자들이 받으려 하는 가격들을 고려해야 하며, 이 경우 그러한 가격들을 '주어진 것'으로 간주하지 않는다. 물론 시장에서 가격이 변할 수 있다. 시장에서 어떤 제품에 대한 가격이 변하려면(물론 종종 시장에서 가격은 변한다) 다른 판매자들이 자신의 제품에 대해 받으려 하는 가격을 변화시켜야만 한다.

이러한 과정은 심지어 주식 시장과 같이 매우 경쟁적인 시장들에서도 사실이다. 주식 거래자들이 '시장' 가격에서 주식을 사기 위하여 시장 주문(market order; [역자주] 현재 시세로 매매 주문을 하는 것을 말함)에 참가할 수 있지만, 이때의 시장 가격은 다른 사람이 팔기 위해 제안한 '최저 가격'(lowest price)이다. 반면에 주식을 팔기 위하여 시장 주문에 참가하는 경우 이때의 시장 가격은 주식을 사기 위하여 '최저 오퍼'(lowest offer)를 제시한 사람에 의해 결정된다. 따라서 주식 시장에서 가격은 '시장'에 의해서가 아니라 특정한 가격에서 주식을 사고팔기 위하여 구매자들과 판매자들에 의해 결정된다. 이와 같이 시장에서 구매자들과 판매자들은 ① 자신의 가격을 결정하거나 ② 시장의 반대편에 있는 다른 사람에 의해 결정된 가격으로 사거나 파는 데 동의한다.

이러한 과정은 가격뿐만 아니라 '제품의 특성'의 경우에도 적용될 수 있다. 경제학자들은 흔히 모형을 다루기 쉽게 하기 위하여 "제품이 동질적이다"라고 가정한다. 이러한 가정은 모형을 단순화시키기 위한 '가정'에 불과하며, 경쟁적 모형으로부터 도출되는 '결론'은 아니다. 다시 말하면, 그러한 가정은 경쟁적 시장의 '실제 특성'이 아니다. 실제로 생산자들이 제품을 차별화하는 것은 하나의 경쟁적 전략이다.[21] 왜냐하면 제품 차별화(product differentiation)는 구매자들에게 제품을 더 매력적으로 해주기 때문이다. 또한 생산자들에게 '일반적인 생산함수'도 주어지지 않는다. 왜냐하면 개별 생산자들은 어떤 생산기술을 사용할지를 독자적으로 결정하기 때문이다. 생산자들은 매우 경쟁적인 시장에서조차도 자신이 판매할 제품의 특성을 독립적으로 결정한다.

정보는 완전하지 않으며, 또 획득하는 데 비용이 많이 든다. 사람들마다 다른 정보들을 가지고 있다. 일부 정보들은 나중에 틀린 것으로 판명된다. 몇몇 판매자들은 자신의 제품에 대해 더 높은 가격을 부과할 수 있다는 것을 알고 그에 따라 가격을 인상한다. 만약 이들의 판단(정보)이 '옳다면' 다른 판매자들도 이를 따를 것이며, 그 결과 '시장' 가격은 상향으로 조정될 – 즉, 상승할 – 것이다. 이 경우 자신의 가격을 조정하지(올리지) 않은 다른 판매자들은 시장을 청소하는(clear) 가격보다 더 낮은 '불균형' 가격(disequilibrium price)에서 제품을 판

21 Kohn(2004)이 이 점을 지적하였다. 또한 Holcombe(2013, Ch. 5)도 이 점을 지적하였다.

매하게 될 것이다. 반면에 그들의 판단(정보)이 '틀린다면' 가격을 올린 판매자들은 시장을 청소하는 가격보다 더 높은 '불균형' 가격에서 제품을 판매하게 될 것이다. 따라서 둘 중 어느 경우든 '불균형' 가격에서 교환이 발생하고 있음을 알 수 있다. 가격은 항상 변하며, '시장'은 결코 가격을 결정하거나 변화시키지 못한다. 개별 구매자들과 판매자들이 가격을 결정하거나 변화시킨다! 이 경우에 가격은 판매자들 간에 서로 다를 것이다. 또한 구매자들도 최선의 가격 및 품질 조합을 찾아 이리저리 쇼핑을 할 것이다. 이와 같이 시장이 '균형화되는' 과정은 계속적으로 진행되며, 그 결과 시장 과정은 구매자들과 판매자들이 가치를 증가시키기 위하여 자원을 자기 뜻대로 사용(배분)하도록 안내하는 데 필요한 유용한 '정보들'을 가져다준다.

이와 같이 오스트리아학파에서 '경쟁'은 가격, 생산 과정, 제품 특성 등에 있어서 계속적인 변화들을 가져다주는 '진행 중인 과정'(ongoing process)이다. 오스트리아학파에서 '경쟁'은 결과(outcome)가 아니라 '계속 진행되는 과정'이다. 일찍이 슘페터(J. Schumpeter, 1934, 1947)는 이러한 계속적인 변화들을 '창조적 파괴'(creative destruction)라고 불렀다.[22] 그러한 변화들은 오래된 제품들과 생산 과정들을 새로운 제품들과 생산 과정들로 대체시키는 것을 의미하고, 그 결과 경제적 진보를 가져다준다. 그러나 '경쟁적 균형' 개념은 표준적인(전통적인) 경제 분석에서 자주 사용되지만, 실제 경제가 어떻게 작동하는지에 대해서는 설명해 주지 못한다. 왜냐하면 경쟁적 균형 개념은 시장 참가자들이 계속적으로 직면하는 많은 선택들을 고려하지 않거나, 사람들이 계속적으로 참여하는 많

22 Joseph A. Schumpeter(1934), Joseph A. Schumpeter(1947).

은 경제 활동들을 무시하기 때문이다. 그러나 실제로 사람들은 변화하는 경제 상황(사정)들과 새로운 정보들에 맞추어 자신의 경제 활동들을 조정한다.

1.11
결론: 시장 과정 접근법의 의의

경제 분석에 대한 오스트리아학파의 '시장 과정 접근법'은 '계속적으로 변화하는 경제'에서 사람들이 ① 새로운 제품들과 생산 과정들을 고안하고, ② 자신의 경제 활동들과 다른 사람들의 경제 활동들에 대한 정보들을 얻고자 할 때 유용하다. 생산자들은 더 나은 생산 방법들을 스스로 찾을 뿐만 아니라 소비자들의 선호와 자신의 경쟁자들과 공급자들에 의한 새로운 발전들에 대해서 배우기도 한다. 시장경제에서 지식은 분산화되어 있고 항상 변하며, 정보는 때때로 부정확하거나 모순될 수 있다. 사람들은 이용 가능한 정보를 최대한 사용하려 하며, 시장경제의 역할은 분산화되어 있는 모든 정보를 조정하는 일이다. 이를 통해 사람들의 경제 활동들은 상호 조정되며, 그들의 경제 계획들은 실현된다. 이러한 조정이 없으면 사람들은 다른 사람들의 경제 활동에 의존할 수 없고(즉, 사람들은 상호작용할 수 없고), 그 결과 노동의 분업(division of labor)은 깨어지게 된다. 경제적 상황(사정)들은 계속적으로 변화하며, 시장 메커니즘은 사람들이 계속적으로 변하는 계획들에 자신의 활동을 조정할 수 있는 수단들을 제공해 준다. 따라서 경제 분석에 대한 오스트리아학파의 '시장 과정 접근법'은 오스트리아 경제학파의 사상을 위한 기본 토대를 제공해 준다.

Chapter 2

분산된 지식: 기업과 시장의 역할

2.1
기업의 역할

1) 정태적 관점에서의 기업의 역할

우선, 기업의 경제적 역할에 대해 매우 '정태적 – 또는 균형적 – 관점'에서 바라보기로 하자. 어느 한 기업은 먼저 광범위한 범주의 토지, 노동, 자본 등으로 분류되는 투입물들(inputs)을 구입하여, 이들을 결합하여 산출물(output)을 생산해 낸다. 기업들이 투입물들을 산출물로 변화(전환)시키는 방법(기술)은 당해 기업의 '생산함수'(production function)에 주어져 있다. 기업의 '생산함수'는 산출물을 생산하기 위해 사용되는 여러 가지 투입물들의 결합을 나타내 준다. 생산함수는 마치 어느 한 빵 굽는 사람(제빵업자)이 사과 파이를 굽기 위하여 여러 가지 재료들을 결합하는 방법(recipe)을 가지고 있는 것과 같다. 일반적으로 경제학자들은 산출물의 제조법 – 즉, 생산함수 – 은 기업에 '주어져 있다'고 가정한다. 그 결과 당해 기업은 투입물을 산출물로 변환시키기 위하여 이 제조법을 사용하기만 하면 된다. 또한 투입물들과 산출물도 '주어져 있는 것'으로 가정한다. 이를 제빵 생산에 적용해 보면 다음과 같다. 즉, 제빵업자는 투입물로 밀가루, 사과, 설탕, 기타 재료들을 사용하여 빵 제조법에 따라 사과 파이라는 산출물을 생산해 낸다.

이러한 정태적(균형적) 분석틀에서 제빵업자가 해야 하는 유일한 일은 ① 투입물들의 적절한 결합을 선택하여, ② 생산함수에 주어진 제조법을 사용하여, ③ 사과 파이를 이윤이 발생하도록 생산해 내는 것이다. 우선, 이러한 유추

(類推)가 성립하려면 제조법(생산함수)이 어느 정도 신축적이어야 할 것이다. 즉, 투입물들의 배합이 바뀔 수 있어야 한다. 예를 들면, 사과 파이를 더 달게 또는 더 시큼하게 만들기 위하여 사과 대비 설탕의 양이 바뀔 수 있어야 한다. 또한 파이 껍질을 더 두껍게 또는 더 얇게 만들기 위하여 사과 대비 밀가루의 혼합도 바뀔 수 있어야 한다. 제빵업자는 자신의 이윤을 극대화하기 위하여 적절한 사과 파이의 수를 선택해야 한다. 마지막으로, 제빵업자는 투입물들을 효율적으로 사용하도록 주의해야 한다. 예를 들면, 사과나 다른 재료들을 낭비하지 않도록 주의해야 한다. 따라서 제빵업자는 사과 파이를 만드는 데 최소량의 투입물들을 사용해야 한다.

경제학자들은 종종 기업의 '생산함수'를 다음과 같이 수학적 형태(식)로 표현한다. 즉,

$$Q = f(K, L).$$

여기서 Q는 생산되는 산출물을 말하고, f는 생산함수, 즉 산출물을 생산하기 위해 사용되는 제조법(생산 방법)을 나타내고, K는 자본 투입물, L은 노동 투입물을 나타낸다. 이러한 식은 투입물로 토지를 제외하고 있으며, 자본과 노동을 각각 동질적인 것으로 묘사한다. 이러한 가정 하에서 일정량의 자본과 노동을 결합하면 산출물이 생산된다. 이러한 생산함수 접근법에서 기업은 주어진 생산함수 f 이외의 다른 방법이 없고(즉, 생산함수 f가 주어져 있고), 주어진 투입물인 자본과 노동만 사용하여 산출물 Q를 생산해야 한다. 표준적인 경쟁적 시장 이론은 종종 어느 한 산업 내에서 활동하는 모든 기업들은 동질적인

산출물을 생산하며, 그 결과 생산된 산출물(Q)의 종류는 모든 기업들에 있어서 동일하다. 이러한 식에서 기업을 경영하는 사람들(기업가들)이 결정할 수 있는 유일한 일은 자본(K)과 노동(L)의 양이며, 자본량과 노동량이 결정되면 기업가들에게 주어진 생산함수(f)에 의해 일정량의 산출물(Q)이 생산된다.

이제 사과 파이를 생산하는 특정 제조법(생산함수)을 가지고 있는 제빵업자의 경우를 고려해 보자. 그러나 당해 제빵업자는 반드시 주어진 제조법을 따를 필요는 없다. 예를 들면, 사과 파이를 만드는 데 건포도를 추가해 보면 어떨까? 정제된 흰색 설탕 대신에 갈색 설탕을 대체해 보면 어떨까? 아마 설탕보다 옥수수 감미료가 덜 비쌀 뿐만 아니라 파이를 사먹는 사람들에게도 거부감이 없을 것이다. 심지어 제빵업자는 산출물의 종류를 바꾸어 사과 파이 대신에(또는 사과 파이뿐만 아니라) 체리 파이를 생산해 낼 수 있다. 또한 대개 당해 생산자에게 '주어져 있다'고 가정되는 제빵업자의 생산함수를 보더라도 모든 투입물이 생산자(제빵업자)에 의해 변할 수 있다. 즉, 생산자는 다른 종류의 투입물들을 사용하여 이들을 다른 방식으로 결합함으로써 산출물의 특성을 변화시킬 수 있다.

2) 실제 경쟁적 시장에서의 기업의 역할

다음으로, 정태적 균형이 아니라 계속적으로 경제적 진보가 이루어지는 '실제 경쟁적 시장'에서 기업의 역할을 살펴보기로 하자. 실제 세계의 경쟁적 시장에서 기업들은 자신이 하는 모든 것을 끊임없이 변화시켜야 하며, 그래야만 자신의 경쟁자들에게 뒤떨어지지 않을 것이다. 예를 들면, 다른 소매업자들처럼 제빵업자들도 고객들의 요구에 순응하기 위하여 자신의 제품 혼합들(product mixes)을 계속적으로 변화시키고, 새로운 제품들을 내어 놓고, 기존의 제품 생산 비용을 감소시킬 방법을 찾아야만 한다. 다른 경제 부문들 – 예를 들면, 전자 공학 – 에서의 경제적 진보의 경우에는 그 효과가 너무 뚜렷해서 여기서 거의 언급할 가치가 없다. 그러나 이러한 경제적 진보들은 눈에 잘 띄지는 않지만 경제 전체에 걸쳐 수없이 많을 것이다. 예를 들면, 새로운 농업 방식과 새로운 종자 품종들은 각각 농작물 수확량을 증가시키고, 농작물을 질병과 가뭄에 더 잘 견디게 해준다. 또한 농기계류들도 계속 개량되고 있다. 농업뿐만 아니라 제조업 및 소매업의 방법들도 계속적으로 개선되어 비용을 낮추어 준다.

더 나은 제품들과 더 나은 생산 방법들은 비용을 감소시켜 줄 뿐만 아니라 사람들의 물질적 부와 행복을 증가시켜 준다. 그러나 더 나은 제품들과 더 나은 생산 방법들은 기업가들에게 지속적인 도전을 가져다준다. 당해 기업가의 경쟁자들이 제품과 생산 방법들을 계속적으로 개선시키기 때문에 각 기업도 제품과 생산 방법들을 개선시켜야 하며, 그렇지 않으면 시장에서 다른 경쟁자들에게 더욱 뒤떨어지거나 도태된다. 기업가들이 직면하는 가장 중요한 도전은 더 나은 생산 방법들(better production methods)과 더 나은 제품 특성들(better product characteristics)을 발견하는 것이다. 그래야만 기업가들은 시장에서의 '끊임없는 경제적 진보'에 뒤떨어지지 않을 것이다.

2.2
기업의 기업가적(혁신적) 성질: 기업가적(혁신적) 기업의 역할

1) 경영 역할

기업을 경영하는 사람들(즉, 기업가들)의 역할은 두 가지 구성 요소로 나눌 수 있다. 즉, 보드레와 홀콤(Boudreaux and Holcombe, 1989)이 설명했듯이 기업가의 역할은 '경영(management)과 기업가 정신(entrepreneurship)'이다.[1] 먼저, '경영'에 대해서 살펴보기로 하자. 본장의 제1절에서 자세히 논의했듯이 산출물을 생산하기 위하여 생산함수를 통해 투입물들의 최적 배합(optimal mix)을 찾는 것이 '기업의 경영 기능'이다. 좋은 경영(good management)이란 기업의 여러 생산 과정들을 가장 효율적으로 운영하는 것을 말한다. 기업의 '경영 역할'(management role)은 ① 최소의 비용으로 산출물을 생산하기 위하여 투입물들의 올바른 배합을 선택하고, ② 생산 과정에서 발생하는 낭비들을 최소화하려는 것을 말한다. 전자는 생산함수에 의해 결정된다. 만약 노동자들이 낮은 임금 때문에 일을 게을리한다면 경영자(기업가)는 비용을 최소화하기보다 임금에 더 많은 돈을 지출해야만 할 것이다. 또한 노동 이외의 다른 투입물들의 낭비도 기업의 비용을 증가시킨다. 경영자들은 ① 생산에 드는 투입물들의 비용을 최소화하고, ② 투입물들의 최적 배합을 통해 최적 규모에서 생산함으로써 이윤을 극대화한다.

1 Donald J. Boudreaux and Randall G. Holcombe(1989), pp. 147-54.

2) 기업가 정신

다음으로, '기업가 정신'(entrepreneurship)에 대해서 살펴보기로 하자. 기업가 정신은 "이제까지 다른 사람들이 알아채지 못했던 이윤 기회(profit opportunity)를 발견하고 이를 실행하는 것"을 말한다. 다시 말하면, 기업가 정신이란 "다른 투입물들을 사용하여 이제까지와 다른 생산함수 – 즉, 다른 생산방법 – 를 발견함으로써 다른 산출물을 생산하거나 이를 다른 시장에서 판매하는 것"을 말한다. 반면에 기업의 '경영 기능'은 생산함수의 파라미터들(parameters)을 '주어진 것'으로 간주한다. 기업은 투입물인 자본(K)과 노동(L)을 사용하여 생산함수(f)에 따라 이들을 결합함으로써 주어진 산출물(Q)을 생산한다. 그러나 '기업가적(혁신적) 기업'(entrepreneurial firm)은 생산함수에 들어 있는 모든 파라미터들이 '변할 수 있다'고 생각한다. 왜냐하면 기업은 ① 자신이 생산해 내는 산출물의 종류, ② 자신이 사용하는 투입물들, ③ 생산 과정 자체 등을 변화시킴으로써 이윤을 얻을 수 있다고 생각하기 때문이다. 기업가적 기업의 예로 어떤 것이 있는가? 예를 들면, 헨리 포드(Henry Ford)는 미국에서 자동차를 대량 생산하기 위하여 '일관 작업'(assembly line; 대량 생산을 위한 작업 공정) 방식을 채택하였다. 헨리 포드의 그러한 채택은 생산 과정을 획기적으로 변화시킨 대표적인 예이다. 일관 작업 방식은 헨리 포드가 사용하기 이전에 이미 다른 사람들에 의해 사용되어 왔다. 이전에 다른 사람들은 일관 작업 방식을 자동차를 생산하는 데 사용하지 않았다. 그러나 포드는 자동차를 대량 생산하기 위하여 이러한 새로운 생산 방법 – 즉, 일관 작업 방식 – 을 사용한다면 커다란 '이윤 기회'가 있다는 사실을 발견하였다. 또한 애플(Apple Computer)사(社)도 생산한 산출물의 종류를 변화시킨 '기업가적 기업'의 전형적인 예이다. 최근 애플사는 아이팟(iPod), 아이폰(iPhone), 아이패드(iPad), 기타 혁신적인 제품들 등을 생산하여 시장에 내놓았다.

커즈너(Kirzner, 1973)는 '기업가적(혁신적) 행위'(entrepreneurial act)로서 '이윤 기회의 순수한 관찰'(pure observation of profit opportunity)을 강조하였다.[2] 특히, 커즈너는 이윤 기회를 알아채는 데 아무런 자원이 들지 않는다는 점에 주목하였다. 커즈너에 따르면 이윤 기회를 알아채는 데 단지 '경계심'(警戒心, alertness)만 필요할 뿐이다. 경계심 있는 기업가(alert entrepreneur)는 ① 이전에 열리지(개척되지) 않은 시장이 있는지, ② 더 나은 생산 방법이 있는지, ③ 기존의 제품 특성에 혁신의 여지가 있는지, ④ 아직까지 시장에서 거래된 적이 없는 완전히 새로운 제품이 있는지 등을 알아채거나 발견하는 사람이다. 이윤 기회들을 관찰하는 데(또는 알아채는 데) 자원이 들지 않지만 기업가적(혁신적) 기업은 기업가 정신이 일어나도록 이윤 기회를 관찰하고, 이를 실행해야 한다.

기업가가 이윤 기회를 관찰하고, 이를 실행하는 것이 중요하지만 이윤 기회로 여겨지는 것이 '실제로 이윤을 가져다줄 것인지'에 대해서 항상 어느 정도의 불확실성이 존재한다. 포스와 클라인(Foss and Klein, 2012)이 강조했듯이 어떤 주어진 기업가적(혁신적) 행동이 '실제로 이윤을 가져다줄 것인지'를 결정하는 데 항상 커다란 '분별력'(judgement)이 필요하다.[3] 기업가 정신에 대한 논의들은 주로 실패한 기업가적(혁신적) 시도들보다 '기업가적(혁신적) 성공들'에 더 초점을 맞추고 있다. 따라서 ① 기업가 정신(모험심)에 내재되어 있는 '불확

2 Israel M. Kirzner(1973).

3 Licolai J. Foss and Peter G. Klein(2012).

실성’과 ② 이윤 기회로 여겨지는 것을 실제 이윤으로 성공적으로 전환시키는 데 필요한 ‘분별력’을 인식하는 것이 중요하다.

일부 기업들이 기업가적(혁신적)이기 때문에 모든 기업들이 기업가적(혁신적)이야만 한다. 왜 그런가? 만약 어느 한 기업이 단순히 자신의 생산함수를 통해 이윤 극대화 방식을 찾은 후 이 방식을 계속 따라간다면 장기적으로 시장에서 생존할 수 없을 것이다. 반면에 다른 기업들은 비용이 덜 들어가는 생산 방식들을 찾거나 더 매력적인 제품 특성을 발견함으로써 혁신하고자 할 것이다. 따라서 매년 똑같은 방식을 고수하는 기업들은 시장에서 다른 기업들에게 계속해서 뒤떨어지게 될 것이다. 그 결과 당해 기업들의 이윤이 감소하고, 마침내 손실이 발생할 것이다. 경제적 진보의 성질 때문에 모든 기업들은 시장에서 생존하려면 ‘기업가적(혁신적)’이어야만 한다. 그러므로 시장에서 생존하려면 모든 기업들은 항상 이전에 알아채지(발견하지) 못한 이윤 기회들을 찾아야만 한다.

슘페터(J. Schumpeter, 1947, p. 82)는 다음과 같이 주장하였다.

> “주목해야 할 가장 중요한 사실은 우리가 자본주의를 다룰 때 ‘변화 과정’(evolutionary process)을 다루어야 한다는 점이다. … 자본주의는 본래 ‘경제적 변화(economic change)의 한 형태 또는 방식’이다. 자본주의는 결코 정지되거나 변화하지 않을 수 없으며, 또한 실제로 그렇게 될 수가 없다.”

슘페터의 이러한 주장은 ‘균형 접근법’(Equlilbrium Approach)이 아니라 ‘시장 과정 접근법'(Market Process Approach)을 사용하는 오스트리아학파의 경제 분석을 지지할 뿐만 아니라 기업가들이 직면하는 도전을 잘 나타내 주고 있다. 기업가들은 하나의 성공적인 생산 방법을 발견하여 그것만을 계속 고수할 수는 없을 것이다. 왜냐하면 경제 상황들이 항상 변하기 때문이다. 따라서 기업들도 그에 반응하여 변해야만 할 것이다. 그렇지 않으면 시장 상황의 변화에 의해 스스로 낙후될 것이다. 포스와 클라인(2012)은 "기업가 정신은 단순히 이윤 기회들을 발견하기 위하여 관찰력만 예리해서는 안 된다"고 강조하였다.[4] 또한 기업가 정신은 '기업가의 분별력'에 크게 의존한다고 주장하였다. 어느 누구도 미래를 정확히 예견할 수 없다. 따라서 기업가들은 시장의 불확실한 미래 상황에 어떻게 대응해야 할지를 결정하기 위하여 자신이 가진 '최상의 분별력'(best judgement)을 이용해야만 한다. 이와 같이 기업가 정신은 이윤 기회를 포착하려는 기업가의 예리한 '관찰력' 뿐만 아니라 미래의 불확실한 상황에 대처하기 위한 기업가의 '분별력'도 중요하다.

위에서 설명했듯이 '좋은 경영'은 당해 기업에게 중요하지만, '기업가 정신'은 당해 기업에게 절대적으로 중요하다. 기업들은 여러 가지 비효율성에도 불구하고 장기적으로 그럭저럭 생존하거나 심지어 번창할 수도 있다. 그러나 기업가 정신이 없다면 현재 성공적인 생산 방법을 가진 기업이라도 경제적 변화와 진보가 발생하는 시장에서 다른 기업들에게 계속 뒤떨어지게 될 것이다. 따라서 기업은 자신의 경쟁자들에게 뒤떨어지지 않기 위하여 기업가적(혁신적)이어야만 – 즉, 기업가 정신을 발휘해야만 – 한다. 이와 같이 오스트리아 경

4 Licolai J. Foss and Peter G. Klein(2012).

제학파의 주요 두드러진 특징은 기업의 '경영 측면'보다는 '기업가적(혁신적) 측면'에 대한 강조에 있다.

2.3
차익거래로서의 기업가 정신: 차익거래적 기업가 정신

커즈너(Kirzner)는 기업가 정신을 "아직 개발되지 않은 이윤 기회를 관찰하는 행위"라고 정의하였다. 커즈너의 이러한 생각을 따르면 기업가 정신을 '차익거래'(arbitrage; [역자주] 주식, 외환 등을 한 지역에서 사서 더 비싼 지역에서 파는 것)로 간주할 수 있다. 차익거래란 "어떤 가격에 사서 더 높은 가격에 파는 것"을 말한다. 예를 들면, 어떤 사람이 사과 한 봉지를 어떤 도시에서는 0.75달러에 팔 수 있고, 근처 다른 도시에서는 1달러에 팔 수 있다는 사실을 알아챘다고 가정해 보자. 이 경우 이 사람에게 '이윤 기회'가 존재한다. 왜냐하면 사과 한 봉지를 어떤 도시에서 0.75달러에 사서 다른 도시에서 1달러에 팔 수 있기 때문이다. 그러나 기업가적(혁신적) 행동에 실제로 참여하려면 – 즉, 기업가적(혁신적) 행동을 실행하려면, 또는 그러한 이윤 기회를 실행하려면 – '생산'(예, 사과 생산)과 '시간'(예, 사과 운송 시간)이 필요하다. 기업가는 사과를 운송하기 위하여 트럭을 사거나 또는 빌려야만 하며, 그 결과 약간의 비용이 발생한다. 또한 사과를 운송하는 과정에서 손상이 발생하며, 이는 기업가의 이윤을 더욱 감소시킨다. 먼저, '생산'을 고려해 보면 사과를 어떤 도시에서 다른 도시로 운송하는데 0.25달러 또는 그 이상의 비용이 든다면 이 경우에는 이윤 기회가 존재하지 않는다.

다음으로, 기업가적(혁신적) 행동을 실행하는 과정에서 '시간'도 고려해야 하는 중요한 요소이다. 당해 기업가가 다른 도시에서 사과를 실제로 받아서 팔고자 할 때 시장 상황이 변하여 사과 한 봉지의 가격이 하락해서 (1달러가 아니라) 단지 0.85달러에 팔릴 수 있다. 또한 사과 운송 비용이 개당 0.10달러 또는 그 이상이 든다면 '처음에 이윤 기회로 여겨졌던 것'이 실제로는 '손실'을 초래할 수 있다. 따라서 경제가 항상 변하기 때문에 경제적 상황들도 '혁신(기업가적 행동)이 실행되는 시점'에서는 필연적으로 달라질 것이다.

이제까지는 사과 가격이라는 단순한 경우를 고려하였다. 다음으로, 좀더 복잡한 예로 새로운 자동차 제조의 경우를 고려해 보자. 원칙적으로 이 예는 사과 운송의 경우와 거의 다르지 않다. 자동차 회사의 기업가는 자신의 기업은 노동을 고용하고, 강철, 유리, 기타 자동차 부품들을 구입하여 자동차를 생산하여, 투입물들의 비용 이상으로 자동차를 판매할 수 있을 것이라고 생각할 것이다. 사과의 경우처럼 기업가의 이윤 획득에 방해가 되는 주요한 요인은 또한 '생산'과 '시간'이다. 예를 들면, 초기 아이디어 고안과 최종 자동차 생산 간에 긴 시간이 발생한다면 경제 상황들이 달라질 수 있고, 그 결과 '최초에 이윤 기회로 여겨졌던' 새로운 자동차 생산이 실제로 '손실'이 초래될 수 있다. 이러한 예로 미국의 딜로리안(Delorean)과 피스커(Fisker) 자동차 회사의 경우를 들 수 있다. 딜로리안과 피스커 자동차는 비록 혁신적 아이디어로 창업한 회사들이지만, 결국 이윤을 가져다주지 못한 것으로 드러났다.

차익거래가 매우 단기적인 시계(視界, time horizon)에서도 발생할 수 있다. 예를 들면, 국제외환시장에서 발생하는 차익거래(arbitrage trading)를 들 수 있다. 국제외환시장의 경우 '이윤 기회를 발견하는 시점'과 '이를 실행하는(즉, 거래하는) 시점' 간에 불과 밀리세컨드(즉, 1/1000초)가 걸린다. 이러한 매우 단기적인 시계를 가진 차익거래 활동에서도 생산과 시간은 여전히 실제로 이윤을 얻는 데 방해가 된다. 외환 거래자들은 이윤 기회들을 발견하는 데 더 빠른 컴퓨터들과 더 나은 알고리즘을 필요로 한다. 컴퓨터 구입 비용과 프로그래머 및 거래자들에게 지급되는 임금은 그러한 차익거래에 참가하는 데 드는 비용이다. 또한 경제 상황들이 매우 빠르게 변하여 이윤 기회들이 단지 밀리세컨드 동안만 존재한다. 따라서 외환 거래자들은 차익거래에 성공하기 위하여 항상 더 빠른 컴퓨터들과 더 나은 알고리즘을 찾을 것이다.

기업가 정신은 하나의 '차익거래'로 간주될 수 있다. 왜냐하면 이윤 기회들은 "생산에 필요한 투입물들을 구입하고, 이를 사용하여 산출물을 생산하여 투입물들의 구입에 드는 비용 이상으로 당해 산출물을 판매하는 과정"에서 발생하기 때문이다. 이 과정에서 생산과 시간은 '기업가적 통찰력'과 '이윤의 실현' 간에 방해가 되는 요인이다. 이러한 설명은 사람들이 사과를 팔거나, 자동차를 제조하거나, 국제 외환 시장에서 차익거래에 참가하거나 간에 모두 적용될 수 있다.[5)]

5 Kirzner(1985, pp. 84-5)는 '기업가 정신'을 ① '차익거래적'(arbitrage) 기업가 정신, ② '투기적'(speculation) 기업가 정신, ③ '혁신적'(innovation) 기업가 정신으로 구분하였다. 그러나 투기적 기업가 정신과 혁신적 기업가 정신은 '차익거래적 기업가 정신'에 포함될 수 있다. 왜냐하면 투기적 기업가 정신과 혁신적 기업가 정신은 '어느 한때에 제품을 구입해서 나중에 이윤이 날 때 판매하는 것'을 말하기 때문이다. 이는 곧 차익거래적 기업가 정신에 해당된다. 여기서 구매와 판매는 항상 생산과 시간에 의해 분리된다.

2.4
이윤과 손실

기업들은 투입물들을 구입해서 이들을 결합하여 산출물을 생산하고, 이를 시장에서 판매한다. 어떤 기업이 생산하는 산출물의 가치가 투입물들을 구입하는 데 드는 비용보다 더 크다면 당해 기업은 경제에 가치를 증가시킬 수 있다. 이것이 어떻게 가능한가? 어떤 기업이 생산한 산출물의 가치가 투입물들을 구입하는 데 드는 비용보다 더 크다면 당해 기업은 덜 비싼 투입물들(less valuable inputs)을 사용하여 이들을 결합하여 더 비싼 산출물(more valuable output)을 생산할 수 있으며, 그 결과 당해 기업은 경제에 가치를 증가시킬 수 있다. 다음으로, 투입물들을 구입하는 데 드는 비용과 생산한 산출물을 판매하여 벌어들이는 수입 간의 차이가 바로 '이윤'이다. 따라서 기업들이 당해 경제에 가치를 증가시킬 때 이윤을 얻는다. 반대로, 만약 어느 한 기업이 생산한 산출물을 투입물들을 구입하는 데 드는 비용보다 더 낮은 가격으로 판매한다면 당해 기업은 자신이 속한 경제에서 가치를 파괴(감소)시키며, 그 결과 당해 기업은 '손실'을 보게 된다. 왜 그런가? 더 비싼 투입물들(more valuable inputs)이 덜 비싼 산출물(less valuable output)로 전환될 때 가치가 파괴(감소)된다. 이윤을 내는 기업들은 경제에 가치를 증가시키지만, 이윤을 내지 못하는 기업들(또는 손실을 보는 기업들)은 경제로부터 가치를 감소시킨다.

이윤(profit)과 손실(loss)은 '기업들이 경제에 가치를 증가시키려는 유인'을 제공하는 중요한 역할을 수행한다. 경제에 가치를 성공적으로 증가시켜 주는 기업들은 성장하여 자신의 경제 활동을 증가시킬 수 있다. 반면에 경제로부터 가치를 감소시키는 기업들은 궁극적으로 쇠퇴하여 마침내 사라지게 된다.

기업가들은 이윤 기회들을 발견하고, 이를 실행하려 한다. 기업들은 이러한 과업을 어떻게 수행하는가? 하퍼(Harper, 1996)의 주장에 따르면 기업가들은 어떤 혁신들이 이윤을 가져다줄지를 추측하고, 이들을 발전시킨 후 시장에서 실지로 시험해 봄으로써 그러한 과업을 수행한다.[6] 기업가들이 그러한 과업을 수행하는 데 성공한다면 그들은 경제에 가치를 증가시킬 것이다. 이 과정에서 '기업가들의 동기'는 경제에 가치를 증가시켜 주는 기업가적(혁신적) 행동들과 거의 무관하다. 왜 그런가? 기업가들은 ① 경제 전체의 이익을 추구하든지, 또는 ② 자신의 이윤만을 이기적으로 추구할 수 있다(이것은 '기업가들의 동기'에 해당된다). 그러나 '기업가적(혁신적) 행동'(즉, 기업가 정신을 발휘하는 행동)은 모든 사람들을 이롭게 한다(즉, '기업가적(혁신적) 행동'은 경제에 가치를 증가시켜 준다). 따라서 기업가들의 동기는 기업가적(혁신적) 행동들과 아무런 상관이 없다. 애덤 스미스(Adam Smith, 1776[1937])가 말했듯이 "시장경제에서 자신의 사익을 추구하는 사람들은 '보이지 않는 손'에 의해 사회 전체의 후생을 증진시킨다.[7] 성공적인 기업가 정신은 '이윤을 얻는(창출하는) 것'을 말한다. 왜냐하면 이윤을 얻는 기업들은 생존하고 성장하지만, 이윤을 얻지 못하는 기업들은 궁극적으로 자산을 다 써 버리고 파산하기 때문이다.

기업의 이윤과 손실은 '기업가들이 가치를 창출하는 데 성공적이냐'를 보여 주는 지표들이다. 기업가들은 자신의 어떤 행동들 – 새로운 제품 특성을 개발하거나 새로운 생산 방법을 발견하는 등 – 이 이윤을 가져다줄지의 여부를

6 David A. Harper(1996).
7 Adam Smith(1776).

결정하기 위하여 자신의 '분별력'(judgement)을 이용한다. 그러나 기업가들은 자신이 하는 어떤 혁신이 이윤을 창출해 줄지를 결코 확신할 수 없다. 왜냐하면 당해 혁신은 기존에 없는 '새로운 것'이기 때문이다. 새로운 생산 방법은, 비록 그것이 동종 산업 내 다른 기업들이나 다른 산업들에서 이미 시도되었을지라도, 예측하지 못한 여러 문제들에 직면할 수 있다. 어느 누구도 새로운 제품이나 기존 제품 특성에 있어서 혁신 등이 이윤을 얻을 수 있을 정도로 높은 가격에서 팔릴 것인지를 확실히 알 수 없다. 왜냐하면 신제품이나 새로운 제품 특성은 새롭고 전에 결코 시도된 적이 없기 때문이다. 기업가들은 자신의 '최상의 분별력'을 이용하며 그들의 분별력(판단)이 옳다면 이익을 얻지만, 그들의 분별력(판단)이 틀리면 손실을 보게 된다. 따라서 '이윤'(profit)은 '성공적인 기업가 정신'을 나타내 주는 지표이고, '손실'(loss)은 '실패한 기업가 정신'을 나타내 주는 지표이다.

어느 한 기업의 생존(生存)은 당해 기업의 '이윤을 낼 수 있는 능력'(이윤 창출력 또는 수익력)에 달려 있다. 즉, 시장에서 '이윤을 내는 기업들'은 생존하고, '이윤을 내지 못하는 기업들'은 사라지게 된다. 이와 같이 이윤을 내는 기업들은 생존 · 성장하고, 이윤을 내지 못하는 기업들은 시장에서 도태되는 과정을 '선택 과정'('살아남기 위한 과정' 또는 '생존하느냐 도태되느냐')이라고 부른다.[8)] 기업들이 '선택 과정'에서 도태되지 않으려면 반드시 이윤을 창출해 내어야 한다. 따라서 "모든 기업가들이 자신의 기업들이 가능한 한 이윤을 내기를 바랄 것이다"라고 결론 내려도 무방하다. 다시 말하면, 모든 기업가들은 자신의 기

8 [역자주] '선택'(selection)이란 "적자생존(適者生存)에 의하여 환경이나 조건에 알맞은 생물만이 살아남고, 그렇지 않은 것은 죽어 없어지는 현상"을 말한다.

업이 '이윤을 내는 기업'이 되기를 바랄 것이다. 그러나 '기업가들의 동기'[9]와 관계없이 시장에서의 '선택 과정'은 기업의 이윤 창출 활동을 더욱 강화시킬 것이다.

2.5
불확실한 이윤: 이윤과 경제적 진보

그러나 '이윤은 불확실하다!' 이 주장은 거의 설명할 필요도 없을 것이다. 이윤은 기업들에게 결코 '성공이 확실한 것'이 아니다. 기업가들이 어떤 이윤 기회를 발견하여 이를 실행할 때 그들이 예상하는 '이윤'은 곧 "자신이 어느 한때에 취한 행동의 결과로 나중에 이윤을 가져다주는 경우"를 말한다. 즉, 기업가들이 이윤 기회를 발견하고 '행동을 취하는 시점'과 나중에 '이윤이 나타나는 시점'이 다르다. 이 과정에서 다음 세 가지 문제들이 발생할 수 있다. 첫째, 기업가들은 이윤 기회를 발견(포착)하고, 이를 실행하는 데 직면하는 어려움과 그에 드는 비용을 과소평가할 수 있다. 둘째, 기업가들은 소비자들이 자신의 혁신에 부여하는 가치를 너무 낙관적으로 평가할 수 있다. 마지막으로, 다른 기업가들이 자신의 혁신을 무효화시키는 새로운 혁신들을 시장에 내놓을 수 있는 위험이 항상 존재한다.

이윤이 결코 확실하지 않기 때문에 기업가들은 기대이윤(anticipated profit)에

9 [역자주] 위에서 설명했듯이 기업가들은 ① 경제 전체의 이익을 추구하거나, ② 자신의 이윤만을 이기적으로 추구하려는 동기를 가질 수 있다.

의한 보상이 잠재적 손실(potential loss)을 초과하는 경우에만 혁신 활동에 참가할 것이다. 이러한 이유로 '이윤'은 '경제적 진보'를 이루는 데 필요하다. 이윤이 즉각적으로 없어지면 기업가적 혁신에 대한 보상도 없어질 것이다. 또한 혁신은 손실을 초래할 위험도 수반할 것이다. 따라서 "혁신가가 혁신으로부터 이윤을 얻을 수 있을 것"으로 기대하기 때문에 '혁신'이 일어나고, 그 결과 '경제적 진보'가 달성된다. 따라서 이윤은 경제적 진보를 이루는 데 필수적이다.

2.6
이윤과 경제적 진보: 한 가지 경고 사항

이윤과 경제적 진보 간의 이러한 밀접한 관계는 어떤 경우에 적용될 수 있는가? 기업의 활동이 시장에서 '자발적 교환'(voluntary exchange)을 통해 이루어질 때 이윤과 경제적 진보 간의 관계가 적용될 수 있다. 즉, 모든 거래가 참가자들 간의 상호 합의에 의해 이루어지는 시장에서 기업들이 투입물들을 구입하고 산출물들을 판매하는 경우 – 즉, 구매자들과 판매자들 간에 자발적 교환이 이루어지는 경우 – 에 이윤과 경제적 진보 간의 관계가 성립되고 적용될 수 있다. 그러나 때때로 정부가 시장에 개입한다. 정부의 시장 개입은 전적으로 '자발적이지 않은' 자원의 이전을 초래한다. 예를 들면, 기업들은 정부로부터 각종 '보조금들'을 받을 수 있다. 정부로부터 보조금을 받는 기업들은 소비자들에게 주는 가치보다 비용이 더 많이 드는 산출물을 생산할 수 있다. 본질적으로 보조금은 당사자들 간의 자발적 교환이 아니라, 납세자들로부터 당해 기업 및 궁극적으로 당해 기업이 생산하는 제품의 소비자들로의 '강제적 이전'(forced transfer)을 말한다. 따라서 보조금은 이윤과 경제적 진보 간의 관계를 파괴시킨다. 또한 만약 '정부가 제품의 구매자'라면 세금으로 구매되는 산출물이 생산에 드는 비용보다 더 가치가 있다는 보장이 없다. 왜냐하면 납세자들은 자신의 산출물에 대한 선호와 관계없이 강제로 비용을 지불해야만 하기 때문이다. 마지막으로, '정부의 명령들'도 유사한 효과를 가지고 있다. 예를 들면, 많은 정부들은 자동차 연료로 에탄올을 추가할 것을 명령하고 있다. 일반적으로 소비자들에 의한 에탄올 구입은 당해 경제에 가치를 증가시킨다. 왜냐하면 소비자들은 자발적으로 에탄올을 구입하기 때문이다. 그러나 자동차 연료로 에탄올을 포함시켜야 한다는 정부 명령은 당해 경제에 가치를 감소시킬 수 있다. 예를 들면, 자동차 연료로 에탄올을 생산하는 데 드는 비용이 소비자들이 생산된 에탄올에 부여하는 가치보다 더 크다면 당해 정부 명령은 당해 경제에 가치를 감소시킬 수 있다.

자원이 시장 내에서 배분되는 게 아니라 '시장 밖'(outside the market) – 즉, 거래가 자발적으로 이루어지는 시장 밖 – 에서 배분될 때 기업들은 자원의 '강제적 이전들'로부터 이윤을 얻을 수 있다. 그러나 이러한 강제적 이전은 당해 경제에 가치를 증가시켜 주지 못한다. 경제에서 정부의 역할은 제3장에서 구체적으로 논의될 예정이다.

2.7
기회비용과 기업의 이윤 추구

균형 분석 모형들은 기업들을 '이윤을 극대화하려는 자들'이라고 표현한다. 그러나 기업들이 이윤을 극대화하기 위하여 애쓰는지와 관계없이 기업들이 '실제로 이윤을 극대화하는지'는 알 수 없다. 어느 한 기업이 '어떤 행동'을 선택한다면 그것은 곧 '다른 선택'을 하는 대신에 그러한 행동을 선택할 것이다. 그러나 당해 기업이 다른 선택을 했다면 어떤 결과가 발생했을지에 대해서는 알 수 없을 것이다. 따라서 기업들은 자신이 선택한 현재 활동들이 '이윤을 가져다주는지'에 대해서는 분명히 알 수 있지만, 자신이 선택하지 않은 다른 선택들이 더 큰 이윤을 가져다주었을 것인지에 대해서는 알 수 없다. 다시 말하면, 기업들은 자신이 '실제로 이윤을 극대화하고 있는지'를 알 수 없다.

이러한 주장이 과연 사실인지를 다음 사례 – 즉, 제빵업자의 가격 결정의 경우 – 를 통해 살펴보기로 하자. 빵집을 개업하려는 어떤 제빵업자가 있다고 가정해 보자. 먼저, 이 사람은 어디에서 빵집을 개업할지를 결정해야 한다. 이 제빵업자는 미국 오크가(Oak Street)에 있는 더 나은 곳에서 어떤 가게를 임대하여 더 높은 임대료를 지급할 수 있다. 또는 엘름가(Elm Street)에 있는 다소 덜 매력적인 장소에서 어떤 가게를 임대하여 더 낮은 임대료를 지불할 수 있다. 이제 제빵업자는 둘 중에서 어느 한 곳을 선택해야 한다. 만약 당해 제빵업자가 오크가에 있는 가게를 선택하여 이윤을 얻는다면 당해 제빵업자의 이러한 결정은 '이윤을 가져다주는 것'으로 여겨질 것이다. 그러나 당해 제빵업자가 엘름가에서 빵집을 열지 않았기 때문에 그는 엘름가에서 가게를 열었었다면 더 많은 이윤을 얻었을지에 대해서 알 수 없다. 또한 당해 제빵업자는 자신이 만드는 파이에 대한 가격을 결정하는 경우를 고려해 보자. 제빵업자가 정한 가격이 비록 자신에게 이윤을 가져다주었지만, 그것이 이윤을 극대화하는 가격이라는 증거는 없다. 만약 제빵업자가 자신이 결정한 가격보다 '더 낮은 가격' 으로 파이를 팔았다면 더 많은 파이를 팔아서 자신의 이윤을 증가시켰을 것이다. 이 경우 '더 낮은 가격' 이 '이윤을 극대화하는 가격'이 될 수도 있을 것이다. 반면에 대부분의 사람들이 자신이 만든 파이에 대해 '더 높은 가격'을 기꺼이 지불하려 한다면 제빵업자의 이윤이 더 증가할 것이다. 이 경우 '더 높은 가격' 이 '이윤을 극대화하는 가격' 이 될 수도 있을 것이다. 이와 같이 당해 제빵업자는 다른 가격들을 시도해 볼 수 있을 것이다. 그러나 소비자들이 제빵업자의 이러한 가격 시도들이 예측할 수 없다고 생각되어 다른 빵집에서 파이를 구매한다면 당해 제빵업자는 손해를 볼 것이다. 또한 엘름가에서 판매하는 피이들에 대해 부과되는 '더 낮은 가격' 이 오크가에서 부과하는 '더 높은 가격' 보다 당해 제빵업자에게 더 큰 이윤을 가져다줄지도 모른다. 이와 같이 제빵업자가 현재 부과하는 가격이 '이윤을 극대화하는 가격' 인지를 알 수 없다.

어떤 기업이 '하나의 옵션(option)' 을 선택함으로써 당해 기업은 '다른 옵션들' 을 포기해야 한다. 그 결과 당해 기업은 자신이 선택한 옵션이 과연 '이윤을 극대화하는 옵션' 인지를 결코 알 수 없다. 뷰캐넌(Buchanan, 1969)은 이러한 결과를 '비용의 주관적 성질' (subjective nature)에 기인하는 것으로 강조하였다.[10] 기업들은 자신의 생산 활동으로부터 '이윤을 얻는지' 를 분명히 알 수

10 James M. Buchanan(1969).

있다. 그러나 기업들이 실제로 '이윤을 극대화하는지'에 대해서는 결코 알 수 없다.

기업들은 시장 조사를 통해 정보를 수집할 수 있다. 예를 들면, 기업들은 소비자들에게 '다른 상품'을 내어놓음으로써 이윤에 대한 정보를 구할 수 있다. 어떤 기업(제빵업자)이 사과 파이를 만들어 파는 것이 더 큰 이윤을 얻을 것인가, 아니면 체리 파이를 만들어 파는 것이 더 큰 이윤을 얻을 것인가? 또는 당해 기업(제빵업자)은 두 파이 모두를 시장에 내어놓고 소비자들의 수요에 맞추어 파이 생산량을 조절(공급)할 수 있다. 앞에서 설명했듯이 기업가들은 항상 이윤 기회들을 찾으려 애쓰며, 그 결과 기업의 '이윤과 손실'은 기업가들에게 자신의 혁신 활동들이 경제에 가치를 증가시켜 주는지를 알려 주는 '지침서'를 제공해 준다. 예를 들면, '이윤'이 발생하면 그것은 곧 기업의 혁신 활동이 '경제 가치를 증가시켜 준다'는 것을 의미한다. 따라서 기업가들은 자신의 혁신 활동들로부터 '이윤'이 발생하는지를 분명히 알 수 있다. 그러나 기업가들은 자신이 실제로 '이윤을 극대화하는지' – 즉, 자신이 얻는 이윤이 '극대 이윤'인지 – 에 대해서는 결코 알 수 없다. 또한 기업가들이 실제로 '이윤을 극대화하는지'는 경제 상황들이 끊임없이 변화하고 경제적 진보가 일어나는 어떤 경제에서는 그다지 중요하지 않다. 왜 그런가? 끊임없이 변화하는 경제 상황들에서 기업들은 항상 자신의 활동들을 조정해야만 하며, 또한 시장에서 다른 기업들이 하는 혁신들에 뒤떨어지지 않기 위하여 항상 새로운 이윤 기회들을 찾아야만 한다.

2.8
생산 비용과 가격

애덤 스미스(Adam Smith) 이래 경제학자들은 ① 투입물들의 비용이 주어져 있다면 경쟁적 시장에서 어느 한 재화의 '가격'은 그 재화의 '생산 비용'을 지불할 수 있을 정도이면 충분하며, ② 또한 당해 재화의 가격은 생산 비용 수준으로 끌려(수렴해)갈 것이라고 결론지었다. 먼저, 애덤 스미스(Smith, 1776[1937], p. 55)는 가격과 생산 비용 간의 관계를 다음과 같이 설명하였다.

> "어떤 상품의 가격(price)이 당해 상품을 만들어 시장으로 가져오는 데 사용된 토지에 대한 지대(rent), 노동에 대한 임금(wages), 자본(stock)에 대한 이자(profits) 등을 각각의 '자연율'(natural rates)에 따라 지불하기에 충분한 금액보다 더 많지 않거나 또는 더 적지 않으면 당해 상품은 소위 '자연 가격'(natural price)이라 불리는 가격으로 팔린다."(Smith, 1776[1937], p. 55)[11]

또한 마셜(Alfred Marshall, 1920, p. 367)은 시간이 지남에 따라 가격 변화에 영향을 미치는 요인들을 논의한 후 다음과 같은 결론을 내렸다.[12]

11 [역자주] 김수행은 이 부분을 "어떤 상품의 가격이 그 상품을 제조하여 시장으로 내오는 데 사용된 토지의 지대, 노동의 임금, 자본의 이윤을 각각의 자연율에 따라 지불하는 데 과부족이 없으면, 그 상품은 이른바 그것의 자연 가격으로 판매되는 것이라 할 수 있다."[김수행, 『국부론(상)』, p. 72, 상단 1-5행])라고 번역하였다. 그러나 '이윤'이라고 한 protits는 고어로 자본에 대한 '이자'이며, 과부족이라고 한 원문은 'more or less'가 아닌 'neither more nor less'이다.

12 Alfred Marshall(1920).

> "정상(定常) 상태(stationary state; 변화가 없는 상태)에서 단순한 규칙은 생산 비용이 가치(value)를 결정한다."(Marshall, 1920, p. 367)

여기서 마셜이 언급한 '가치'(value)는 '시장 가격'(market price)을 말한다. 그러나 마셜이 내린 상기 결론은 인과 관계의 방향이 '거꾸로' 되어 있다. 왜냐하면 장기적으로 어느 한 재화의 가격이 그 재화의 생산 비용을 결정하기 때문이다.

제1장 제8절에서 언급했듯이 멩거(Carl Menger, 1871[1976])는 최종재 또는 소비재를 '제1차적 재화'(the first-order goods)라 부르고, 다른 재화의 생산 과정에 투입되는 재화를 '더 고차적 재화'(higher-order goods)라고 불렀다.[13] 또한 멩거는 '가치의 주관적 성질'(subjective nature)을 강조하였다. 제1차적 재화 - 최종재 또는 소비재 - 가 얼마나 팔릴지는 어떤 소비자가 당해 재화를 구입하여 소비한 후 얻는 '효용'에 달려 있다. 예를 들면, 어떤 소비자가 제1차적 재화의 소비로부터 얻는 효용이 크다면 당해 제1차적 재화의 판매량은 증가할 것이다. 제1차적 재화의 판매량은 당해 재화의 '객관적인 특성'(예를 들면, 가격이 얼마나 싼지 또는 품질이 얼마나 좋은지 등)이 아니라 '소비자들이 특정 시점에 부여하는 효용 평가'에 달려 있다. 제1장 제8절에서 설명했듯이 프로 농구 선수들이 일류 육상 선수들보다 더 많은 연봉을 받는다. 왜 그런가? 농구 경기가 육상 경기보다 더 많은 재능이나 능력이 필요하기 때문이 아니라 소비자들(관중들)이 육상 경기보다 농구 경기를 직접 보거나 시청하는 것을 더 선호하기 때문이다. 그 결과

13 Carl Menger(1871), reprinted in 1976.

프로 농구 선수들이 일류 육상 선수들보다 더 많은 연봉을 받는다. 그러나 만약 소비자들(관중들)이 농구 경기보다 육상 경기를 직접 보거나 시청하는 데 더 많은 수요가 있다면(더 선호한다면) 육상 선수들의 소득(연봉)이 더 많을 것이다.

또한 (제1장 제8절에서 설명했듯이) 프로 농구 선수들이 1950년대에 비해 21세기 초에 훨씬 더 많은 연봉을 받았다. 왜 그런가? 1950년대에는 TV로 중계되는 농구 경기가 매우 드물었으며, 당시 최종재 – 즉, 농구 경기 – 의 가치는 거의 전적으로 경기장 입장권 판매에 의존하였다. 그러나 21세기에 와서 TV로 시청하는 소비자들(관중들) 때문에 당해 최종재(즉, 농구 경기)의 가치가 더 커지게 되었다. 산출물(최종재)의 가치가 증가할수록 당해 산출물을 생산하는 데 사용되는 투입물들의 가치도 증가할 것이다. 예를 들면, 농구 경기(최종재)의 가치가 커질수록 농구 선수들(투입물들)의 연봉(가치)도 커질 것이다. 따라서 '투입물들의 가치'는 당해 투입물들을 사용하여 생산해 내는 '산출물의 가치'에 의해 결정된다. 예를 들면, 농구 선수들(투입물들)의 연봉(가치)은 농구 경기(최종재)의 가치에 의해 결정된다.

이러한 논리는 투입물이 '자본재'(capital goods)와 '원료들'(raw materials)인 경우에도 사실이다. 만약 소비자들이 자본재와 원료들을 사용하여 생산한 최종재화들에 더 높은 가치를 부여한다면 당해 투입물들 – 자본재와 원료들 – 의 가치도 증가할 것이다. 예를 들면, 어느 한 공장의 가치는 당해 공장을 건설하는 데 들었던 돈(비용)이 아니라 '소비자들이 당해 공장이 생산한 최종 재화들에 대해 부여하는 가치'에 의해 결정된다. 즉, 생산 과정에 사용되는 '투입물들의 가치'는 당해 투입물들을 사용하여 생산한 '최종 재화에 대해 소비자들이 부여하는 가치'에 의해 결정된다. 그러므로 '생산 비용'(즉, 투입물의 가치)은 궁극적으로 투입물들을 사용하여 생산한 '최종 재화의 가치'에 의해 결정된다. 예를 들면, '자본재(공장)의 가치'는 당해 자본재(공장)를 사용하여 생산한 '최종 소비재의 가치'에 의해 결정된다.

2.9 정보, 지식 베이스 그리고 지혜(분별력)

오스트리아 경제학파의 경우 기업들에게 생산함수가 주어지지 않으며,[14] 기업들 스스로가 ① 이윤을 발생시키는 생산 방법들, ② 이윤을 발생시키는 산출물의 특성, ③ 이윤을 발생시키는 산출물 판매 시장 등을 발견해야 하기 때문에 기업가들(또는 기업들)은 항상 '발견되지 않은 이윤 기회들'에 대한 '정보'를 찾아야 한다. 발견되지 않은 이윤 기회들을 찾는 데 필요한 정보들은 어디에 있는가? 상당한 양의 정보는 '시장 가격'에 내포되어 있다. 예를 들면, 금(金)은 좋은 전기 도선(導線)이기 때문에 라디오를 생산하는 어떤 제조업자는 구리 전선보다 금 전선을 사용할 것이다. 그러나 대체로 구리에 비해 금 가격이 비싸기 때문에 당해 제조업자는 금 전선보다 구리 전선을 사용하는 것이 더 이익이 될 것이다. 만약 구리 공급에 어려움이 있다면 구리 가격이 상승할 것이다. 이러한 정보는 당해 기업에게 현재 시세로 구리를 구입하기보다 자신이 보유한 구리 재고량을 사용하는 것이 현명할 것이라는 것을 알려 준다. 반면에 구

14 [역자주] 반면에 신고전학파의 경우 '기업들에게 생산함수가 주어진다'고 가정하고 있다.

리 가격이 하락하면 이는 당해 기업에게 구리 재고량을 증가시킬 좋은 시기라는 것을 알려 준다. 기업들은 투입물의 상대가격이 변한다면 비싸진 어떤 투입물 대신에 저렴해진 다른 투입물을 대체하기를 원할 것이다. 기업가들은 구리 가격이 구리 광부들의 파업 때문에 증가했는지 또는 구리 운송을 지연시킨 바다의 나쁜 날씨 때문에 증가했는지를 알 필요가 없다. 모든 의사결정자들이 알아야 할 것은 구리 가격의 상승으로 구리가 이전에 비해 더 희소해졌기 때문에 구리 사용을 절약해야 한다는 사실이다. 가격은 그러한 정보를 전달해 준다.

기업가들은 시장에서 투입물들의 구입 가격과 자신의 산출물에 대한 판매 가격을 볼 수 있으며, 그로부터 상당한 양의 정보를 얻을 수 있다. 그러나 정보 그 자체는 종종 유용하지 않을 수 있다. 홀콤(Holcombe, 2007)이 주장했듯이 어떤 정보는 의사결정 시 필요한 '지식'(knowledge)을 제공하기 위하여 '다른 정보들'과 결합되어야 한다.[15] 구리 가격을 아는 것만으로도 많은 정보를 제공해 준다. 그러나 구리 시장을 잘 알고 있는 일부 사람들은 구리 가격이 얼마나 변동할지에 대해 더 잘 알 것이다. 구리 시장에서의 가격 변동을 잘 알고 있으면 다음 결정을 하는 데 유용할 것이다. 즉, ① 당해 기업이 자신의 구리 재고량을 감소시켜야 할지, ② 당해 기업이 더 높은 가격에서 구리를 사야 할지, ③ 구리 가격이 하락할 때 미래의 가격 인상에 대비하기 위하여 추가적으로 얼마만큼의 구리를 구입하여 저장해야 할지 등에 대한 결정을 내릴 때 유용하다. 가격이 많은 정보들을 제공해 주지만, 구리 시장에 대해 잘 알고 있으며 구리 가격이 최근에 왜 올랐는지에 대해 잘 알고 있는 사람들은 나중에 구리 가격이

15 Randall G. Holcombe(2007).

얼마나 빠르게 하락할지를 더 잘 판단할 수 있을 것이다.

기업가들은 정보를 수집하고, 자신이 수집·축적한 정보들은 그들이 거래하는 시장에 대한 '지식'을 제공해 준다. '더 많은 정보들'을 가지고 있는 사람들과 여러 정보들이 서로 간에 어떻게 연관되어 있는지를 더 잘 알고 있는 사람들은 의사결정에 필요한 '더 나은 지식 베이스'(better knowledge base)를 가질 것이다. 클라인(Klein, 1999)이 주장했듯이 기업가들이 하는 중요한 역할은 '불확실성'을 다루는 일이다.[16] 즉, 기업가들의 본질적 역할은 자신이 수중에 가지고 있는 '불완전한 지식'을 최대한 이용하는 일이다. 랭로이스(Langlois, 2007, 2013)의 주장에 따르면 경제가 끊임없이 변하기 때문에 기업들은 지식 베이스(knowledge base)를 만들어 주는 '제도적 구조'(institutional structure)를 제공해 준다.[17] 왜 그런가? 기업가들은 이러한 '제도적 구조'를 통해 경제 변화와 불확실성에 대응하고, 사람들의 끊임없이 변화하는 경제 계획들을 조정할 수 있다.

지식은 그 자체로 어떤 의사결정자에게 '최상의 결정'을 알려주지는 못한다. 지식을 바탕으로 최상의 결정을 하려면 무엇이 필요한가? 특정 지식에 내포된 의미를 이해하고, 이를 바탕으로 성공적인 의사결정을 하려면 '지혜'(wisdom, 분별력)가 필요하다. 이것이 바로 기업가가 수행해야 하는 '기업가적(혁신적) 분별력'(entrepreneurial judgement)의 역할이다. 어느 누구도 미래가 어떻게 될지 알지 못하며, 또 알 수도 없다. 따라서 기업가들은 ① 불확실하고, ② 다른 기업가들이 현재 내리는 의사결정들에 달려 있는 어떤 경제에서 활동하게 될 것이다. 예를 들어, 어떤 기업가가 혁신적인 제품에 대한 새로운 아이디어를

16 Peter G. Klein(1999), pp. 19-42.
17 Richard N. Langlois(2007), pp. 1107-24; Richard N. Langlois(2013), pp. 247-58.

가지고 있고, 이를 디자인하는 시간, 제조 시설을 만드는 시간, 제품을 생산하여 시장에 내놓는 시간 등에 2년이 걸린다고 가정하자. 이 경우 당해 제품이 2년 후 시장에서 예상대로 이윤을 발생시킬지는 부분적으로 ① 2년 동안 경쟁적인 제품들이 시장에 출현할지, ② 2년 동안의 생산 과정에 사용되는 투입물들의 비용, ③ 소비자들이 특정 가격 – 즉, 기업의 이윤을 발생시키는 가격 – 수준에서 당해 제품을 기꺼이 구매하려는 의지 등에 달려 있다. 이러한 요인들은 현재에는 알 수 없기 때문에 '미래의 이윤 발생 가능성'은 불확실성에 직면하여 판단을 내려야 하는 당해 의사결정자(기업가)의 '지혜'(wisdom; 분별력)에 달려 있다. 이때 당해 기업가가 가지고 있는 '지식'은 '막연한 추측'보다 기업가가 더 나은 결정을 내리도록 해줄 것이다. 그러나 지식이 모든 불확실성을 제거해 주지는 못한다.

간단한 예로서 현재 새로운 컴퓨터 프로그램을 고안하고 있는 어떤 사람을 가정해 보자. 당해 프로그래머는 자신이 고안한 프로그램이 팔리는 미래에 컴퓨터의 능력(성능)이 어떻게 될지 예상해 보아야 한다. 만약 자신이 고안한 프로그램이 현재의 컴퓨터들에서 운영하기 위하여 고안된다면 다음과 같은 가능성(위험)이 존재할 것이다. 즉, 자신이 고안한 프로그램이 발매될 때 시장에 '더 강력한 컴퓨터들'이 나온다면 이들 고성능 컴퓨터들은 자신이 고안한 프로그램보다 더 완전한 기능을 가진 경쟁자들의 프로그램들을 운영할 수 있을 것이다. 따라서 당해 기업가는 컴퓨터 프로그램을 고안할 때 ① 미래 컴퓨터들의 하드웨어 디자인뿐만 아니라 ② 자신의 시장 진입을 어렵게 하는 '경쟁 제품들의 출현 가능성'도 예상해 보아야 한다. 기업가들은 이들을 어떻게 예상할 수 있는가? 이들을 예상하기 위해 기업가는 ① '정보'를 수집하고, ②

이를 '지식 베이스' 속에 결합하고, ③ 당해 지식을 최대한 이용하기 위한 '지혜'(분별력)를 가지고 있어야만 한다.

이제까지의 논의로부터 우리는 "모든 사람들이 똑같은 지식을 가지고 있지 않다"는 사실을 분명히 알 수 있다. 신고전학파 경제학자들은 종종 "경제가 완전 정보(perfect information) 상태에 있다"고 가정한다. 이는 "모든 사람들이 아무런 비용 부담 없이 완전 정보를 획득할 수 있다"는 것을 의미한다. 그러나 리처드슨과 티스(Richardson and Teece, 1997)[18]에 따르면 이러한 가정은 실제 세계에서 확실히 사실이 아니다. 또한 기업가들도 '완전 정보'에 의존하여 행동한다고 가정하고 있지만, 이도 실제 세계에서는 사실이 아니다. 그러나 오스트리아 경제학파의 경우 기업가는 이윤 기회(profit opportunity)를 포착(발견)하고, 이를 실행한다. 기업가는 왜 그렇게 하는가? 당해 기업가는 다른 기업가들이 당해 이윤 기회를 알아채고, 이를 실행하기 전에 자신이 먼저 실행함으로써 이윤을 얻을 수 있기 때문이다. 그러나 완전 정보 가정 하에서는 만약 어느 한 기업가가 어떤 이윤 기회를 알아챘다면 다른 모든 기업가들도 당해 이윤 기회를 알아챌 것이다. 그로 인해 다른 기업가들도 이윤 기회가 발생하는 곳으로 진입해 옴으로써 자신이 얻을 수 있는 이윤이 빠르게 줄어들고, 그 결과 당해 이윤 기회로부터 얻을 수 있는 '이윤 획득 가능성'이 침식당하게 될 것이다. 그러면 이윤 기회는 기업가에게 언제 이윤을 가져다주는가? 당해 경제가 완전 정보 상태에 있지 않을 때에만 이윤 기회는 이를 발견한 기업가에게 이윤을 가져다준다. 따라서 어느 한 기업가는 다른 기업가들이 이윤 기회를 알아채기 전에 당

18 G. B. Richardson and David J. Teece(1997).

해 이윤 기회를 이용하기 위하여 실행함으로써 비로소 이윤을 획득할 수 있다.

위트(Witt, 1999)에 따르면 모든 사람들은 '서로 다른 지식 베이스'를 가지고 있을 뿐만 아니라, 일부 사람들은 다른 사람들보다 자신의 기업가적 통찰력을 더 기꺼이 실행하려 한다.[19] 후자의 이유 때문에 기업가들은 기업 내에서 활동하려 한다. 기업가적 통찰력을 가진 사람들(기업가들)은 자신의 기업가적 통찰력을 실행하는 데 위험을 무릅쓰게 될 것이다. 따라서 기업가들은 위험을 줄이기 위해 유능한 종업원들을 고용한다. 종업원들에게 지급되는 임금은 당해 기업가의 위험을 줄여 주지만 동시에 자신의 이윤을 감소시키기도 한다. 기업가는 종업원들을 고용하여 그들의 육체적 노동뿐만 아니라 종업원 각자의 '유일한 지식'을 이용할 수 있다. 종업원 각자는 자신의 '고유의 지식 베이스'를 가지고 있다. 이는 하이에크(Hayek, 1945)가 강조한 '특정 시기와 장소에 대한 지식'을 의미한다.[20] 또한 기업가적 경제는 그러한 각 개인의 '유일한 지식'에 의존하고 있다. 왜냐하면 기업가들은 다른 경쟁자들이 새로운 제품을 발견하기 전에 자신의 신제품을 시장에 내놓아야만 이윤을 얻을 수 있기 때문이다.

펜로즈(Edith Penrose, 1959)는 자신의 저서인 『기업성장론』에서 "생산적인 활동을 하기 위하여 지식 베이스를 가진 사람들을 모집(고용)하는 데 시간이 걸리며, 이는 필연적으로 당해 기업의 성장 능력을 제한할 것이다"[21]라고 주장하였다. 기업들이 커짐에 따라 새로운 사람들을 고용해야 할 것이다. 그러나 지식 베이스를 가진 사람들을 모집(고용)하는 데 시간이 걸리기 때문에 새로운 사

19 Ulrich Witt(1999), pp. 99-109.
20 Friedrich A. Hayek(1945), pp. 519-30.
21 Edith Pennrose(1959).

람들은 짧은 시간 이내에 당해 기업의 구조 – 즉, 당해 기업의 지식 베이스 – 에 완전히 흡수되지 못할 것이다. 따라서 새로운 종업원들을 당해 기업의 지식 구조(knowledge structure; 지식 베이스) 속에 흡수하는 데 시간이 걸리며, 또한 이는 당해 기업의 성장 능력을 제한하게 될 것이다.

20세기 후반 이래로 경제학은 '정보의 중요성'에 더욱더 초점을 맞추어 왔다. 그러나 정보는 그것만으로는 아무런 가치가 없으며, 심지어 사람들의 행동을 그르칠 수도 있다. 따라서 정보는 ① 하나의 '지식 베이스'에 통합되어야만 하며, ② 지식을 가진 사람들의 '광범위한 지식의 관계' 속에서만 정보로서의 가치를 지니게 된다. 그러한 경우에도 불확실성 때문에 그리고 서로 다른 원천의 정보들이 종종 모순되기 때문에 지식(정보)을 효과적으로 이용하려면 '지혜'(분별력)가 필요하다. 그러므로 불확실성에 직면하여 기업가가 발휘하는 '기업가적 분별력'은 기업의 수익성(이윤을 가져다 줄 가능성)을 결정하는 중요한 요인이다.

2.10 연구와 개발

일찍이 슘페터(Schumpeter, 1934)는 '발명'(invention)과 '혁신'(innovation)을 구분하였다.[22] 우선, 발명(發明)은 '과학 · 기술적 진보'(scientific and technical advance)를

22 Joseph A. Schumpeter(1934).

의미한다. 즉, 발명은 지식을 증가시키고 새로운 제품들을 생산할 수 있게 해주는 과학(science)과 공학 기술(engineering)을 말한다. 다음으로, 혁신(革新)은 이러한 발명들을 이용하여 '시장에서 판매될 수 있는 제품들'(marketable products)로 전환하는 것을 의미한다. 지난 수세기 동안 '경제적 진보'를 가능케 한 많은 과학·기술적 진보들(즉, 발명)이 이루어져 왔다. 그러나 과학적 진보(즉, '발명')만으로 우리의 생활 수준을 향상시키지 못한다. 왜냐하면 과학·기술적 진보들(즉, 발명)이 '사람들이 시장에서 구입해서 소비할 수 있는 제품들'(즉, '혁신')로 전환되어야 하기 때문이다. 1,500년 전 유럽에서 산업혁명이 일어나기 전까지 고대 중국 사람들은 우수한 '과학·기술적 지식'(즉, 발명)을 가지고 있었지만 산업혁명은 중국이 아닌 유럽에서 일어났다. 왜 그런가? 왜냐하면 당시 중국 사람들은 자신의 발명을 '혁신'으로 전환시키지 못했기 때문이다. 당시 중국 사람들은 자신들의 '생활 수준을 향상시키는 제품들'(즉, 혁신)을 생산하는 데 자신의 우수한 '과학·기술적 지식'(즉, 발명)을 이용하지 못했다. 그러므로 발명은 경제적 진보에 충분하지 못하며, 경제적 진보를 실현하기 위해서는 '혁신'이 필요하다. 또한 혁신가들은 혁신을 통해 사람들의 생활 수준을 향상시키는 사람들이다.

발명과 혁신의 차이를 설명하기 위해 21세기형 컴퓨터들에서 작동하는 그래픽 사용자 접속기(graphical user interface; [역자주] 컴퓨터의 그래픽 환경을 활용하여 작업하는 사용자 인터페이스를 말함)의 경우를 한 예로 들어 보자. 그래픽 사용자 접속기는 제록스사(社)에서 발명되었기 때문에 제록스사에서 일하는 직원들이 발명가이다. 그러나 제록스사는 자신의 발명을 이용하여 '이윤이 나는 제품들'(profitable products; 즉, 혁신)을 만들지는 못했다. 오히려 애플사(社)의 스티브 잡스와 마이크로소프트사(社)의 빌 게이츠가 제록스사가 발명한 그래픽 사용자 접속기의 잠재력(이윤 획득 가능성)을 발견하고, 이를 제품으로 만들어 시장에 출시하였다. 그러나 스티브 잡스와 빌 게이츠는 다른 전략을 사용하였다. 스티브 잡스는 컴퓨터(하드웨어)와 운영 체계(소프트웨어; 즉, 그래픽 사용자 접속기)를 '세트로' 판매하는 전략을 사용하였다. 그 결과 매킨토시(Macintosh; 미국 애플사가 제작한 32비트 퍼스널 컴퓨터) 운영 체계를 원하는 사람(소비자)들은 애플 컴퓨터를 구입해야만 했다. 반면에 빌 게이츠는 많은 컴퓨터 판매상들에게 자신의 운영 체계를 '별개로' 판매하였다. 그 결과 자신의 운영 체계를 원하는 사람(소비자)들에게 저렴한 비용으로 폭넓은 하드웨어(컴퓨터) 선택 기회를 제공해 주었다. 두 전략은 궁극적으로 '이윤을 가져다준 것'으로 증명되었다. 제록스사는 '발명가'(inventor)였으나 애플사와 마이크로소프트사는 '혁신가들'(innovators)이었다.

많은 유사한 사례들이 있다. 헨리 포드(Henry Ford; 미국의 자동차 제조업자)는 자신이 직접 '조립 라인'(assembly line)을 발명하지 않았지만 자신의 혁신(즉, 자동차 생산)에 다른 사람의 발명(즉, 조립 라인)을 이용하였다. 앤드류 카네기(Andrew Carnegie; 미국의 강철 제조업자)는 강철을 만드는 데 필요한 '베서머 제강법'(Bessemer process)을 발명하지 않았지만 자신의 혁신(즉, 강철 생산)에 다른 사람의 발명(즉, 베서머 제강법)을 이용하였다. 이와 같이 발명 그 자체는 경제적 진보를 가져다주지 못한다. 따라서 혁신가들이 다른 사람의 발명을 이용하여 시장에서 '이윤을 가져다주는 방법'(profitable ways, 즉 혁신)을 찾은 후에야 비로소 발명은 경제적 진보를 가져다준다.

'발명'이 이루어지고 나서야 비로소 '혁신'이 이루어진다는 것은 명백한 사실이다. 환언하면, 혁신이 이루어지려면 먼저 발명이 이루어져야 한다. 그러나 발명은 종종 '발명이 혁신에 사용될 수 있는 경제적 시스템'의 결과로 일어나기도 한다. 과연 기업들은 어떻게 발명 활동에 참여하는가? 기업들은 유용하고 이윤을 가져다줄 수 있는 발명을 찾기 위하여 '연구와 개발'(Research and Development)에 종사한다. 기업들은 연구와 개발의 결과로서 '이윤 기회의 발생 가능성'을 예견하지 못한다면 그러한 연구와 개발에 종사하기 위하여 자금을 쓸 유인이 없을 것이다. 다시 말하면, 기업들은 연구와 개발의 결과로서 이윤 기회의 발생 가능성이 예견된다면 그러한 연구와 개발에 종사하기 위하여 기꺼이 자금을 쓰려 할 것이다. 앞에서 이미 언급했듯이 커즈너(Kirzner, 1973)는 '기업가 정신'을 "이윤 기회를 발견하는 것"(spotting the profit opportunity)으로 정의하였다.[23] 그러나 거의 모든 경우에 이윤 기회들은 우연히 발견되지 않는다. 이윤 기회들은 어떤 사람이 그것을 노력하여 찾기 때문에 발견된나. 이를 위해 사람들은 이윤 기회들을 더 쉽게 발견할 수 있게 해주는 '지식 베이스'를 구축한다. 지식 베이스를 증가시켜 주는 하나의 방법은 '연구와 개발'을 수행하는 것이다. 왜 그런가? 연구를 하는 사람들은 다른 사람들에게 보이지 않는 이윤 기회를 발견할 수 있다. 따라서 '연구와 개발'은 사람들이 이윤 기회들을 더 쉽게 찾을 수 있는 '환경'을 만들어 내는 역할을 한다.

그러나 '연구와 개발'은 '발명'을 가져다주며, 기업가의 역할은 발명을 '혁신'으로 바꾸는 데 있다. 즉, 기업가들은 자신이 맨 먼저 발견하는 이윤 기회들을 이용하여 '이윤을 가져다줄 수 있는 제품들'을 시장에 내놓는 것을 말한다.

---

23 Israel M. Kirzner(1973).

혁신은 발명 없이 일어날 수 없다. 그러나 종종 발명은 발명이 혁신에 이용될 가능성이 없다면 일어나지 않을 것이다. 연구와 개발은 경제적 진보를 가져다주는 하나의 수단이다. 기업가들은 '연구와 개발'을 이윤 기회를 가져다주는 하나의 수단으로 인식하기 때문에 이들에 의해 연구와 개발에 드는 자금이 마련된다. 왜 그런가? 연구 활동에 기꺼이 자금을 대는 기업가들은 다른 기업가들보다 먼저 이윤 기회를 발견하여 실행할 수 있기 때문이다. 과학 · 기술적 진보(즉, 발명)가 중요하지만 경제적 진보를 가져다주지 못한다. 반면에 혁신은 경제적 진보를 가져다준다. 그러므로 '과학 · 기술적 진보'(즉, 발명)는 '혁신'과 분명히 다르다. 이러한 경우에 기업가 정신의 역할은 무엇인가? 기업가 정신은 '발명을 혁신으로 바꾸어 주는 역할'을 하며, 그 결과 혁신은 경제적 진보를 가져다준다.

2.11 지식의 분업과 공급망

경제에서 기업들의 역할은 무엇인가? 신고전학파의 경우 '기업들은 산출물을 생산하기 위하여 투입물들을 효율적으로 결합하는 조직'이라고 생각하고 있다. 어느 한 기업의 활동들은 자신의 '생산함수'(production function)에 의해 표현된다. 이것은 기업의 활동을 매우 불완전하게 묘사하고 있다. 왜냐하면 이러한 역할은 기업의 '기업가적 활동'(혁신 활동)보다 기업의 '경영적 측면'에 초점을 맞추고 있기 때문이다. 기업의 생존은 시장에서 일어나는 변화와 발전들에 뒤떨어지지 않으려는 능력에 달려 있다. 기업들은 어떻게 하면 시장에서 다른 기업들에 뒤떨어지지 않는가? 기업들은 ① 더 효율적인 생산 방법들을 찾거나, ② 기존 산출물의 특성을 개선하거나, ③ 새로운 제품들을 개발함으로써 시장에서 다른 기업들에 뒤떨어지지 않을 것이다. 기업들의 이러한 개선들을 '기업가적 성질'이라고 부른다. 기업들의 이러한 '기업가적 성질'은 곧 "기업들은 그러한 개선들을 가능하게 하기 위하여 자신의 지식 베이스를 끊임없이 개발해야만 한다"는 것을 의미한다.

일찍이 애덤 스미스(Smith, 1776[1937])는 '노동의 분업'(division of labor)에 대해 기술하였다. 또한 리처드슨(Richardson, 1972)은 "기업들은 '지식의 분업'(division of knowledge)을 만들어 냄으로써 노동 분업 시스템에 적응한다"고 주장하였다.[24] 리처드슨의 주장을 컴퓨터 산업에 적용하여 설명해 보기로 하자. 우선, 마이크로프로세서를 만드는 기업들은 하드 디스크나 다른 기억 장치들을 만드는 기업들과 다르다. 또한 이들 기업들은 컴퓨터 디스플레이를 만드는 기업들과 다르고, 컴퓨터를 디자인하는 기업들과도 다르다. 또한 이들 기업은 모든 부품들을 조립해서 최종 제품을 만드는 기업들과도 다르다. 이러한 제조 과정들에서 각 기업은 다른 기업들이 가지고 있지 않은(또는 가지고 있을 필요가 없는) '특정 지식'을 개발하는 데 전문화한다. 이러한 '지식의 분업'은 기업들을 더 생산적으로 만들어 준다. 왜 그런가? 왜냐하면 기업들은 더 세밀한 활동들에 전문화해서 집중할 수 있기 때문이다. 또한 기업들은 자신이 직접 만드는 것보다 더 낮은 가격으로 더 좋은 투입물들을 생산하는 '다른 공급자들'에게 의존

24 G. B. Richardson(1972), pp. 883-96.

한다. 그 결과 기업들은 자신이 모든 것을 혼자서 만들 때보다 더 낮은 가격으로 더 좋은 산출물들을 판매할 수 있다.

비록 어떤 기업이 다른 기업만큼 자사 제품의 부품들을 효율적으로 만들 수 있을지라도 다른 기업들로부터 투입물들(부품들)을 구입한다면 여전히 여러 이점들이 있을 것이다. 하나의 이점은 기업들이 최고의 부품 공급자들을 찾아 이곳저곳 돌아다닐 수 있다는 점이다. 그러나 무엇보다도 끊임없이 변화하는 '기업가적 경제'(entrepreneurial economy)에서 더 큰 이점은 기업들이 혁신할 때 최고의 부품 공급자들이 한 곳이 아니라 '수시로 바뀔 수 있다'는 점이다. 기업들이 최고의 부품 공급자들을 찾아 '이곳저곳 돌아다닐 수 있는 능력'은 곧 "공급자들이 자신의 고객들에게 더 많은(또는 더 나은) 가치를 제공하기 위하여 끊임없이 혁신해야만 한다"는 것을 의미한다. 공급자들이 끊임없이 혁신하지 않으면 자신의 고객들을 잃게 될 것이다. 어떤 기업이 현재 자신의 투입물들을 효율적으로 생산하고 있지만 미래에도 똑같이 효율적으로 생산한다는 보장이 없을 것이다. 따라서 어떤 기업이 자신의 투입물들을 계속적으로 공급하려면 당해 기업은 현재에 당해 투입물들을 가장 효율적으로 생산할 수 있어야 할 뿐만 아니라 미래에도 경쟁적인 공급자들을 계속적으로 앞서 나가야 할 것이다. 그러므로 기업들은 그들이 전문화할 때 '지식의 분업'을 최대한 이용할 수 있다. 또한 기업들은 지식의 집중이 상이한 다른 기업들로부터 부품이나 투입물들을 구입한다.

어떤 경제에서 생산이 많은 기업들 사이에 '분할되는' 이유는 무엇인가? 또한 어느 한 기업이 경제 전체를 지배할 정도로 커지지 못하는 이유는 무엇인가? 그 이유는 바로 기업들이 '특정 유형의 지식'을 전문화할 때 더 생산적이기 때문이다. 즉, 기업들은 자신이 가진 특정 지식을 전문화하기 위해 생산을 여러 기업들 간에 분할한다. 이를 위해 기업들은 '전문화된 지식의 집중'을 구축한다. 즉, 기업들은 다른 기업들과 최종 소비자들에게 판매할 수 있는 전문화된 지식을 한 곳에 집중시킨다. 우리는 피상적으로 기업들을 '특정 유형의 재화와 서비스를 생산하는 데 전문화하고 있는 것'으로 생각할 수 있다. 그러나 이러한 전문화(즉, 재화와 서비스 생산의 전문화)는 당해 기업의 종업원들이 재화와 서비스를 생산하기 위하여 '전문화된 지식'을 가지고 있어야만 한다는 것을 필요로 한다. 따라서 기업들 간의 생산의 분할은 이러한 전문화(즉, 재화와 서비스 생산의 전문화)와 지식의 분업(division of knowledge)을 가져다준다. 어떤 기업의 산출물은 바로 당해 기업에서 일하는 사람(종업원)들이 가진 지식의 산물이다. 그러므로 기업들이 실제로 팔아야 하는 것은 자신이 생산하는 제품들 속에 체화되어 있는 '지식'이다.

2.12 암묵적 지식과 집적(클러스터) 경제

일찍이 하이에크(Hayek, 1945)는 '과학적 지식'(scientific knowledge)과 경제 활동들을 어떻게 수행하는지에 대한 '좀더 일반적인 지식'(more general knowledge) 간의 차이를 강조하였다.[25] 과학적 지식은 기록되거나 연구와 설명을 통해 전

25 Friedrich A. Hayek(1945), pp. 519-30.

달될 수 있다. 그러나 많은 지식들은 '경험'으로부터 오거나, 분명하게 설명될 수 없다. 이러한 유형의 지식을 '암묵적 지식'(tacit knowledge)이라 부른다. 암묵적 지식이 경제적으로 중요하다는 사실과 여러 증거들로 인해 기업들은 자신의 기업을 잘 운영하기 위하여 최고 경영자들(CEO)과 다른 최고 관리자들을 고용하기 위하여 거액의 자금을 기꺼이 지출하려고 할 것이다. 이미 제1장에서 설명했듯이 만일 필요한 지식이 서적들이나 직접적 설명을 통해 전달될 수 있는 '과학적' 유형의 지식이라면 기업들은 자신의 기업을 운영하기 위하여 최근에 MBA를 취득한 사람들을 고용하는 게 더 나을 것이다. 왜냐하면 이들은 최신 경영 이론과 아이디어들을 공부했기 때문이다. 그러나 사람들이 과학적 지식보다는 '경험'을 통해 '암묵적 지식'을 획득하기 때문에 기업들은 그와 같이 하지 않는다. 또한 암묵적 지식은 다른 사람들에게 쉽게 전달되지 않는다. 기업들은 암묵적 지식을 다른 사람들에게 어떻게 전달하는가? 기업들은 어떤 경험이 많은 종업원과 신참 종업원들을 매칭(matching)시킴으로써[26] 암묵적 지식을 전달해 줄 수 있다. 그 결과 신참 종업원들은 '직접 관찰'(first-hand observation)을 통해 암묵적 지식을 획득할 수 있다.

이러한 사례들은 기업의 '경영 활동들'에 초점이 맞추어져 있다. 그러나 암묵적 지식의 획득 과정은 거의 모든 활동들에서 사실이다. 예를 들면, '실행에 의한 학습'(learning by doing)은 모든 분야의 일들에서 발생한다. 축적된 이러한 지식들은 '경험'으로부터 오며, 설명만으로는 다른 사람들에게 전달될 수 없을 것이다.

26 [역자주] 즉, 기업은 경험이 많은 종업원과 신참 종업원들을 '멘토(mentor) - 멘티(mentee) 관계'를 통해 매칭시킬 수 있다.

사람들은 가까이에 있는 다른 사람들로부터 관찰과 경험을 통해 암묵적 지식들을 획득할 수 있다. 데스로커스(Desrochers, 2001)는 '이러한 과정이 어떻게 집적 경제(agglomeration economies)를 가져다주는지'를 설명하였다.[27] 예를 들면, 미국의 실리콘 밸리(Silicon Valley)는 컴퓨터와 전자 제품을 만드는 데 생산적인 지역이다. 왜 그런가? 실리콘 밸리 지역에서 일하고 있는 사람들은 '근처에 있는' 다른 사람들과 기업들이 하는 일을 쉽게 관찰할 수 있을 뿐만 아니라 그들의 경험으로부터 배울 수 있기 때문이다. 또한 미국의 디트로이트(Detroit; 미국 자동차 공업 도시)는 자동차 산업이 발달하였고, 뉴욕은 금융 산업의 중심지이다. 왜 그런가? 이들 지역도 실리콘 밸리처럼 '집적 경제'(集積 經濟) 때문에 각각 자동차 산업과 금융 산업이 크게 발달하였다. 따라서 집적 경제는 서로 간에 '근접한 지역'에 살고 있는 사람들이 근처에 있는 사람들로부터 아이디어들(즉, 암묵적 지식들)을 관찰하고 획득할 수 있게 해준다.

집적 경제에서 '근접한 지역에 살고 있다'는 말은 무엇을 의미하는가? 때때로 '근접한 지역'에 살고 있다는 말은 "같은 도시나 같은 지역에 살고 있다"는 것을 의미한다. 그러나 때때로 암묵적 지식은 근접한 지역이 아니라 '기업들의 경계 내'에서 존재한다. 예를 들면, '특정 기업 내'에서 일하고 있는 사람들은 당해 기업 내 다른 사람들이 하는 것을 보고 배울 수 있다. 그러나 당해 기업 밖에 있는 사람들은 일하는 과정을 직접 관찰할 수 있는 기회를 가지지 못할 것이다. 따라서 집적 경제는 '지리적 지역의 경계 내' – 예를 들면, 실리콘 밸리 – 에서뿐만 아니라 '기업들의 경계 내'에서 존재한다. 이러한 사실은 경

27 Pierre Desrochers(2001), pp. 25-46.

제에서 기업이 수행하는 또 다른 중요한 역할을 시사해 준다.

2.13
지식의 저장소로서의 기업

위에서 설명했듯이 기업가들은 이윤 기회들을 발견하고 이를 실행하며, 기업들은 기업가 정신의 대가인 이윤을 실현하기 위한 '제도적 조직'이다. 즉, 기업가들은 기업이라는 제도적 조직을 통해 기업가 정신의 대가인 '이윤'을 실현한다. 그러면 기업들은 '제도적 조직'으로서 어떤 기능을 수행하는가? 사우테트(Sautet, 2000)에 따르면 기업들은 여러 기능들을 수행한다.[28] 무엇보다도 기업들은 거래 비용들(transaction costs)을 낮추어 주는 역할을 한다. 예를 들면, 어떤 기업가가 노동 시장에 가서 당해 기업가가 원하는 특정한 일을 하기 위한 노동자들을 계약에 의해 고용하는 것보다 자신의 기업 내에서 봉급을 받는 노동자들을 양성하여 고용하는 것이 더 비용효과적일지도 모른다. 그러나 기업은 '여러 계약들의 결합체'(nexus of contracts)로서 간주될 수 있다. 왜 그런가? 기업은 ① 개인(노동자)들이 수행하는 일과 ② 당해 개인들이 기업 활동에 참가하는 대가로 받는 보수(임금)를 '계약상으로' 명기(규정)하기 때문이다. 오스트리아 경제학파는 '경제 활동에서 지식이 수행하는 역할'을 강조하였다. 포스(Foss, 1997, 1999)는 기업의 기능과 관련하여 지식의 역할을 강조하였다. 즉, 오스

28 Frederic E. Sautet(2000).

트리아 경제학파에 따르면 "경제에서 기업이 수행하는 기능에서 '지식'이 핵심적인 역할을 한다"고 주장하였다.[29] 이제까지 설명했듯이 ① 경제에서 '지식의 분업'(division of knowledge)이 존재하며, ② 기업들은 (자신이 가장 정통한) 특정 유형의 지식에 집중하는 데 전문화한다. 다음으로, 기업들은 경제에서 '지식의 저장소'(repository of knowledge)로서 또 다른 중요한 역할을 수행한다.

전술했듯이 기업가 정신은 '경제적 진보의 엔진'(engine of economic progress)으로서 '이윤 기회를 발견하고, 이를 실행하는 것'이다. 그러나 처음에는 유망한 이윤 기회로 여겨지던 것이 나중에는 여러 이유들로 인해 손실이 초래될 수 있다. 기업가들이 새로운 아이디어들(즉, 혁신)을 최초로 시도할 때 당해 아이디어들이 나중에 이윤을 가져다줄지를 확신할 수는 없다. 왜냐하면 그러한 아이디어들이 다른 기업가들에 의해 전에 시도된 적이 없기 때문이다. 따라서 기업가들은 다음 두 가지 '예상'을 해보아야만 한다. 첫째, 기입가들은 자신의 혁신적 계획이나 모험이 실현된다면 '나중에 이윤을 획득할 수 있을지'를 예상해 보아야 한다. 그러나 '경쟁적 경제'에서 이윤은 시간이 흘러감에 따라 기업들의 경쟁을 통해 줄어들거나 사라지기 마련이다. 만약 어떤 기업가가 혁신에 성공한다면 다른 기업가들이 당해 혁신을 보고 모방하거나 당해 혁신가의 시장으로 진입할 것이다. 다른 기업가들이 당해 혁신가의 시장으로 진입해 옴으로써 혁신가의 이윤은 감소되고, 궁극적으로 모든 기업가들은 정상 이윤율만 얻게 될 것이다. 둘째, 기업가들은 '자신의 혁신으로부터 얻는 이윤이 혁신에 따른 위험을 충분히 보상할 수 있을지'를 예상해 보아야 한다. 왜냐하면 혁신

29 Licolai J. Foss(1997), pp. 175-98; Licolai J. Foss(1999), pp. 458-86.

기업가는 다른 기업가들이 자신의 시장으로 진입해 옴으로써 이윤이 사라지기 전에 자신이 얻는 이윤이 혁신에 따른 위험을 보상하고도 남음이 있어야 하기 때문이다.

기업의 중요한 역할은 혁신의 기초가 되는 '지식을 저장하는 것'이며, 그 결과 혁신으로부터 발생하는 이윤은 당해 기업 내에 있다. 만약 모든 지식이 쉽게 관찰되고, 알아채고, 실행된다면 혁신으로부터 얻는 이윤은 빠르게 사라질 것이다. 그러나 많은 지식은 다른 사람들에 의해 쉽게 관찰되지 않는 '암묵적 지식'이다. 이 경우에 기업의 경계(boundary)는 다음과 같이 쌍둥이 목적을 수행한다. 즉, 기업의 경계는 한편으로 기업 내에서 암묵적 지식을 저장하고, 다른 한편으로 당해 암묵적 지식이 경쟁자들에게 전파되는 것을 방지해 준다. 암묵적 지식이 기업 내에 저장됨으로써 기업의 소유자들과 종업원들에게 이익을 가져다준다. 왜 그런가?

기업의 경계들 내에 있는 사람들은 암묵적 지식을 서로 간에 공유함으로써 이익을 얻는다. 만약 어떤 기업 내에서 종업원들이 자신의 동료들로부터 암묵적 지식을 획득하거나 흡수한다면 더 생산적이 될 것이며, 그 결과 당해 기업은 더 많은 이윤을 얻을 수 있을 것이다. 또한 그러한 이윤들은 궁극적으로 종업원들의 소득 원천이 된다. 따라서 기업의 관리자들과 소유자들은 기업 내에서 암묵적 지식의 공유로부터 확실히 이윤을 증가시킬 수 있다. 또한 기업들이 기업의 경계 내에서 암묵적 지식을 저장함으로써 경쟁자들은 어떤 기업의 혁신 – 즉, 어떤 기업에게 이윤을 가져다주는 혁신 – 을 모방하거나 복제하기가 더 어렵게 될 것이며, 그 결과 혁신을 감행하는 기업(innovating firm)은 자신의 혁신으로부터 얻는 이윤을 더 오래 유지할 수 있을 것이다.

기업가들이 기업을 이용하는 하나의 이유는 기업가적 혁신(entrepreneurial innovation)으로부터 얻는 이윤을 '기업 내'에 유지시켜 주는 이러한 경계를 만들어 주는 데 있다. 한편으로 '기업의 경계 내'에 있는 사람들은 암묵적 지식을 서로 간에 공유함으로써 이익을 얻으며, 그로 인해 당해 기업은 더 많은 이윤을 얻는다. 다른 한편으로 기업의 경계 내에 있는 사람들은 암묵적 지식을 기업의 경계 내에 저장함으로써 이익을 얻으며, 그 결과 경쟁 기업들은 암묵적 지식으로부터 얻는 이윤을 사유(私有)할 수 없다. 일반적인 경제 분석에 따르면 "기업은 토지, 노동, 자본 투입물들을 결합하여 산출물을 생산하는 것" 으로 묘사된다. 그러나 오스트리아 경제학파에 따르면 기업의 한 가지 중요한 기능은 "기업의 노동자들이 가진 전문화된 지식(specialized knowledge)을 결합하여 이윤을 가져다주는 산출물(profitable output)을 생산하는 것" 이다. 토지, 노동, 자본은 시장 거래를 통해 얻을 수 있으며, 기업들을 구분하는 것은 기업들 내에서 기업가들, 관리자들, 종업원들이 가진 '지식' 이다.

이것은 '왜 기업들이 투입물들을 자신이 직접 생산하기보다 공급망(supply chain)으로부터(즉, 다른 공급자들로부터) 구입하는지'를 설명해 준다. 기업들이 자신의 투입물들을 다른 공급자들로부터 구입하려면, 우선 다른 공급자들은 더 나은 투입물을 생산하는 데 필요한 암묵적 지식을 가지고 있어야 할 뿐만 아니라 당해 투입물을 생산하는 데 필요한 암묵적 지식을 밖으로 누설하지 않아야만 한다. 또한 다른 공급자들이 투입물들을 생산하는 과정에서 '혁신이 일어날 수 있다'는 사실을 알기 때문에 기업들은 투입물들을 직접 생산하기보다는 다른 공급자들로부터 구입하기를 원할 것이다. 왜냐하면 다른 공급자들이 그러한 혁신을 통해 미래에 더 나은 투입물을 생산해 낼 수 있기 때문이다.[30] 반면에 어떤 기업이 투입물들을 다른 공급자들로부터 구입하는 게 아니라 '기업 내부'에서 생산한다면 당해 기업은 장기적으로 비교우위를 가진 다른 공급자들의 투입물들보다 덜 가치 있는 투입물들을 생산하게 될 수도 있다.

또한 기업들이 '지식의 저장소'라는 생각은 기업의 규모를 '제한하는' 하나의 이유를 암시해 준다. 위에서 설명했듯이 어떤 기업 내에 있는 사람들은 암묵적 지식을 서로 간에 공유하려는 유인을 가질 것이다. 이로 인해 당해 기업은 더 많은 이윤을 얻게 되고, 그 결과 모든 종업원들에게 더 많은 소득이 돌아가게 될 것이다. 그러나 이러한 결과로 기업들이 더 커진다면 다음 두 가지 문제가 발생한다. 첫째, 종업원들이 자신의 동료 종업원들을 '경쟁자'로 간주할 것이다. 둘째, 종업원들이 자신의 경쟁자로 간주하는 동료 종업원들을 앞지르기 위하여 암묵적 지식을 감추려 할 것이다. 따라서 어떤 기업의 경계 내에 있는 암묵적 지식의 공유로부터 얻는 이윤으로 인해 기업들이 더 커지게 됨으로써 동료 종업원들을 경쟁자로 간주하게 되면 이제 기업들은 '불리한 위치'에 있게 될 것이다.[31] 또한 암묵적 지식이 종업원들 간에 쉽게 전달되지 않기 때문에 규모가 더 커진 기업들에서 일하는 동료 종업원들은 더 이상 '가까운 지역'에 있지 않을 뿐만 아니라 암묵적 지식을 흡수하기에 더 이상 '좋은 위치'에도 있지 않을 것이다.

이제까지 설명했듯이 기업들이 '지식의 저장소'로 간주될 때 우리는 기업

30 Langlois and Robertson(1995, chap. 7)은 기업들의 '수직적 통합'(vertical integration)을 논의하였고, 특히 기업들이 수직적으로 통합하는 데 합당한 이유들이 있다고 주장하였다(Richard N. Langlois and Paul L. Robertson, 1995, chap. 7).

31 Pongracic(2009)은 근로자들의 유인과 기업 소유자들의 이익을 일치시키기 위하여 '기업 내 제도적 조직'(intra-firm institutional structure)의 중요성을 논의하였다(Ivan Pongracic, Jr., 2009).

가들이 '기업 내'에서 활동하는 이유를 더 쉽게 이해할 수 있을 것이다. 우선, '지식의 전문화'는 기업들을 구분하는 데 유용할 뿐만 아니라 기업의 경계 내에서 암묵적 지식을 저장하는 데에도 유용하다. 또한 '지식의 전문화'는 기업가적 혁신(entrepreneurial innovation)으로부터 얻는 이윤을 증가시켜 준다. 이것은 기업가들이 '기업 내'에서 생산 활동을 하는 – 즉, 기업가들이 기업을 이용하는 – 이유이다. 사우테트(Sautet, 2000)에 따르면 기업들은 많은 경제적 기능을 수행한다. 이와 같이 기업들은 혁신으로부터 이윤을 얻기 위하여 종업원들의 암묵적 지식을 저장하는 역할을 수행한다. 그러나 이러한 기업의 역할은 그동안 충분히 인식되지 못해 왔다.

2.14 가격 탐색: 불균형 교환

'경쟁적 균형'을 가정한 신고전학파 분석틀(Neoclassical framework)에 따르면 경쟁적 시장들에서 기업들(생산자들)과 구매자들(소비자들)은 '가격 수용자'(price taker; [역자주] 시장 가격에 영향을 미치거나 조작할 힘이 없어서 다른 사람들이 결정한 가격을 받아들일 수밖에 없는 자를 말함)로 묘사된다. 시장에서 각 참가자 – 예를 들면, 한 명의 생산자나 한 명의 소비자 – 는 전체 시장에 비해 아주 작은 부분을 차지하기 때문에 각 참가자는 '시장 가격이 주어져 있는 것'으로 가정한다. 우리들은 이러한 가정에 논리적 문제가 있음을 발견할 수 있다. 만약 시장에 참가하는 모든 사람들이 시장 가격을 '주어져 있는 것'으로 간주한다면 가격들은 결코 변하지 않을 것이다. 그러나 시장에서 가격들은 항상 변하기 마련이다. 만약 가격들이 변한다면 누군가가 가격들을 변화시켜야만 할 것이다.

시장에서 가격들은 어떻게 변하는가? 만약 판매자들이 현재의 가격에서(즉, 현재의 가격이 너무 낮아서) 자신의 제품을 공급하는 데 어려움이 있다면 그들은 '가격을 인상하려' 할 것이다. 반대로 만약 판매자들이 현재의 가격에서(즉, 현재의 가격이 너무 높아서) 제품을 판매하는 데 어려움이 있다면 그들은 고객들을 유인하기 위하여 '가격을 낮추려' 할 것이다. 또한 판매자들은 일시적 수요의 변동에 직면해서 자신의 가격을 변화시키려 하지 않을 것이다. 왜냐하면 고객들은 자신이 지불할 가격에 대한 예상을 근거로 반응하기 때문이다. 예를 들면, 만약 어떤 식당에 월요일에 예상보다 더 많은 손님들이 온다면 이를 근거로 당해 식당이 화요일에 가격을 올리는 것은 아마 좋은 영업 전략이 아닐 것이다. 화요일에 식당에 오는 손님들은 어제의 '가격 인상'으로 금방 다른 식당을 찾아가지는 않을 것이다. 그러나 만약 당해 식당의 가격들이 예측하기 어렵다면 당해 식당은 단골손님들을 꾸준히 유지하기 어려울 것이다. 이와 마찬가지로 월요일에 영업이 부진하다고 해서 화요일에 가격을 낮추는 것도 아마 좋은 영업 전략이 아닐 것이다. 신고전학파에 따르면 한계수입(MR)과 한계비용(MC)이 일치하는 수준에서 가격을 결정하도록 조언하고 있다. 이러한 조언은 수요와 투입물 가격의 일시적 또는 영구적 변동의 경우에도 적용된다. 그러나 어떤 기업의 가격 결정 정책은 당해 기업의 '경영에 대한 암묵적 지식'에 크게 달려 있을 것이다. 또한 기업들은 때때로 자사의 다른 제품들을 사려는 손님들을 유인하기 위하여 일부 제품들에 대해서는 '특가품'(loss leader; 손해를 보며 싸게 파는 물건)으로 '싸게' 팔려고 한다. 이 경우에도 당해 기업은 시장 가격을

'주어진 것'으로 간주하지 않고 기업 내에 있는 사람들의 '암묵적 지식'을 바탕으로 가격을 결정한다.[32] 따라서 신고전학파의 경우 한계수입과 한계비용이 같도록 가격을 결정하지만, 오스트리아 경제학파의 경우 기업의 경영 또는 기업 내 사람들의 '암묵적 지식'을 바탕으로 가격을 결정한다.

가격 결정과 관련하여 일반적인 생각이 가지고 있는 하나의 쟁점은 '단일 시장 가격'이라는 아이디어를 수용하고 있다는 점이다. 그러나 실제로 가격은 ① 판매자들마다 다를 뿐만 아니라 ② 시간이 지남에 따라서도 다를 것이다. 왜 그런가? 여기에는 두 가지 부분적 이유가 있다. 우선, 부분적으로 어떤 경제에서 '시장을 청소하는 힘'(market-clearing force)이 상이한 판매자들이 부과하는 가격들을 '상이한 균형 가격'으로 이끌기 때문이다. 또한 부분적으로 일부 교환들은 '불균형 가격'(non-equilibrium price)에서 일어날 수 있기 때문이다. 즉, 구매자들과 판매자들이 자신들에게 '가장 유리한 거래'를 하려 할 때에는 '불균형 가격'에서 교환이 이루어질 수 있다. 이 경우 일부 판매자들은 어떤 주어진 제품에 대해 더 높은 가격을 부과할 수 있다. 왜냐하면 그들은 주어진 제품에 대해 더 나은 서비스나 더 편리한 장소를 제공하기 때문이다. 그러한 가격 차이가 균형 가격의 일부인가? 우리는 그러한 가격 차이를 어떻게 아는가? 우리는 다음 두 가지를 통해 그것을 알 수 있다. 즉, ① 당해 판매자가 시간이 지남에 따라 수요자들이 구입하기 원하는 만큼을 공급할 수 없거나(즉, 가격이 시장을 청소하는 수준 아래에 있는 경우, 또는 초과 수요 상태에 있는 경우), ② 당해 판매자가 수익성을 유지할 정도로 충분한 양을 판매할 수 없다면(즉, 가격이 시장을 청

32 손해를 보며 싸게 파는 '특가품'의 경우 한계수입(MR)은 한계비용(MC)과 같지 않을 것이다. 그러나 당해 기업의 모든 판매량에 대한 수입과 비용을 고려한다면 한계수입(MR)은 한계비용(MC)과 같아야만 한다.

소하는 수준 위에 있는 경우, 또는 초과 공급 상태에 있는 경우) 사람들은 그러한 가격 차이 – 즉, ① 가격이 시장을 청소하는 수준 아래에 있거나 ② 가격이 시장을 청소하는 수준 위에 있는 경우 – 를 알 수 있다. 개별 구매자들과 판매자들은 가격의 모든 수준을 관찰할 수 없다. 따라서 사람들(즉, 구매자들과 판매자들)은 자신이 '균형 가격'에서 구입하는지 또는 판매하는지를 결코 알 수 없다. 가격이 변하기 전에 일부 구매자들과 판매자들은 현재의 가격이 계속해서 시장을 청소할 수 없다는 것을 관찰해야만 한다. 그 결과 일부 교환들은 가격이 변해야만 한다는 정보를 드러내기 위해 '불균형 가격'에서 이루어져야만 한다.

이와 같이 시장에서 '단일 가격'이 존재하지 않는다. 개인들과 기업들의 시장 거래를 통해 나타나지 않는 한 '균형 가격'은 존재하지 않는다. 따라서 앞에서도 언급했듯이 좀더 정확한 용어는 '균형 가격'이 아니라 '시장 청소 가격'(market-clearing price)이 되어야 할 것이다. 왜 그런가? 왜냐하면 시장의 기본 사정이나 상황들이 항상 변하거나, 종종 시장에서 영구적인 변화를 초래하는 요인들 때문이다. 따라서 시장에서 가격들은 시장을 청소하는 경로를 따르며, 그러한 가격은 시장에서 이루어지는 모든 거래들의 결과로서 나타난다. 또한 시장은 가격과 비용에 대한 '정보'를 가져다준다. 이러한 정보는 시장 활동이 없으면 결코 존재하지 않는다. 또한 교환은 '여러 가격들'에서 일어날 수 있으며, 시간이 지남에 따라 가격들은 변동하며 이를 시장 참가자들(즉, 판매자들과 구매자들)에게 알려 준다. 시간이 지남에 따라 가격 변동을 통해 판매자들은 더 높은 가격으로 제품을 팔 수 있을지, 또는 수요자(구매자)들은 더 낮은 가격으로 물건을 살 수 있을지를 알 수 있다. 따라서 오스트리아 경제학파에서는 '균형 가격'이 아니라 '시장 청소 가격'이 좀더 정확한 개념이다. 그 이유는 다음과 같다. 첫째, 호르위츠(Horwitz, 2000)에 따르면 만약 가격이 '균형'에 도달한다면 '경제적 계산'(economic calculation) 문제는 이미 오래전에 쉽게 해결될 수 있었을 것이다.[33] 둘째, ① 가격들이 항상 변하기 때문에, ② 시장 사정이나 상황들이 항상 변하기 때문에, ③ 시장 거래나 활동이 없으면 가격들이 존재하지 않기 때문에 '균형 가격'이나 '불균형 가격'이라는 개념은 그 의미가 불확실하다. 따라서 '자발적 교환이 일어나는 가격'이 좀더 정확한 개념이다. 왜냐하면 그러한 가격은 구매자와 판매자 모두가 당해 교환을 '유리한 거래'라고 간주하는 가격이기 때문이다. 즉, 구매자와 판매자 간에 자발적 교환이 이루어지는 가격에서 양 거래당사자는 이익을 얻기 때문이다.

2.15
결론: 분산된 지식과 기업의 역할

어느 국가에서든 경제 시스템의 과제는 경제 전체에 존재하는 '분산된 지식'(decentralized knowledge)을 최대한 이용하는 데 있다. 모든 사람들은 소위 하이에크(Hayek, 1945)가 주장한 '시간과 장소에 대한 특별한 지식'(specific knowledge of time and place)을 소유하고 있다. 그러나 모든 사람들이 가지고 있는 '시간과 장소에 대한 특별한 지식'은 기껏해야 다른 사람들과 불완전하게 공유할 수 있는 정보에 불과하다. 사람들은 그러한 지식을 어떻게 나누어 가지는가? 시장경제

33 Steven Horwitz(2000), p. 36.

는 그러한 모든 지식을 사람들 사이에서 '조정하는' 역할을 한다. 비록 그러한 지식이 사람들 사이에 분산되어 있지만 시장경제의 조정 덕분에 모든 사람들은 지식을 효율적으로 이용할 수 있다. 또한 시장은 시장 참가자들의 경제 활동을 '조정하는' 하나의 메커니즘이다. 시장은 시장 참가자들의 경제 활동을 어떻게 조정하는가? 시장 가격은 시장 참가자들에게 경제 활동에 필요한 '정보'를 제공해 준다. 또한 시장 메커니즘은 '재화와 서비스의 가격'에 대한 정보를 만들어 내기도 한다. 만약 시장이 이러한 정보를 만들어 내지 못한다면 그러한 정보는 존재하지 않을 것이다.

시장경제에서 기업의 역할은 무엇인가? 기업들은 시장경제를 조직하는데 중요한 역할을 수행한다. 오스트리아 경제학파는 기업들의 '기업가적(혁신적) 성질'(entrepreneurial nature)을 강조하고 있다. 전통적으로 기업들은 '경영적 기능'이라는 중요한 역할을 수행한다. 즉, 기업들은 자원을 효율적으로 배분하는 기능을 한다. 그러나 좀더 긴 안목으로 보면 기업의 '기업가적(혁신적) 기능'(entrepreneurial function)은 '경제적 진보'를 가져다줌으로써 사람들의 경제적 복지에 더 중요한 기여를 한다. 오늘날 사람들은 1세기 전이나 심지어 20년 전에 비해 수많은 재화와 서비스들을 소비할 수 있다. 이는 사람들이 오늘날 수많은 재화와 서비스들을 소비함으로써 경제적 복지 면에서 더 큰 이익을 얻고 있다는 것을 보여 준다. 이러한 경제적 복지는 바로 기업가들의 '기업가 정신'이 가져다준 것이다.

기업가 정신은 어떻게 발생하는가? 기업가 정신은 '이윤'에 의해 발휘된다. 기업가들은 자신의 제품을 개선하고, 생산 비용을 낮추고, 시장에 새로운 제품을 내놓을 – 이들을 '혁신'이라 부름 – 방법들을 끊임없이 찾고 있다. 그러나 이러한 혁신은 '위험'을 수반한다. 제품 디자인 단계에서는 이윤을 가져다 줄 수 있을 것처럼 여겨지는 아이디어도 나중에는 손실을 초래할 수 있기 때문이다. 그래서 기업가들은 그러한 혁신의 이윤 잠재력이 손실 위험을 상쇄시키지 못한다고 판단되면 혁신에 따른 모험(손실 위험)을 감수하려 하지 않을 것이다. 따라서 '이윤'(또는 이윤 발생)은 기업가 정신과 경제적 진보와 복지에 필수적이다. 기업가들은 이윤이 발생하지 않으면 기업가 정신을 발휘하지 않을 것이다.

기업들이 수행하는 또 하나의 중요한 역할은 '암묵적 지식을 저장' 하는 데 있다. 어떤 기업이 가지고 있는 암묵적 지식은 당해 '기업의 경계 내' 에서 기업의 이윤을 가져다준다. 기업 내에 있는 사람들(종업원들)은 자신의 동료들과 암묵적 지식을 공유하려는 유인을 가진다. 왜냐하면 기업 내에서 종업원들 간에 암묵적 지식을 공유함으로써 당해 기업은 더 많은 이윤을 얻을 수 있기 때문이다. 다른 한편으로 기업 내에 있는 사람들은 자신의 암묵적 지식이 경쟁 기업들에서 일하는 사람들에게 유출되지 않도록 하려는 유인도 가진다. 왜냐하면 암묵적 지식으로부터 얻는 당해 기업의 이윤이 경쟁자(모방자)들에게 빼앗기지 않으려 하기 때문이다. 따라서 기업가들은 자신의 혁신들로부터 발생하는 이윤을 저장하고 전유(專有; 독점)하기 위한 하나의 수단으로서 '기업 내' 에서 활동하려 한다.

기업에 대한 경제 이론을 개발하는 하나의 동기(목적)는 '기업이 활동하는 방식' – 즉, 기업이 어떻게 활동하는지 – 을 이해하는 데 있다. 그러나 경제 분석의 관점에서 이보다 더 큰 동기(목적)는 '기업들이 시장과 전체 경제에서 수행하는 역할' – 즉, 기업이 어떤 역할을 수행하는지 – 을 이해하는 데 있다. 기업이 수행하는 역할의 관점에서 보면 기업은 '제도적 조직'(institutional structure)이다. 즉, 기업이라는 '제도적 조직 내'에서 기업가들은 '지식 베이스'를 결합할 수 있고, 기업 이윤의 형태로 나타나는 '지식의 생산성'(productivity of knowledge)을 전유(독점)할 수 있다. 따라서 기업은 하나의 '제도적 조직'으로서 기업 내 지식 베이스를 결합하여 지식 생산성의 결과인 이윤을 얻는다.

Chapter 3

경제 계산

아마도 오스트리아학파 경제학을 규정하는 가장 중요한 생각은 "합리적 경제 계산에 시장 가격이 필수적이라는 것" 이다. 경제 계산과 시장 가격 사이의 관계는 오스트리아학파의 분석틀 밑에 있는 중요한 근본 생각일 뿐만 아니라, 20세기 초반 사회주의 계산 논쟁에서의 그 역할 때문에 오스트리아학파에게도 의미심장한 것이다. 이 논쟁에서 오스트리아학파에 의해 전개된 주장들은 경제 계산에서 시장 가격의 역할에 대한 오스트리아학파의 생각들을 굳히도록 도움을 주었을 뿐만 아니라 오스트리아학파에 대해 아주 뚜렷한 정체성을 부여하였고, 오스트리아학파를 다른 생각을 가진 경제학파들과 구분되게 하는 개념들을 정교하게 만드는 데 도움을 주었다. 20세기 동안의 많은 경제학자들의 시각에서 보면, 오스트리아학파란 곧 '중앙 경제 계획은 작동될 수 없다'는 주장과 거의 같은 것이다. 그 주장은 결국 합리적인 경제 계산에 시장 가격이 필수적이라는 논의에 토대하고 있다. 그렇다면 아마도 경제 계산에 대한 오스트리아학파의 관점을 소개하는 가장 좋은 방법은 사회주의 계산 논쟁의 맥락 속에서 그것들을 서술하는 것이다.

3.1
경제 계산에 대한 미제스의 생각

사회주의 계산 논쟁은 1919년에 시작되었다. 당시 빈 상공회의소(Vienna Chamber of Commerce)의 경제분석가였던 미제스(Ludwig von Mises)는 빈 경제학회(Vienna Economic Society)에 논문을 제출했는데, 거기서 합리적인 경제 계산에 시장 가격이 필수적이므로 중앙 경제 계획 하에서는 합리적 경제 계산이 불가능하다고 주장했다.[1] 결국 1922년에는 『사회주의』란 그의 책으로까지 확장되었던 그의 논문은 바로 중앙 경제 계획의 토대를 강타했다. 일찍이 사회주의에 대한 초기 비판자들은 집단적 소유권 및 중앙 계획과 같은 다른 잠재적인 문제점들을 지적했었다. 그중 가장 현저한 것은 시장이 없으면 생산 활동에 참여할 동기가 약화될 것이라는 문제점이었다. 마르크스의 "각 사람의 능력대로 받아, 각 사람의 필요대로 주는"이라는 사회주의 구호는 능력 있게 보이려는 어떠한 동기도 제거했고, 필요를 가진 것으로 보이려는 동기가 그것을 대체했다.[2] 미제스의 비판은 더 근본적인 것이었다. 그는 사회주의가 작동하려면 해결되어야 할 몇몇 문제들이 있다고 말하고 있는 것이 아니라, 사회주의는 시장 가격을 없애버릴 것이므로 그것은 경제 자원을 합리적으로 배분할 수 없을 것임을 말하고 있었다.

이 점에 관해 정부 계획에 대한 미제스 및 오스트리아학파의 생각을 '공공선택론'(public choice)의 생각과 대조할 가치가 있다. 공공선택론의 세부 분과는 정치적 의사 결정을 분석하기 위해 경제학적 방법들을 사용하며, 정부의 자원 배분의 비효율성으로 이끄는 광범위한 문제들을 규명해 왔다. 공공선택 분석은 정치적 투표가 항상 무엇이 공익에 부합되는가를 알아내기 위해 개인의 선호들을 총합하는 것은 아니라는 점, 정치 과정은 일반 공중의 희생으로 자신들에게 이익을 제공하기 위해 흔히 특수이익에 의해 조작된다는 점, 정부 관

---

1 미제스의 생애 및 생각들에 관해 잘 정리되어 있는 논의를 위해서는 로스버드(1999)를 보라.
2 이 슬로건은 사회가 자본주의에서 사회주의 시스템으로 발전하기 위한 1875년의 계획인 칼 마르크스의 "Gotha Program에 대한 비판"에서 나타난다. 마르크스는 더 빠른 혁명적인 전환을 선호했다.

료제 안의 동기들은 흔히 소위 공복(公僕, public servants)들에게 그 이름 및 나아가 공익에 걸맞게 살게 할 동기를 주지 않는다는 것을 지적해 왔다. 따라서 정부의 자원 배분이 비효율적인 것이 될 많은 이유들이 있다.

오스트리아학파는 이 모든 비효율성들을 무시하는 경향이 있다. 그 학파는 그들이 그게 덜 중요하기 때문에 무시하는 것이 아니라, 정부 안의 모든 사람이 공공 의식을 갖추고 있고 공익을 증진하고자 그들이 할 수 있는 최선을 다하려고 노력한다고 가정할지라도, 시장 가격 없이는 합리적인 경제 계획이 가능하지 않기 때문에 그들은 여전히 그것을 할 수 없다는 것이다. 이러한 모든 '공공선택론적' 문제점들이 중앙 경제 계획을 덜 효율적으로 만들 수 있다는 것은 사실이지만, 비록 그러한 문제들이 없다고 가정할지라도 가장 많은 공공 의식이 가장 투철한 중앙 계획가들마저 시장 가격 없이는 자원을 효율적으로 배분할 수 없을 것이다. 따라서 공공 의식이 가장 투철한 공무원들, 정치인들 및 시민들조차도 중앙 경제 계획을 통해서는 자원을 효율적으로 배분할 수 없기 때문에 공공선택의 문제점들은 이것과 관련이 없다.

미제스(1998, p. 2)는 1949년에 처음 출판된 경제학에 관한 그의 가장 포괄적 연구인 『인간 행동』의 첫 페이지에서 이를 논의한다. "사회의 철저한 개혁 및 재건에 대한 야심찬 계획을 세우는" 사람들에 관해 말한다. "그들은 사회 협력의 법칙을 탐색하지 않았는데, 왜냐하면 그들은 인간은 자신이 바라는 대로 사회를 조직화할 수 있다고 생각했기 때문이다. 만약 사회 여건들이 개혁가들이 원하는 것을 충족하지 못하고, 만약 그들의 유토피아들이 실현 불가능함이 드러났다면, 그 결함은 인간의 도덕적 실패로 간주되었다. 사회 문제들은 윤리 문제들로 치부되었다. 그들이 생각하기에 이상적인 사회를 건설하는 데 필요한 것은 선한 군주들 및 덕성 있는 시민들이다. 옳은 인간과 함께라면 어떠한 유토피아도 실현될 수 있을 것이다"라고 그는 계속해서 말한다. 그리고 나서 경제 분석의 전개와 관련하여, 미제스는 "시장 현상의 불가피한 상호의존성의 발견은 이러한 견해를 뒤엎었다. … 사회적 사건들의 과정에는 어떤 현상의 규칙성이 지배하고 있는데 만약 인간이 성공하기를 원한다면 마땅히 그것에 자신의 행동을 맞추어야 한다"라고 말한다.

이러한 논의에서 미제스는 단지 중앙 계획 경제(central economic planning)만을 말하는 것이 아니며, 그의 주장은 소련 및 동구 블록 국가들에서 이상이었던 중앙 계획(central planning)과 더불어 5개년 계획들 및 경제 활동을 지시하기 위해 설계되었던 중앙계획위원회(Central Planning Board)에도 적용된다. 사람들은 사회를 그들이 원하는 식으로 조직할 수도 없으며 그 결과가 그들이 희망하는 대로 작동할 것으로 기대할 수도 없다. 경제 조직은 경제 법칙 – 곧 시장 현상의 불가피한 상호의존성 – 에 부합되게끔 설계되어야 한다. 그것은 사유재산권과 최종적인 재화 및 서비스 시장뿐 아니라 자본 시장 속에서의 시장 가격을 의미한다.

미제스의 추론 뒤에 있는 논리는 앞의 장들 속에서 전개되어 왔다. 가치는 주관적이며, 재화와 서비스는 내재적 가치를 가지고 있는 것이 아니다. 시장은 재화와 서비스의 가치에 대한 정보를 생성하며, 따라서 그 정보는 그것을 만들어 내는 시장 없이는 존재하지 않는다. 이것은 특히 자본재와 관련해 중요한데, 왜냐하면 그것들은 그 가치가 자본재가 생산할 최종적 재화의 가치에 의존하는 내구재이기 때문이다. 미래 시장 여건에 대한 기대들이 미래에 대한 불확실성으로 인해 흐려진 채 자본재의 가치를 결정하며, 자본 시장은 투자자들의 이런 기대들을 조정하도록 요구 받는다.

3.2 사회주의자들이 미제스에 답하다

경제 계산에 대한 오스트리아학파의 생각을 더 잘 이해하기 위해서는 중앙 경제 계획의 옹호자들이 미제스에 어떻게 응답했는지, 그리고 왜 오스트리아학파가 그러한 옹호자들이 미제스의 주장의 본질에 대해 답변을 하지 않은 것이거나, 심지어 완전히 이해하지 못한 것이라 생각했는지를 보는 것이 유용하다. 미제스에 대해 명확한 답변은 랑게와 테일러(Lange and Taylor, 1938, pp. 57-8)가 하였다. 그들은 "사회주의 경제에서 자원 배분을 인도하는 적절한 경제 회계 시스템의 중요성을 사회주의자들이 깨닫지 않을 수 없도록 만든 강력한 도전"에 대해 "미제스 교수에게 감사하며 …"라고 주장했다. 약간의 빈정거림과 함께 그들은 "미제스 교수의 동상이 사회주의화 부처(Ministry of Socialization) 또는 사회주의 국가의 중앙 계획 기구(Central Planning Board)의 중앙 홀에 영광스러운 자리를 차지해야 한다"라고 말한다. 그러고 나서 그들은 어떻게 미제스에 의해 제기된 문제가 몇십 년 전 경제학자들(그들은 파레토(Pareto)와 바론(Barone)의 공적으로 돌린다)에 의해 이미 해결되었는지를 설명하는 데까지 나아갔다.

그들이 인용하는 해결책은 일반 균형적 가격 집합을 계산하기 위한 방법인데, 그것은 자본주의 경제가 하는 방식과 같이 시행착오에 의거하는 것이다. 사회주의 경제에서 가격은 이 손 저 손을 거칠 필요가 없을 것이며, 가격은 오직 회계 목적으로만 사용될 것이다. 중앙 계획 기구는 어떤 가격 집합을 발표하고 그 가격에서 얼마나 사거나 팔기를 원하는지 공급자와 수요자들에게 물어봄으로써 일을 시작한다. 나중에 설명하듯이 이러한 과정은 생산 과정 및 아주 드물게는 최종 소비자에게까지 적용될 수 있다. 예컨대, 중앙 계획 기구는 제철소 경영자들에게 특정한 관리 가격에서 얼마나 많은 강철을 공급하기 원하는지를 물어볼 것이고, 자동차 공장들, 냉장고 공장들 등에게 그 가격에서 얼마나 많은 철을 수요하고자 하는지를 물어볼 것이다. 이 경영자들은 자신들의 생산으로부터 얻을 회계상의 이윤을 극대화하는 양을 선택할 것이다. 만약 수요되는 양이 공급되는 양보다 많다면, 이는 중앙 계획 부서에게 관리 가격을 올리라는 신호를 줄 것이고, 수요량이 공급량보다 적다면 이는 중앙 계획 부서에게 그 가격을 낮추라는 신호를 줄 것이다. 공급되는 양과 수요되는 양이 같아지고 중앙 계획 기구가 하나의 균형 가격 집합을 가지고서 시장이 하는 것과 같은 식으로 일반 경제 균형을 교묘히 맞출 때까지는 모든 시장에 대해 이런 식으로 가격들이 계속 조절될 것이다. 사회주의 경제에서 중앙 계획은 랑게와 테일러(Lange and Taylor)의 논리에 따르면 시장경제의 작동을 그대로 흉내낼 수 있다.

러너(Abba Lerner, 1946)는 랑게와 테일러에 의해 제시된 생각들에 관해 더 많은 해설을 발표했지만, 미제스에 대한 사회주의자의 답변의 핵심은 중앙 계획 기구가 균형 가격을 찾기 위해 시장이 사용하는 것과 같은 시행착오의 방법을 모든 시장에서 사용할 수 있을 것이며, 따라서 중앙 계획 기구는 그들이 원한다면 사회주의 경제에서 자본주의 경제에 의해 생산될 자원의 분배를 정확히 복제할 수 있다는 것이다. 중앙 계획이 시장의 작동을 복제하기 때문에 이러한 체제는 흔히 '시장 사회주의'(market socialism)라 불린다. 20세기 중반까지의 학계의 경제학자들 사이에서 의견일치된 것은 랑게와 테일러 및 러너 등에 의해 제시된 그 체제가 "합리적인 경제 계산이 사회주의 경제에서는 불가능하다"는 미제스의 주장이 틀렸고, 그리하여 사회주의자들이 그 논쟁에서 '이겼다'는 것을 보여 주었다는 것이다.

만약 사회주의 경제가 행한 모든 것이 자본주의 경제의 작동을 복제한 것이라면 사회주의 경제를 구축함은 거의 의미가 없을 것이며, 랑게와 테일러는 그들 체제가 사회주의 경제가 적어도 자본주의 경제만큼의 좋은 결과를 보여줌으로써 미제스의 도전에 대한 답을 주면서도, 중앙에서 계획된 경제는 사회적으로 더 바람직한 결과를 정교하게 맞출 수 있기 때문에 실제로는 자본주의 경제보다 더 좋은 결과를 가져온다고 지적한다. 사회 복지를 향상시키기 위해 소득 분배가 설계될 수 있으며, 사회주의 경제를 자본주의 경제보다 더 생산적인 것으로 만들기 위해 자원 배분이 중앙 계획 기구에 의해 통제될 수 있다. 예를 들면, 더 높은 경제 성장을 허용하기 위해서는 소비보다 투자에 더 많은 자원이 투입될 수 있으며, 또한 물론 계획가들은 사람들의 생활 수준을 높이는 방향으로 소비재의 산출을 설계할 수 있다. 변덕스런 열정과 유행은 사람들의 삶의 질을 실제적으로 향상시킨 재화로 대체될 수 있다. 시장의 불확실성에 자원의 배분을 맡기기보다는 사회 후생을 극대화하기 위해 중앙 계획 기구가 자원을 배분할 수 있다.

3.3
오스트리아학파의 답변

첫 두 개 장에서 주어졌던 오스트리아학파의 생각의 논의는 왜 오스트리아학파가 랑게와 테일러 및 러너가 미제스에 대한 답으로 제시했던 시장 사회주의 체제에 극도로 비판적인지를 보여 준다. 그러한 시장 사회주의 체제는 중앙 계획가들이 어떻게 시행착오를 통해 기존의 재화 집합에 대한 균형 가격 집합을 찾을 수 있는지를 설명하고 있다. 그러나 오스트리아학파는 균형 가격의 계산은 시장이 이룩해 내는 부분집합의 하나일 뿐이며, 시장 사회주의 체제는 경제 진보를 낳는 기업가의 행동을 전혀 다루지 못한다고 인식한다. 시장 사회주의의 모형은 경제 침체를 낳을 것인데, 왜냐하면 그것은 새로이 개발된 지식을 경제가 이용하기 위한 기구도, 또 기업가의 혁신들을 경제 속에 받아들이는 기구도 제공하지 못하기 때문이다.

사회주의에 대한 한 비판은 그것이 생산적인 동기를 둔화시키는 것이다. 그러나 이 생각은 기껏 사회주의에 대한 오스트리아학파의 비판의 부차적인 것에 불과하다. 시장 사회주의에 대한 오스트리아학파의 답변의 핵심은 그것이 자본주의 경제의 시장 균형을 잡아 주는(market-clearing) 기능만을 다룰 뿐이고, 시장경제를 특징 짓는 경제 진보 및 높은 삶의 수준의 원인이 되는 기업가적이고도 혁신적인 기능을 배제하고 있다는 것이다. 이 주제에 대한 가장 저명한 단일의 해설은 하이에크(Hayek, 1945)의 논문 "사회에서의 지식의 사용"(The Use of Knowledge in Society)인데, 여기서 하이에크는 시장이 모든 시장 참여자들이 가지고 있는 분산된 지식들을 조정할 때의 역할을 강조하였다.

시장 사회주의가 해결하겠다고 주장하는 문제는 모든 재화의 수요와 공급의 변동이 없을 때의 균형 가격 집합을 발견하는 것이라고 하이에크는 지적한다. 하이에크는 미제스에 대한 비판자들이 주장한 대로 중앙 계획 기구가 이 문제를 풀 수도 있다는 것을 인정하지만, 그는 이것이 "사회가 당면하는 경제 문제는 절대 아니다"라고 말한다. 진짜 문제는 사회 속 모든 분산된 지식들을 조정하는 것인데, 그 지식이 끊임없이 바뀌고 또 흔히 상충된다는 점이다.

제1장은 경제학에 대한 균형 접근법과 오스트리아학파의 시장 과정 접근법 사이에 차이를 강조했으며, 사회주의 계산 논쟁에서의 미제스에 대한 비판자들은 경제에 대한 균형적 관점을 취하고서 중앙 계획가들은 시장이 수행하는 것과 같은 방식으로 균형 가격 집합을 찾을 수 있다는 것을 주장하였다. 시장 과정 접근은 시장 균형을 찾아주는 가격의 발견은 오직 시장 과정의 일부일 뿐이라고 인정하고, 미제스의 비판자들에게 그들이 경제 진보를 만들어 내는 경제의 다른 중요한 국면들을 다루지 못할 뿐만 아니라, 자원의 합리적 배분을 결정짓는 이러한 다른 국면들은 시장 없이는 달성될 수 없다는 미제스의 주장이 정확하다고 말함으로써 답변을 하고 있다.

사회주의 계산 논쟁에서 오스트리아학파에 의해 전개된 합리적인 경제 계산에 대한 이러한 생각들은 오스트리아학파의 독특한 정체성을 발전시키는 데 도움을 주었다. 이케다(Ikeda, 1997) 및 리스먼(Reisman, 1998)과 같은 오스트리아학파 경제학자들의 최근의 많은 저작들은 경제 질서를 계획하려는 것에 관련된 정보 문제들의 함의들을 전개하고 있다. 이 장의 나머지 부분은 경제 계산에 있어서의 시장의 역할을 보다 자세히 검토하고자 한다.

3.4
분산된 지식

아마도 시장의 조정 역할을 이해하도록 이끄는 경제의 가장 근본적인 특성은 지식이 분산되어 있으며, 흔히는 암묵적이라는 것이다. 암묵적이고 분산되어 있는 지식의 개념들은 제1장에서 소개되었으며, 그것들은 왜 오스트리아학파가 중앙 계획이 시장의 작동을 복제할 수 있다는 생각을 거절했는지를 이해하는 바탕에 놓여 있다. 시장은 모든 분산되어 있는 이 모든 지식을 그게 굳이 합산 혹은 집중되게 하지 않고도 조정을 하며, 따라서 경제 속 모든 사람은 다른 모든 사람들이 가진 지식을 그것을 실제로 획득할 필요도 없이 이용할 수 있다. 그러나 단지 시장이 그러한 분산된 지식을 이용하는 일을 더 잘한다는 것이 아니다. 왜냐하면 지식은 종종 암묵적이기 때문에, 또 서로 다른 사람들이 모순된 지식을 가질 것이기 때문에, 중앙 경제 계획가가 그것을 이용할 수 있도록 그 지식을 총합하는 것은 가능하지도 않을 것이다.

개인들은 타인의 경제 활동에 관해 그들이 가진 최선의 정보에 기초하여 경제 계산을 수행한다. 그들은 시장의 보상을 통해 그들의 경제학적 활동의 가치에 대한 피드백을 받는다. 개인들은 만약 그들이 경제에 가치를 더한다면 이윤을 얻을 것이고, 그들의 경제 활동이 가치를 감소시키면 손실을 입을 것이다. 개인들은 자기 나름의 판단을 내리며 시장은 그들의 경제 활동의 가치에 관한 피드백을 제공한다. 중앙 계획가가 시장 참여자들에 의해 수행되는 것과 동일한 판단을 내린다면 분산되고 암묵적인 지식을 결코 얻을 수 없다.

경제 지식은 단지 객관적이고 정량화할 수 있는 사실들의 집합이 아니다.

그것은 주관적인 것이고 항상 불완전하며 필연적으로 투기적인 것이다. 왜냐하면 미래의 경제 여건은 사람들이 자신의 불완전한 지식에 토대하여 현재에 내리는 결정에 좌우되기 때문이다. 정부 기업들은 정부가 그 자신에게 독점권을 주었을 때조차 이윤을 내지 못하는 경우가 흔하다. 중앙 계획가들은 분산되고 암묵적인 지식을 이용할 수 없는 반면에, 시장 기구는 이런 지식을 그것이 굳이 합산되거나 집중되게 하지 않고도 조정을 하여 그것이 가장 높은 가치를 주는 용도로 이어지게 한다.

3.5
복잡계

복잡계(complex system)는 구성 요소들이 그들의 상호작용 결과가 예측될 수 없는 방식으로 상호작용을 하는 체계이다. 시장경제는 복잡계이며, 스스로를 조직화하는 체계(self-organizing system)이다. 시장 체계는 모든 시장 참여자들의 경제 활동들을 조정하여 정돈된 결과를 낳는데, 세부 사항은 사전에 알 수 없다. 경제 진보는 기업가들이 경제에 혁신들을 도입할 때 발생하는데, 그 중 몇몇은 수익성이 있는 것으로 드러날 것이고 몇몇은 그렇지 않을 것이다. 모든 기업가들은 이윤을 기대하며, 그것은 심지어 손실의 위험을 알고 있을 경우에도 그러하다. 이윤이 예상되지 않았다면 기업가는 위험을 감수하지 않았을 것이다. 시장에서의 수익과 손실은 가치 증진적(value-enhancing) 혁신을 강화하고, 가치 감소적(value-reducing) 혁신을 제한한다. 그러나 어떤 혁신이 경제에 가치를 더할 것인지 또는 감할 것인지는 그것이 도입되고 시장 참여자들이 자신의 선호들을 드러낼 때까지는 알 수 없다.

재화 및 서비스에 대한 사람들의 수요는 시장 활동의 결과로 드러나며, 시장에 의해 드러나지 않는다면 수요는 존재하지 않는 것이다. 경제 계획가들이 그 정보를 만들어 내는 시장 기구 밖에서 그것을 얻을 수 있는 방법은 없다. 어떤 혁신이 경제에 가치를 더하는가는 오직 그것이 도입된 이후에만 알 수 있고, 그러한 정보는 사전에는 예상될 수 없는 길로 경제의 궤적을 인도한다. 오드리스콜과 리조(O'Driscoll and Rizzo, 1985)는 현재 기업가들이 현재 내리는 결정들에 미래 경제의 상태가 달려 있기 때문에 그것은 필연적으로 불확실하다는 점의 중요성을 강조한다. 그러한 기업가적 결정은 원칙적으로는 현재에 알려진 사실들에 토대해서 내려질 뿐 아니라, 확실하게는 알 수 없는 정보에 근거하여 오늘 내리고 있으며 또 미래에 내릴 결정들에 의존하고 있다.

이 모든 것이 분명한 것으로 들리겠지만, 경제학자들에 의해 흔히 채택되는 일반 균형 성장 모형은 결정론적이어서 현재의 초기 조건들이 미래의 경제 궤적을 결정한다는 것을 유의하라. 경제의 성장 및 진보를 설명하기 위해 그런 분석틀을 사용하는 것은 자연히 경제학자들로 하여금 만약 그들이 어떠한 정책 파라미터를 오늘 바꾼다면 그들은 경제 성장 궤적을 예측 가능한 방식으로 변화시킬 수 있을 것이라고 생각하도록 만들 것이다. 모형이 이런 식으로 작동하며, 따라서 만약 모형이 현실 세계를 반영한다면 현실 세계도 이런 식으로 작동해야 한다. 개인들이 오늘 불완전하고 아마도 모순적인 정보들에 토대하여 결정을 할 수밖에 없는 시장 과정 접근은 결정론적이지 않은 경제 궤적을 묘사한다. 왜냐하면 그것이 불가피한 불확실성에 직면하고 있는 개인의 주관적 판단들에 토대하고 있기 때문이다. 비록 경제 분석이 경제의 미래 방향에 대한 일반적 예측을 하는 데 도움을 주지만, 구체적 사실은 심지어 원칙적으로나마 예측하기가 불가능하다.

가두행진의 질서 있는 행진을 쇼핑몰 안 사람들의 질서 있는 움직임과 비교하는 와그너(Wagner, 2007)의 사례는 여기서도 예증이 된다. 쇼핑몰 안 사람들 움직임의 일반적 패턴은 예상할 수 있지만, 각 개인이 어느 특정 시간에 어디에 있을지를 예측하는 것은 원칙적으로라도 불가능하다. 한 사람의 움직임은 다른 사람들의 움직임에 좌우된다. 만약 한 상점이 지금 너무 혼잡해 보이면 그는 나중에 다시 올 것이다. 만약 누군가 친구를 만난다면 대화하기 위해 그들은 멈출지 모른다. 그 과정은 결정론적이지 않으며 개인들의 특정 행동들은 예측할 수 없다.

중앙 경제 계획가들이 분산되어 있는 시장 체제보다 자원을 더 효과적으로 배분할 수 있다는 생각은 하이에크(1988)가 '치명적 자만'(fatal conceit)이라고 불렀던 것이다. 복잡계는 그 전체가 이해될 수 없으며, 따라서 체제 한 부분 속 변화들은 다른 부분들 속에서는 예상치 못한 결과들을 가져올 것이다. 합리적 경제 계산은 분산적이어야 하며, 그러한 분산된 지식을 가진 개인들에 의해 행해져야 한다. 경제의 복잡성은 합리적 경제 계산이 사회주의 경제에서는 가능하지 않다는 미제스의 주장을 뒷받침하는 또 다른 근거를 제공한다.

3.6
혼합 경제

경제 조직에 대한 대안들에는 자본주의 혹은 사회주의만이 아니라 어떤 재화 및 서비스에 대한 시장적 생산과 다른 것들에 대한 정부 생산의 조합에 의존하는 중간적 형태의 조직, 즉 '혼합 경제'(mixed economy)도 있다. 혼합 경제가 흔히 지지되는 이유는 사람들이 시장이 자원을 배분하는 방식에 대한 문제점들을 확인하고, 그러한 문제들을 해결하라고 정부 개입을 요구하기 때문이다. 시장이 재화 및 서비스의 생산은 잘하지만 공정한 결과를 만들어 내기 위해서, 또 그것이 재화 및 서비스를 생산할 때 나타나는 실패들을 교정하기 위해서 시장이 교정될 필요가 있다고 그 주장은 이어진다.

경제는 복잡계이므로 경제에 대한 정부 간섭은 예상치 못한 추가적 문제들을 만들어 내기 쉽고, 이러한 새로운 문제들은 그 새로운 문제들을 해결하기 위해 추가적인 간섭의 요구를 낳는다. 흔히 그런 문제들은 분명하지만 사람들은 그것들이 정부 간섭에 의해 만들어진 것임을 인식하지 못하거나, 추가적인 간섭이 간섭을 하지 않는 것보다 더 좋은 결과를 만들어 낼 것이라고 믿는다. 이케다(1997)는 이를 "혼합 경제의 동학(dynamics)"이라고 묘사한다. 한 간섭이 다른 간섭으로 이어지고, 그 결과 만약 어떤 사회가 그 경제 조직 모형으로 혼합 경제를 선택한다면 그 경제는 시간이 지날수록 시장 경제로부터 점점 더 멀어지고, 중앙 경제 계획을 향해 더 이동해 갈 것이다. 혼합 경제의 동학은 본 장의 초점이었던 경제 계산의 분석으로부터 도출된다. 자원 배분이 시장으로부터 정부로 옮겨지면 시장 가격에 의해 만들어지는 정보는 상실되고 시장의 분산된 조정 기구는 정부의 계층제적 의사 결정 과정에 의해 대체된다. 경제 계산은 덜 합리적이 되고, 그 결과 나타나는 문제점들은 정부 간섭을 더 늘리게 된다. 경제 제도는 하퍼(Harper, 1998)가 강조하듯이 합리적 경제 계산을 보증하는 능력의 중요한 결정 변수이며, 시장 제도로부터 벗어나는 움직임은 자원 배분에 관해 합리적 결정을 내리는 개인들의 능력을 훼방하는 것이다.

이런 주장은 정부가 시장의 자원 배분을 개선한다는 생각으로 나아가게 된다. 많은 오스트리아학파의 경제학자들은 제한된 정부가 경제 속에서 수행할 역할이 있다는 사실을 주장하지만, 정부 범주에 한계를 설정한다.[3] 혼합 경제를 지지하는 보다 개방적 논의는 종종 정부 간섭이 시장의 자원 배분의 개선을 가할 수 있다고 단언하고 정부 범주에 제한을 두지 않는다. 시장이 가장 잘 작동되는 곳에서는 시장을 이용하고, 정부가 가장 잘 작동되는 곳에서는 정부 생산이나 통제를 이용하라는 것이다. 그 주장은 경제의 복잡계적 성격을 무시하는 것이고, 하이에크의 '치명적 자만'에 빠져든다. 혼합경제를 설계하려는 시도는 앞서 있었던 간섭에 의해 야기된 문제들을 교정하기 위해 점점 많은 간섭이 요구되기 때문에 경제를 더 멀리 중앙 경제 계획으로 몰아간다.[4]

3 몇몇 오스트리아학파 경제학자들, 특히 로스버드(1973)를 따르는 학자들은 시장 활동이 정부가 하는 모든 것을 대체할 수 있고, 정부보다 더 효율적으로 작동한다고 주장한다. 정치 철학에 과감히 뛰어들면서 로스버드(1982)는 모든 정부 행동은 그것이 강압에 기초하기 때문에 비윤리적이라고 주장한다. 이러한 생각들은 제5장에서 더 깊게 다루어진다.

4 벳키(Boettke, 1993)는 그 주장을 다른 방향으로 확장하는데, 계획경제에서 시장 제도로 충분히 이동하기 위한 신뢰할 만한 공약이 없었기 때문에 1980년대의 소련의 시장 개혁들은 실패했다고 주장한다.

3.7
경제 진보

경제에 대한 시장 과정 접근은 개인들이 그들의 후생을 증진하기 위한 기회를 찾느라 서로 상호작용할 때의 개인들의 경제 계산에 초점을 둔다. 개인들은 균형적인 행동 노선을 선택하지 않는다. 그들은 그 무엇을 '극대화'하지 않는다. 그들은 그들의 생산 결정 및 소비 결정을 통해 자신의 후생을 더 증진하기 위해 다른 식으로 일할 수 있는 방식을 찾을 때에 대안들 가운데 선택을 하는 것이다. 모든 사람은 기회들을 찾고 있고, 이 점에서 모든 사람은 기업가적이다. 그로 인해 사람들이 자신의 후생이 증진될 것이라는 기대와 함께 새로운 생각들을 실행에 옮길 때 경제는 계속 진보한다.

이것은 새로운 직업을 찾고 있거나 기존의 직업에서 생산성(및 소득)을 높이는 방법을 찾는 사람들을 포함하여 모든 사람에게 적용되지만, 회사들 안에서 활동하는 기업가에게 큰 중점이 주어진다. 왜냐하면 기업가들이 경제에 도입하는 혁신이 가장 높은 전체 효과를 내기 때문이다. 기업가들은 생산 비용을 낮추고, 그들이 판매하는 재화 및 서비스의 품질을 개선하고, 신제품을 시장에 내어 놓을 방법들을 항상 찾고 있다. 앞 장에서 지적했듯이 기업을 운영하는 사람들은 기업가적이어야 하는데, 왜냐하면 그 산업 내 다른 기업들이 기업가적이기 때문이다. 자신이 제공하는 제품의 질을 개선하고 비용을 낮추는 방법을 찾지 못하는 기업들은 그렇게 하는 기업들에 비해 점차 뒤처지는 것을 깨닫게 될 것이다. 균형 상태에서의 시장에 대한 묘사와는 대조적으로 경제 여건은 항상 변화하고 있으며, 변화를 장기적으로 추동하는 요인 중 가장 중요한 것은 이윤의 기회를 찾고 있는 기업가들의 행동들이다.

기업을 운영하는 사람들은 수익성이 있다고 나중에 확인될 결정을 하기 원하지만, 기업은 '수익을 극대화'하지는 않는다. 왜냐하면 그들이 취하지 않았던 행동 노선이 얼마나 수익성이 있을 수 있었던가는 결코 알 수 없기 때문이다. 제품 B 대신에 A를 생산하기로 작정한 기업은 A를 생산하는 것이 얼마나 수익성이 있는가를 알게 될 것이지만, B를 생산했었더라면 얼마나 수익성이 있었을 것인가는 알아내지 못할 것인데, 왜냐하면 그러한 행동 노선은 취해지지 않았기 때문이다.

이윤의 기회들이 기업가들에게 아무 위험을 주지 않는 형태로 나타나는 경우는 거의 없다. 재고를 더 많이 유지할 것인가 또는 다양한 제품 라인들을 쌓아 둘 것인가와 같은 간단한 소매업자의 결정을 위해서는 구매 및 재고에 대한 자금 조달 비용은 결과적으로 매출이 올라갈 것이라는 기대와 비교되어야 하며, 그런 결정은 재고품을 위한 저장 공간의 확대와 같은 자본 비용이 계산에 추가된다면 훨씬 더 복잡해진다. 제품 특징의 변경 – 아마 작은 품목의 포장을 바꾸는 것과 같이 간단하거나 자동차의 새 모델을 시장에 내어 놓은 것과 같이 복잡한 – 은 기업가를 혁신이 시장에 나타나기 전에 부담해야 할 비용을 잠재적인 미래 매출의 기대이익과 대비해서 비교해야 하는 상태에 있게 만든다. 이는 고객의 수요에 달려 있는데, 그 고객 수요는 부분적으로는 그 사이 그 시장 속 다른 생산자들로부터 나타날 수 있는 혁신들에 달려 있을 것이다. 이것은 다양한 선택 대안들의 비용 및 이익을 단순히 더하는 문제가 결코 될 수 없을 것인데, 이는 실제의 비용과 이익이 항상 불확실할 것이기 때문이다.

랑게와 테일러는 시장 속에서의 시행착오 과정에 대해 말했으나 그들은 단지 시장 균형을 찾아주는 가격을 찾는 것만 말하고 있었을 뿐이며, 그 '오류'(그들 분석틀 속에서는, 과잉 혹은 과소)에 따라 조정의 방향은 명확하다. 그러나 제품의 다양성, 투입 및 생산의 방법이란 점에서 필연적으로 무한한 선택 대안들이 있을 때, 그 조정이 이윤을 더 낳을 것인가는 분명하지 않다. 여기에서 기업가적 판단이 중요해지며, 그리고 제2장이 지적했듯이 정확한 판단을 내리는 지혜는 단순한 계산으로 환원될 수 없는 암묵적 지식을 활용하는 문제이다. 기업가들은 정보를 모으는데, 그것들은 현재 가격 및 미래의 기대가격들, 투입물 및 고객의 수요들에 관한 것이며 그 정보 조각들의 집합은 기업가의 지식 토대를 형성한다. 몇몇 정보는 그 결정에 당장 적절한 것이 될 수도 있고, 다른 정보는 오도적인 것이 될 수 있다. 기업가의 지혜란 이윤이 나는 결정을 내리며 이윤이 나는 혁신을 도입하도록 이끄는 것이다. 이것이 경제 계산의 과정인데, 그것은 미래 경제 여건에 대한 현재의 정보 및 판단의 지식 토대에 의존한다. 현실 세계의 경제에서 경제 계산은 항상 불확실한 지식에 기초하고 있다.

시장 과정은 경제에 가치를 부가하는 판단을 하는 기업가들에게는 이윤으로써 보상을 하고, 경제로부터 가치를 빼내어 가는 판단을 한 기업가들은 손실로써 징벌한다. 이것은 과거에 이윤이 나는 결정을 한 사람들은 자원을 더 많이 사용하도록 허용하며, 손실을 초래한 결정을 했던 사람들에게는 이용 가능한 자원들을 제한한다. 그 결과는 가치가 경제에 부가된다는 것이며, 그것이 경제 진보를 결과한다. 경제에 계속 도입되고 있는 새로운 재화 및 서비스, 더 효율적인 생산 방법들 때문에 그러한 진보는 계속 일어난다.

오늘날 사람들이 한 세기나 50년, 심지어 20년 전보다 얼마나 더 잘 사는가를 살펴볼 때에, 그러한 후생 증가의 큰 부분은 경제 진보와 더불어 온 새로운 재화 및 서비스들의 결과이다. 미국에서 1인당 소득은 20세기에 약 7배 증가되었지만, 사람들은 20세기 초에 소비했었던 재화와 서비스를 세기 말에 7배로 소비하고 있지는 않았다. 지역 여행은 말이 끄는 마차에서 자동차로 진화하였고, 나라를 가로지르며 대륙과 대륙 사이를 통과하는 여행은 열차와 배에서 제트기로 진화하였다. 원거리의 통신은 편지에서 이메일로 진화하였고, 그 세기 말에는 휴대폰 및 인터넷이 세계 도처의 누구와도 즉각적인 소통을 가능하게 하였다. 냉장고는 아이스박스를 대체했고, 전자 오븐은 석탄 및 장작을 때는 난로를 대체했다.

경제학자들은 흔히 성장을 소득 성장으로 측정하지만, 경제 진보를 제쳐두고 성장을 이런 식으로 합산하는 것은 성장의 근본 원인을 제쳐두는 것이다. 만약 경제 진보가 만든 이러한 새로운 재화 및 서비스를 이용할 수 없다면 소득은 그것이 실제로 향상된 만큼 향상될 수 없었을 것이다. 산업 혁명의 시작 이래로 발생한 성장의 정도는 그것이 새로운 재화와 서비스를 가져다준 경제 진보에 기인하지 않았더라면 가능하지 않았을 것이다. 그 경제 진보는 기업가 정신의 결과이고, 그 기업가 정신은 오직 시장경제의 경제 계산 속에서만 일어날 수 있다.

3.8
경제 활동의 진화

경제가 기업가적 혁신에 계속적으로 반응하여 진화하는 시장 과정은 경제가 균형을 지향해 가는 것으로 보는 접근과는 다른 그림을 제공한다. 경제 진보와 생물학의 진화 사이의 대비는 마셜(Alfred Marshall)에 의해 지적되었다. 그럼에도 불구하고 자신의 분석에 대해서는 균형의 분석틀을 발전시켰던 그는 경제학이 발전함에 따라 진화의 틀이 더욱 적합해질 것이라고 생각했다. 마셜(1920, p. 322)은 "우리가 우리 연구의 더 높은 단계에 도달함에 따라 우리는 경제적 힘(economic forces)이 젊은 남자가 자신의 전성기에 도달할 때까지 힘이 성장하도록 만드는 것들을 닮아 있다고 점점 더 많이 생각할 필요가 있다. 그 이후 그는 몸이 굳어지고 활동성이 떨어지며, 마침내 몰락하여 다른 더 활력 있는 생명체에게 자리를 내주는 것이다"라고 말했다.

라흐만(Lachmann, 1986)은 더 진화적인 접근을 취하라는 마셜의 도전을 받아들여서 경제는 결코 휴식 - 균형 - 에 도달하지 않으며 항상 진화 중이기 때문에 경제의 균형 상태를 분석하는 것은 의미가 없다고 보았다. 그래서 어느 시점에서의 경제 상태는 '경제를 균형화하려는 힘' - 즉, 시장 균형으로 견인하는 힘 - 과 '경제를 진화하게 만드는 힘' - 즉, 경제 진보를 만드는 기업가적인 힘 - 에 의해 결정된다. 오드리스콜과 리조(1985, p. 5)는 진화적인 접근을 경제 분석에 적용하여 "오류 및 그 오류의 교정은 역동 과정의 중요한 국면들이다. 그러나 신고전파 접근과는 분명히 달리, 이러한 오류들은 정해진 균형 상태로 수렴해 가지 않는다. 그래서 우리는 전통적인 균형이 없는 과정 혹은 진화를 가지고 있다"라고 말한다.

생물학적 진화에서처럼 경제 진보는 차별화(differentiation), 선택(selection) 및 복제(replication)를 통해 이루어진다. 생물학적 진보와 경제학적 진보 사이의 가장 큰 차이점은 차별화에 있다. 생물학적 돌연변이는 무작위적으로 발생하지만, 기업가들의 의식적 결정들은 시장에서의 차별화를 만들어 낸다. 생물학적 진화는 그저 발생할 따름이지만, 경제는 만약 기업가들이 경제에 혁신을 도입하려는 의식적 결정을 하지 않는다면 침체할 것이다. 예컨대, 대략 서기 500년대에서 1500년대까지는 경제 진보가 없었음을 분명히 알 수 있다. 기업가적인 혁신을 위한 동기는 존재하지 않았으며, 산업 혁명은 기업가적 개인들로 하여금 그들이 경제에 도입한 혁신으로부터 이윤을 얻도록 허락하는 경제 체제인 자본주의 등장과 함께 일어났다.

서기 500년까지 문명은 원시적 생활을 넘어 잘 진보해 왔으나 그 후에 정체되었다. 어떤 설명에 의하면 로마 제국, 고대 중국 및 페루에 의해 달성되었던 진보의 수준은 계층제적 경제 및 사회 체제 때문에 발전의 한계에 도달했었고, 경제 진보는 오직 분권화된 시장 시스템의 발전과 함께 재개될 수 있었다. 합리적인 경제 계산은 시장 및 시장 가격들을 필요로 하며, 지식은 분산적이고 흔히 암묵적이기 때문에 그것은 그러한 지식을 가진 개인들에 의해 수행되어야 한다. 그것은 집권화된 체제에서는 합산될 수 없고 효과적으로 이용될 수 없다.

생물학적 진화와는 대조적으로 경제 진보를 작동하게 하는 차별화는 이윤 기회를 찾기 위해 자신의 지식을 사용하는 기업가들의 의식적인 결정들의 결과이다. 생물학적 진화의 자연 선택(natural selection)에 대응되는 것은 이윤 및 손실에서 나오는 '경제 선택'(economic selection)이다. 수익성이 있다고 판명되는 혁신들은 선택되는 반면, 손실을 발생시키는 것들은 쇠퇴하고 죽는다. 따라서 경제 진보는 선택 과정을 작동하게 하는 이윤과 손실이 없다면 나타날 수 없다. 만약 경제 성공이 정치적 편애나 신체적 지배에서 나온다면 기업가적 혁신을 위한 동기들은 존재하지 않을 것이며, 로마 제국의 멸망과 산업 혁명의 시작 사이의 암흑 시대에 나타났었던 대로 그 경제는 침체할 것이다. 복제는 경제 안에서 일어날 수 있는데, 왜냐하면 성공적인 기업가들은 그들의 이윤을 이용하여 그들의 경제 활동을 확대할 수 있을 것이고, 경제의 다른 주체들은 이윤을 얻고 있는 회사들의 성공을 관찰하고 그들을 모방할 수 있을 것이기 때문이다. 따라서 기업가의 성공들은 증식되고, 그 반면에 기업가의 실패들은 낙오한다. 이것은 경제 진보에 대한 이윤과 손실의 중요성을 다시금 보여준다.

경제 진화는 불확실성에 직면해 있는 기업가의 판단의 산물이다. 기업가들은 실수를 할 수 있고, 불확실성 때문에 두 개인이 동일한 사실을 보지만 그것들을 다르게 해석하고 다른 판단을 내릴 수 있다. 이 때문에 경제 궤적은 결정론적이지 않다. 경제 궤적은 아서(Arthur, 1989)가 지적한 대로 '경로의존적'이다. 왜냐하면 오늘 불확실성 하에 내린 결정들이 그 미래의 경로를 바꾸기 때문이다. 비록 경제 분석이 기업가들을 도와줄 수 있고, 모든 사람이 미래의 경제 활동에 대해 정보를 가지고 판단을 할지라도 무엇이 미래에 일어날 것인가는 결코 알 수 없다. 시장경제는 인간 설계(human design)가 아니라 인간 행동(human action)의 결과로서의 질서 있는 결과를 만들어 내는데, 그 전반적 질서는 예측될 수 있지만 모든 세부 사항들이 다 예측될 수는 없다.

3.9
제품 차별화와 진보

오스트리아학파의 시각이 표준 교과서적 분석과 다른 한 영역이 '제품 차별화'이다. 아르멘타노(Armentano, 1972)는 기업가들이 그들의 제품을 차별화할 때 그들은 그저 자신의 제품이 다르도록 만들기 위해서가 아니라, 그것들이 그들의 경쟁자들이 제공한 것들보다 더 좋도록 만들기 위해 그렇게 한다고 지적한다. 이미 강조되었듯이 새로운 제품 혹은 제품 특성이 더 나은가는 그 제품을 구매할 사람들의 주관적 평가의 문제이다. 비록 기업가들은 소비자들이 이전에 이용할 수 있었던 것보다 그것들을 더 선호할 것을 기대하면서 그것들을 내어 놓기는 하지만, 그들은 자신들의 혁신들이 참으로 혁신인가는 그것들이 시장에 나올 때까지는 확실히 알 수 없다.

가장 잘 팔리는 중급 미시 경제학 책들의 조사에서 홀콤(Holcombe, 2009)은 제품의 계속적인 개선이 제품 차별화의 결과로서 생겨나고 있다는 이러한 생각이 그러한 책들에는 빠져 있음을 발견하였다. 제품 차별화의 '교과서적 논의'는 차별화된 제품을 가진 회사들이 최저 수준의 평균 총비용보다 더 높은 비용으로 산출물을 만들어 내는 반면에, 단일 제품을 가진 경쟁 업계에서는 최저 수준의 평균 총비용에서 산출물을 만들어 내는 것으로 서술한다. 따라서 제품 차별화는 더 높은 비용의 산출물을 낳는다. 또한 그런 회사들은 그들 및 그들의 경쟁자들이 단일한 생산물을 생산했었을 경우보다 산출물을 더 적게 생산한다. 만약 산업 내에 차별화된 제품을 가진 회사가 더 적다면, 그리고 각 회사가 생산을 더 한다면 산업의 산출물들은 더 낮은 비용에서 생산될 것이다.

그러나 그렇다면 그때 소비자들은 그들이 사는 제품의 특성에 대한 선택권이 없을 것이다. 예컨대, 차별화된 제품들이 없는 청량음료 산업을 상상해 보라. 코크, 펩시, 스프라이트, 세븐 업 등의 선택권은 없고 오직 한 종류의 청량음료만이 있을 것이다. 그래서 상충관계가 있다는 것이 교과서의 결론이다. 즉, 제품 차별화는 소비자들에게 더 많은 선택을 허용하지만 비용이 더 들게 한다는 것이다.

제품 차별화에 대한 '교과서적 묘사'는 정태적 균형 체계에서 행해진 분석 결과이다. 만약 시장 과정 체계가 그 대신에 사용된다면 제품 차별화가 발생하는 것은 기업가들이 그들의 제품을 소비자들에게 더 매력적으로 보이도록 노력하고 있으며, 또 소비자에게 가치를 증가시키기 때문이다. 제품 차별화는 소비자들에게 단지 선택 대안이 증가되었다는 것 이상을 제공한다. 즉, 그것은 그들에게 더 큰 효용을 주는 너 나은 제품들을 제공한다.

경제 분석에 대한 오스트리아학파의 접근의 한 특징은 그것이 '시간'을 경제 분석의 한 중요한 요소로 다룬다는 것이다. 제품 차별화의 '교과서적 분석'은 차별화된 제품이 있는 시장을 시간의 요소가 빠져 있는 정태적 분석틀 속에서 묘사한다. 따라서 그 분석틀은 소비자의 욕구를 더 잘 충족시키는 꾸준히 개선되는 제품들을 생산하는 제품 차별화의 동태적 효과들을 무시한다. 제품 차별화와 경제 진보 사이의 이러한 관계를 이해하는 것은 제품 차별화가 더 높은 비용이 드는 산출물을 가져다준다는 '교과서적 결론'에 대해 의문을 불러일으키게 한다. 예컨대, 만약 구입자들에게 이전에 이용할 수 있던 제품들보다 더 높은 효용을 주는 새로운 변형된 제품이 도입된다면, 그것은 효용을 부가해 주고 소비자들에게 그들의 돈에 대한 대가로 더 나은 가치를 준다. 어떤 사람은 다음과 같이 결론을 내릴 것이다. 즉, 만약 모든 기업들이 이러한 새로운 변종을 생산한다면 각 기업들은 더 많이, 그리고 더 낮은 평균 총비용으로 생산할 수 있을 것이지만, 그 새 변종은 제품 차별화 없이는 존재하지 않을 것이다. 제품 차별화의 과정은 비용과 가격을 올린다는 정태적인 '교과서적 결론'과는 대조적으로 제품 차별화의 과정은 경제에 가치를 부가한다.

시장 과정 접근을 취한다면 제품 차별화는 경제 진보의 동력이다. 기업가들이 그들의 제품을 차별화하는 것은 단지 그들의 제품을 다르게 만들려는 것이 아니라 더 좋게 만들기 위해서이다. 차별화된 제품들이 정말로 경제에 가치를 부가하는가의 검증은 그것들이 수익성이 있는가이다. 제품 차별화로 인해 발생하는 계속적인 혁신은 경제 진보를 일으키는 것이다.

3.10
이윤: 진보의 지표

생물학적 진보와 경제 진보 간의 유추는 진화의 규범적인 함의를 검토할 때 무너진다. 진화는 시간이 지나면서 생물계를 변화시키지만, 그것들이 비록 다르기는 할지라도 새로운 종, 혹은 새 생태계가 이전에 있었던 것들보다 더 좋은 것이라고 말할 수 있는 기준은 없다.[5] 경제 진화는 경제 진보를 만들어 내

5 생물계의 변화들에 대해 규범적인 결론을 도출하는 한 어떠한 변화도 바람직하지 않은 것으로 보는 경향이 있다. 만약 기존의 종들이 멸종한다면 그것은 바람직하지 않은 것으로 여겨진다. 만약 기존의 종들의 서식지가 확장되어 그 개체가 늘어난다면 그 또한 전형적으로 바람직하지 않은 것으로 여겨진다.

며, 이윤은 새로운 경제 여건들이 그것이 대체한 것들보다 더 좋다는 지표이다. 이것은 오스트리아학파의 생각들이 경제에 대한 균형적 관점으로부터 나오는 결론들과는 상이한 또 다른 영역이다.

경제 분석에 대한 균형 접근을 취하면 이윤은 비효율적인 자원 배분의 지표이다. 이윤은 경제가 균형 상태에 있지 않거나(그것은 비효율적인 것), 이윤을 얻는 회사들이 어떤 독점력을 가지고 있다는 것(이 또한 비효율적인 것)을 가리킨다. 시장 과정 접근은 이윤을 경제 진보의 지표로 파악한다.

구체적인 예로, 1960년대 후반에서 1970년대 동안 매우 수익성이 있었으며 컴퓨터 산업을 독점화하는 것으로 인해 미국 법무부에 의해 피소된 IBM을 들 수 있다. IBM은 그들의 360 컴퓨터를 1965년에 시장에 내어놓았고, 그것은 빠르게 시장을 지배했다. IBM의 지배적 시장 점유율과 이윤은 균형 접근에서 보면 비효율적인 독점인 것으로 보이게 만들었는데, 이는 법무부의 반독점 소송을 가져온 아주 널리 공유된 견해였다.

IBM의 이윤 원천을 시장 과정 접근으로부터 생각해 보자. IBM은 새롭고 혁신적인 제품을 시장에 내놓았고 회사가 그로부터 얻은 이윤은 소비자들이 IBM에 돈을 지불할 용의가 있어서 자신들에게 이용 가능한 다른 컴퓨터 선택 대안보다는 그 새 제품을 사용할 수 있었던 결과였다. IBM이 벌어들인 이윤은 소비자들이 다른 컴퓨터 제조업자들에 의해 제시된 것들보다 자신들의 컴퓨터들에 부여한 초과적 가치를 반영한다. 그 이윤은 IBM 360 컴퓨터가 나타낸 경제 진보의 지표였다.

왜 IBM이 그 컴퓨터의 설계, 제조 및 시장에 내어놓는 비용을 감당하기로 결심했는가? 그것은 그 제품이 가져올 것이라고 그 회사가 예상한 잠재적 이윤의 매력 때문이었다. 따라서 미래 이윤의 기대는 제품이 생산되기 위해서는 필수적이다. 다시 말하면, 이윤은 그러한 진보가 일어나기 위해서는 필수적이다. IBM이 벌어들인 수익은 그것의 생산 결과로서 소비자를 위해 생산된 초과 가치를 반영했다. 소비자들이 그 제품에 더 높은 가치를 부여한다는 증거는 그들이 기꺼이 그것에 돈을 지불하려고 한다는 것이었다. 이윤은 경제 진보의 지표이고, 그것은 경제 진화는 경제를 단지 과거 상태와는 다르게 만드는 것이 아니라 더 좋게 만든다는 것을 보여 준다. 사람들의 행동은 개선에 대한 그들의 자발적인 지불 의사를 통해 개선을 나타낸다.

이윤은 진보의 지표이지만 진보의 척도는 아니다. 왜냐하면 경제 진보의 일부 혜택들은 소비자들에게로 가기 때문이다. 이윤을 내는 제품이 시장에 나왔을 때 이익의 일부는 이윤의 형태로 기업가의 회사로 가지만, 일부는 이전에 이용 가능했던 제품이 아니라 새 제품을 소비하는 것에서 이익을 얻는 소비자들에게 간다. 시간이 지나면서 경쟁적 회사들은 새로운 제품의 특징을 모방하며 혁신가의 이윤들을 두고 경쟁이 일어난다. 이윤들을 두고 경쟁이 일어나지만 혁신으로부터 나온 이익들은 남아 있게 된다. 경제적 경쟁을 통해서 그러한 이윤들은 소비자에게로 이전하며 소비자 잉여가 된다. 수세기 동안의 경제 진보의 결과였던 엄청난 경제적 후생은 이윤을 내는 혁신들의 결과이며, 그 혁신은 시간이 지나면 그 이윤들이 경쟁을 통해 부식되고 소비자 잉여의 형태로 소비자에게로 이전하는 것을 보아 왔다.

이윤은 필수적인 것인데, 왜냐하면 그것이 경제에 혁신을 도입하도록 기업가들을 유혹하는 매력이기 때문이다. 그리고 그것들은 그러한 혁신에 대한 구매자의 지불 의사를 나타내기 때문에 경제 진보의 지표이다. 또한 시간이 지나면서 이윤에 대한 경쟁이 일어남에 따라 혁신의 이익들은 생산자로부터 소비자에게로 점점 더 이동한다.

경제 분석에 대한 시장 과정 접근을 균형 접근과 구분하는 한 방법은 다음 두 진술 중 어느 것이 진실인가를 살펴보는 것이다. 즉, 이윤은 경제 자원들의 비효율적 배분의 지표라는 것과 이윤은 효율적인 자원 배분을 위해 필수적이라는 것이다. 균형 접근은 이윤이 불균형 혹은 독점력으로부터 나오며, 따라서 자원의 비효율적 배분을 가리킨다고 결론짓는다. 시장 과정 접근은 이윤이 경제 진보를 위해 필수적이며, 그것은 점차 효율적인 자원 배분을 낳는다고 말한다.

이윤이 경제에서 파악되는 방식은 경제 분석에 대한 오스트리아학파의 접근을 대부분의 다른 학파들의 접근과 구분되게 한다. 이러한 구분을 반(反)독점법에 적용하는 것은 그 차이가 단지 학문적 흥미 이상의 것임을 보여 준다. 경제 분석에 대한 시장 과정 접근은 통상적으로 사용되는 균형 접근과는 상이한 공공 정책의 결론들을 이끌어 낸다.

3.11
후생: 과정 대비 결과

경제 복지에 대한 균형 접근은 자원 배분의 효율성에 관해 정태적 관점을 취한다. 다른 누군가의 후생을 더 나쁘게 만들지 않고서는 후생이 더 나아지는 사람이 없도록 자원이 배분될 때 후생은 극대화된다. 랑게와 테일러에 따르면 사회주의 계산에 대한 미제스의 도전에 대답을 전개했다는 바로 그 파레토의 이름을 따서 '파레토 최적'이라고 불리는 이러한 상태는 후생 극대화를 경제 과정의 결과로 간주한다. 표준적인 후생 경제학의 목표는 최적의 자원 배분에 도달하는 것이고, 만약 그런 최적 배분이 이루어진다면 후생은 극대화되고 이 파레토 최적 배분보다 경제가 더 이상 좋아질 수 없을 것이다.

시장 과정 접근은 후생 극대화를 계속적 과정으로 묘사한다. 시장경제는 미래의 후생을 현재의 후생보다 더 높게 만드는 경제 진보의 잠재력을 항상 가지고 있기 때문에 경제는 후생이 극대화되는 지점에 결코 도달할 수 없다. 후생은 경제에 가치를 계속해서 더하는 계속적인 기업가적 혁신에 의해 극대화되며, 그리하여 후생은 시간이 지나면서 증가하고 후생 극대화에 결코 도달할 수 없다. 한 세기 전 또는 심지어 20년 전보다 오늘날 삶이 얼마나 더 나아졌는가에 관해 생각할 때 그들의 증가된 후생은 시간이 지나면서 발생한 경제 진보 때문인 것이 명백하며, 어떤 개선이 경제가 파레토 최적의 자원 배분으로 더 접근해 갔기 때문일 가능성은 거의 없다.

이 점은 단지 이론적 흥미 이상의 것이다. 상당한 양의 공공 정책은 후생 극대화에 대한 정태적 균형 접근에 토대를 두고 있다. 반독점법은 앞에서 지적되었듯이 이윤에 대한 정태적 관점을 취하며, 그리고 잠재적인 외부성 때문에, 경제에 존재하는 정보의 비대칭성 때문에, 혹은 기타의 이유들로 인해 시장이 자원의 최적 배분을 낳는 데 실패할 수 있기 때문에 상당한 양의 규제는 정당화된다. 코르다토(Cordato, 1992)는 시장 과정 접근은 교환을 촉진하며 약탈을 막는 재산권 보호의 중요성을 인정하지만, 이보다 더 나아가 시장에 의한 자원 배분에서의 어떤 정태적 비효율성들은 이윤 기회들을 나타내며, 기업가적 혁신은 서로에게 이득이 되는 교환을 통해 이러한 비효율성들을 혁신가들을 위한 이윤으로 전환할 수 있다는 사실에 주목한다.

가치는 주관적인 것이며, 재화와 서비스에 시장이 부여하는 가치 외에 경제 효율성을 판단할 표준은 없다. 외부성들에 대한 공공 정책은 흔히 정부 정책이 '시장실패'를 교정한다는 틀 안에서 제시되지만, 실제의 외부 비용들에 대한 정보는 시장 자료 없이는 얻을 수 없다. 만약 실제로 어떤 비효율성이 존재한다면 그것을 교정할 시장 유인이 존재하는 것이다. 오스트리아학파는 외부성들에 의해 만들어질 수 있는 경제 비용들을 극소화하는 것이 아니라, 동시에 그러한 비용들을 경감할 수 있는 정부 정책들의 능력에 대해 의문을 제기한다. 이케다(1997)가 지적하듯이 경제에서 좋은 의도를 가진 정부 개입들이 예견되지 못한 부정적 결과들을 만들어 내는데, 그것은 더 많은 정부 개입들을 부르며, 또 그것은 훨씬 더 많은 문제들을 만들어 낸다. 정부가 자원 배분에 더 많이 관련될수록 자발적 교환을 통해 생성되는 시장 신호들을 더욱 약화시킨다. 오스트리아학파는 외부성이 바람직하지 않은 결과들을 가질 수 있지만, 흔히 외부성을 다루도록 설계된 정부 정책들 또한 의도하지 않은(바람직하지 않은) 결과들을 가질 수 있음을 인정한다.

허버너(Herbener, 1997)는 로스버드(Rothbard, 1956)에 기초하여 자발적인 교환들이 일어날 때 후생은 증진된다고 지적한다. 왜냐하면 이것은 모든 당사자들이 거래에 동의하는 것인데 그것은 그들의 후생이 더 나아진다는 것을 의미하기 때문이다. 정부가 사람들이 인지할 수도 있는 비효율성을 교정하고자 개입할 때는 사람들은 과세, 규제, 또는 두 가지 모두를 통해 강요받기 때문에 후생이 증진된다는 보장이 없다. 사람들이 강제를 받아야 한다는 사실은 그들의 후생이 더 나빠짐을 가리킨다. 강제 받지 않는다면 정부가 그들에게 하라고 강요하고 있는 것을 그들은 자발적으로 할 것이다. 정부 개입은 몇몇 사람들이 그러한 교정이 없었더라면 하지 않을 방식으로 행동하도록 강요하기 때문에 그것은 강요받는 사람들의 후생을 더 악화시키며, 그러한 개입이 후생을 증진한다는 것은 결코 확신할 수 없다.

오스트리아학파 경제학자들이 경제에서의 정부의 역할에 대해 모두 같은 의견인 것은 아니지만, 경제 후생에 대해 정태적 균형 접근을 취하는 것이 시장 접근 과정을 취하는 것보다 경제에 상당히 더 많은 정부 개입을 정당화한다는 것을 알 수 있다. 그 이유는 두 가지이다. 첫째, 정태적인 후생 극대화 관점은 자원 배분의 비효율성이 기업가들에게 이윤의 기회를 준다는 사실을 간과한다. 시간이 지나면서 기업가적 혁신은 비효율성을 극복하고 경제 진보를 만들어 낼 수 있다. 둘째, 후생 극대화의 정태적 균형의 관점은 정부 개입이 자원 배분의 개선을 낳을 전망에 대해 과도하게 낙관적이다. 정부 개입들은 의도하지 않은 결과들을 가질 것이고, 그것은 더 많은 정부 개입을 불러일으켜서 자원 배분의 효율성을 미래에 더 나빠지게 만들 수 있다. 이러한 두 이유가 오스트리아학파 경제학자들로 하여금 정부 개입에 대해 더 우려하도록 만들며, 정부가 지시하는 자원 배분보다 시장적 결과들을 더 선호하도록 만드는 것 같다. 오스트리아학파는 흔히 경제 사상에 관한 다른 학파보다 더 시장 친화적인 것으로 간주되며, 경제 작용 이해에 대한 그 학파의 시장 과정 접근의 함의들을 몇 가지 성찰한다면 그 이유를 알게 된다.

3.12
결론

경제 계산 이해를 위한 오스트리아학파의 분석틀은 오스트리아학파의 경제학을 다른 학파들의 생각과 구별 짓는 특징들 중 하나이다. 경제 계산에 대한 오스트리아학파의 생각들은 미제스에 의해 선도된 사회주의 계산 논쟁에서 정교화되었는데, 그는 중앙 경제 계획 하에서 합리적인 경제 계산은 가능하지 않을 것이라고 주장했다. 미제스 및 그 제자 하이에크는 오스트리아학파의 관점들을 규정짓는 가장 명료한 주장들을 했으며, 그들의 주장은 아마도 그것들과 미제스에 대한 비판자들의 주장을 대조함으로써 가장 잘 보여질 것이다. 중앙 계획가들이 합리적인 경제 계산을 수행해 낼 것이라고 주장했던 그 비판자들은 중앙 계획가들이 시행착오를 통해 경제 속 재화들의 시장 균형 가격들을 계산할 수 있을 것이라고 말했지만, 그들의 주장 속에는 공급 및 수요 함수가 고정되어 있으며 가격들이 계산될 재화 집합이 고정되어 있다는 가정이 들어 있었다. 경제 계산 이해에 대한 시장 과정 접근을 취한다면 시장 기구는 흔히 암묵적이며 계속해서 변하고, 상이한 경제 행위자들이 상이하게 해석하는 지식을 조정한다. 자원을 합리적으로 배분하기 위해 필요한 정보의 본질이 의미하는 것은 그것이 결코 총합되어 한 주체에게 알려질 수는 없다는 점이다. 경제는 상이한 사람들이 그 속에서 그들의 개인적인 지식을 가장 잘 이용하는 복잡계이며, 그것이 복잡계이기 때문에 경제는 결코 그 전모가 완전히 이해될 수 없다.

미제스의 생애 동안 경제학계 사람들은 1973년에 세상을 뜬 미제스가 사회주의 계산 논쟁에서 패했었다고 믿었다. 경제학계 사람들의 결론은 두 가지 지지대에 토대하고 있다. 첫째, 랑게와 테일러, 러너 기타 사람들의 주장은 이론적 논쟁에서 승리한 것으로 간주되었다. 둘째, 소련이 초강대국으로 여겨졌던 제2차 세계 대전 이후 시기에 중앙 계획이 작동할 수 없다는 미제스의 주장에 대한 한 반응은 소련이 그것이 작동하고 있다는 증거를 제공했다는 것이다. 일반적 통념은 소련의 1인당 소득이 미국이나 서유럽보다 훨씬 아래에 있지만 소련 및 기타 동구의 중앙 계획 경제는 더 빨리 성장하고 있으며 추월을 할 것이라는 것이었다. 서구의 많은 저명한 경제학자들이 보았듯이 중앙 계획에서 나오는 더 빠른 경제 성장 및 더 견고한 경제와 자본주의에서 나오는 더 많은 개인적 및 경제적 자유 간의 양자택일 문제였다.

1989년 베를린 장벽이 무너지고 그 뒤를 이은 1992년 소련 붕괴 후에 미제스와 사회주의 논쟁에 대한 일반적 통념은 바뀌었다. 냉전을 종식시킨 것이 어느 한 쪽의 군사력이 다른 쪽을 압도해서가 아니라 동방의 중앙 계획 경제보다 우위에 있는 서방의 시장경제의 경제적 힘이라는 것은 분명하다. 지나고 나서 보니 그러한 중앙 계획 경제의 힘은 과대평가되었고, 그것들의 붕괴는 심지어 미제스의 비판자들조차도 그의 주장을 재평가하고 그가 옳았을 가능성을 받아들이도록 만들었다. 이것은 나아가 오스트리아학파의 명성을 전반적으로 더 높였다. 한때 미제스 및 오스트리아학파의 학자들이 분명히 틀렸다는 것이 일반적인 인식이었던 반면에, 중앙 계획 경제의 붕괴 후엔 오스트리아학파가 중앙 경제 계획의 문제점들에 대해 이전의 통념보다 더 많은 통찰력을 가졌다는 것이 많은 사람들에게 드러났다.

경제학의 오스트리아학파는 흔히 자유방임적 경제 정책의 지지와 관련되어 있고, 경제 계산에 대한 오스트리아학파 접근의 분석은 그 이유에 대한 몇몇 통찰력을 제공한다. 경제 계산을 가능하도록 해주는 지식은 분산적이며, 총합되는 것을 허용하지 않는 형태로 존재한다. 시장 기구는 모든 이러한 분산적인 지식을 굳이 그것들을 총합하지 않고서 조정하며, 더 나아가 그 지식은 어떠한 방식으로든 총합될 수도 없었다. 경제는 그 전체가 이해될 수 없는 복잡계이다. 그러나 그 시장 기구를 통해 조정된 분산화된 의사 결정을 통해 인간의 설계가 아니라 인간 행동의 결과인 '질서 있는 결과'를 만들어 낸다. 시장에 의한 자원 배분에 대한 오스트리아학파의 지지는 그 학파가 시장 과정을 이해하는 방식으로부터 나오는 것이다.

Chapter **4**

화폐, 은행 제도 및 경기 순환

오스트리아학파의 경기 순환 이론은 1912년 미제스의 『화폐와 신용 이론』에 그 기원을 찾으며 그것은 원래 독일어로 쓰여졌으나 1953년 영어로 번역되었다. 미제스의 '경기 순환 이론'은 화폐적 기초 위에 성립된 것이며, 경기 순환을 부분지불준비은행제도에 의해 야기된 화폐 공급 변동의 결과로 묘사한다. 미제스 이래로 오스트리아학파의 경기 순환 이론은 화폐 및 은행 제도와 밀접하게 관련되어 왔다.

미제스의 제자 하이에크는 1930년대에 그의 경기 순환 이론을 한층 더 발전시켰고, 그 이론을 설명하는 몇 권의 영문 서적들을 출판했기 때문에 하이에크는 그 이론의 발전 및 해설에 관한 공적을 많이 인정받을 만하다. 거시 경제 변동에 대한 1930년대 하이에크의 생각들은 케인즈(John Maynard Keynes)에 의해 개발된 거시 경제학적 생각들에 대한 가장 두드러진 대안이었다. 케인즈의 생각들은 하이에크의 생각들을 이겨 먹었으며, 1970년대까지 대부분의 경제학계에게 거시 경제학은 곧 '케인즈 경제학'이었다. 1970년대 들어 경제학자들이 케인즈의 분석틀에 큰 의문을 제기했고, 당시 지배적이던 케인즈의 패러다임에 대한 새 대안들이 대두되면서 오래된 대안들이 다시금 주목받게 되었다.

사회주의 계산 논쟁이 다시금 평가되었던 1990년대에 오스트리아학파가 새롭게 인식됨에 따라 거시 경제에 대한 오스트리아학파의 접근법 또한 주목을 더 받게 되었다. 이는 그것이 1990년대 및 2000년대의 거시 경제 사건들을 서술하고 있다고 보았기 때문이었다. 21세기 초 거시 경제 분석에 대한 가장 주목 받던 대안들은 케인즈의 분석틀, 1970년대 케인즈의 거시 경제학에 도전했던 통화주의자의 분석틀 그리고 21세기가 시작했을 때 지배적이었던 일반균형적 거시 경제 접근법이었다. 1990년대 후반의 주식 시장 거품과 2000년대부동산 거품은 이들 분석틀에 쉽게 들어맞지 않았다. 오스트리아학파의 접근은 여전히 경제 분석의 주류 밖에 놓여 있었지만, 그것은 현실의 거시 경제 사건들의 설명에 더 잘 들어맞는 것으로 보이기 시작했다.

4.1 화폐 공급 및 부분지불준비 은행제도

미제스(1912 [1953]) 속에 나타난 경기 변동에 대한 오스트리아학파 이론의 개요는 경기 순환의 원인인 부분지불준비 은행제도(fractional reserve banking) 하에서 발생하는 통화 공급의 팽창 및 수축을 '경기 순환의 원인'이라고 규명하는 것이다. 오스트리아학파의 경기 순환 이론은 의심할 바 없이 통화 이론이며, 그것은 다른 것들이 경제 변동의 원인일 수도 있을 가능성을 남겨 두고 있다. 미제스가 『화폐와 신용 이론』을 썼을 때 세계는 정부의 통화 유통량 제한을 뜻하는 금본위제를 채택하고 있었는데, 그것은 유통되는 통화량에 대한 정부의 통제권이 제약되어 있었다는 의미이다. 은행들은 부분지불준비 은행들이었는데(그것은 지금도 그러하다), 그것은 예치금의 일부만을 지불 보증금으로 보유하며 나머지는 대출을 한다는 의미이다. 부분지불준비제도를 가진 금본위제 하에서는 통화 공급을 뒷받침해 주는 금의 양이 변하지 않는다 할지라도 유통되는 화폐량은 은행이 지불준비금으로 보유하는 부분의 크기에 따라 변할 것이다.

만약 은행이 준비된 예치금을 100% 보유한다면 통화량은 주화로써 유통

중이거나 은행에 예치되어 있는 금화의 양과 같아질 것이다. 그러나 부분지불준비제도는 대개 하루에 자신의 돈 전부를 은행에서 인출하기 원하는 예탁자는 거의 없을 것이며, 평균적으로 보면 하루의 예치금은 하루의 인출금과 대략 같을 것이라는 생각 위에서 만들어진 것이다. 그러므로 은행은 예치금의 일부만을 지불 보증금으로 보유하고 나머지는 대부를 하여 이자를 벌 수 있다. 은행은 대부를 해줄 때 새로운 돈을 창조한다. 예컨대, 어떤 고객이 금화 100달러를 은행의 당좌 예금 계좌에 예금한다. 이 100달러는 그 개인이 지출 가능한 현금 잔고의 일부가 될 것이다. 이제 만약 은행이 그 예치금 중의 50달러를 차용자에게 대출해 준다면 원래의 예금자는 은행 잔고에 100달러를 가지고 있고, 차용자는 50달러를 가지게 되므로 화폐 공급은 50달러만큼 늘어난 것이다. 이런 식으로 예치금의 일부분만을 지불준비금으로 보유함으로써 부분지불준비 은행제도는 대출을 해줄 때 돈을 창조하는 것이다.

금본위제 하에서는 통화 공급을 뒷받침해 주는 금은 본원통화이며, 예시에서 보여 주듯이 본원통화는 공급되는 통화보다 적다. 통화 제도는 20세기 동안 상당히 변했고 그리하여 21세기까지 금본위제 국가는 하나도 없었으며, 국채 및 기타 금융 자산이 본원 통화의 양을 보충했다. 오늘날의 화폐 제도 속에서는 그 금융 자산들이 금본위제 하에 금이 수행했던 것과 같은 역할을 수행한다. 핵심적 차이는 사람들이 화폐 대신 금을 보유하려는 수요에 의해 본원통화가 결정되는 금본위제와는 대조적으로 정부가 교환의 매개물로서의 법정 불환 화폐(fiat money; 실물 자산으로 교환할 수 없는 돈)를 발행할 수 있을 때 정부가 본원통화에 대한 직접적 통제권을 갖는다는 점이다.

금본위제 하에서는 정부는 금의 확정된 가격에서 화폐를 금으로 혹은 금을 화폐로 교환해 줄 준비가 되어 있다. 예컨대, 미제스가 『화폐와 신용 이론』을 썼을 때 미국 정부는 금 가격을 1온스당 20.67달러로 설정했다. 사람들은 재무부에 1온스의 금을 갖다주고 20.67달러를 받거나, 재무부에 20.67달러를 갖다주고 금 1온스를 받을 수 있었다. 그래서 본원통화 내 금의 양은 시장의 수요와 공급의 힘에 의해 결정되었다.

금본위제 및 부분지불준비 은행제도에 대한 이러한 서술은 오스트리아학파에게 특유한 것이 아니다. 그것은 단지 오스트리아학파의 경기 순환 이론 이해에 대한 배경을 제공하는데, 그것은 부분지불준비 은행제도 하의 탄력적 통화의 효과들에 토대하고 있다. 그 이론은 부분지불준비 은행제도에 기인하는 화폐 공급의 확대 및 축소에 의존하고 있으며, 본원통화에서는 아무런 변화가 없더라도 화폐에 의해 유발된 경기 순환이 일어날 수 있음을 보여 준다.

4.2
경기 순환의 기본 이론

경제 전망이 긍정적으로 보이는 안정적 경제에서는 은행들은 그들이 빌려주는 화폐의 양을 늘리는 것이 유리하다고 여기게 될 것이다. 왜냐하면 은행의 이윤은 그들이 대출에서 얻는 이자에서 나오기 때문이다. 긍정적 전망이 있을 때는 은행들은 대출을 늘려도 무방하며, 경제 여건이 좋기 때문에 그것이 상환될 확률이 높다고 믿을 만한 근거가 있을 것이다.

본원통화의 규모가 주어져 있을 때 – 이를테면 미제스(1912)가 글을 쓰고 있었던 때의 화폐 제도인 금본위제 하에서는 – 은행에 의해 대출되는 화폐의 증가는 화폐 공급을 증가시킬 것이다. 대출할 수 있는 자금 공급의 증가는 이자율을 떨어뜨리며, 그 결과 기업으로서는 돈을 빌리는 것이 더 매력적인 것이 된다. 차입의 증가는 사업 확장 및 경제 팽창을 이끈다. 확장하는 기업들은 더 많은 노동자를 고용하게 되어 고용이 증가한다. 이것이 경기 순환의 '호황 단계'이다.

은행들이 그들의 대출을 늘리는 것이 문제가 없다고 느끼는 한 이자율은 낮게 유지되고 경제 팽창은 계속된다. 그러나 어느 지점에서 은행은 그들의 지불준비금을 더 줄이는 것이 안전하지 않다고 믿게 될 것이며, 그리하여 통화 팽창은 멈출 것이다. 대출해 줄 수 있는 자금의 공급이 더 이상 증가하지 못하면 통화 팽창으로 인해 끌어내려졌던 이자율이 상승하기 시작할 것이다. 기업들은 돈을 더 이상 쉽게 구할 수 없음을 깨달을 것이며, 그들이 호황기 동안에는 매력적인 것으로 여겼던 이자율 수준에서는 호황기 동안에 수익성이 있어 보였던 사업들이 더 이상 매력적으로 보이지 않을 것이다. 기업가적 모험은 늘 위험스럽고, 어떤 상황에서는 그들 중 일부는 보상을 받지 못한다. 그러나 통화 팽창의 종료로 인한 기업 상황의 변화는 더 많은 수의 사업들이 실패로 끝날 것임을 의미한다. 경제 호황은 끝날 것이다.

은행들은 그들의 대출을 줄임으로써 경제 상황 변화에 대응할 것이다. 대출이 상환 받지 못할 위험이 증가하는 것을 보면서 은행들은 예금자들의 수요를 충족하기 위해 지불준비금을 더 많이 보유하기를 원할 것이다. 대출의 감소는 부분지불준비 은행제도로 인해 통화 공급을 수축시킬 것이고, 대출 가능 자금의 공급을 줄이는 통화 수축은 이자율 상승을 야기할 것이다. 이자율이 상승함에 따라 한때 수익성이 있어 보였던 사업들이 점점 더 이상 그렇게 보이지 않을 것이다. 더 많은 투자 사업들이 종료되고 사업들이 위축됨에 따라 실업은 증가할 것이고, 경기 순환의 불황기가 시작될 것이다. 호황기 동안 시작된 많은 사업들이 이제는 더 이상 경제적으로 실현 가능성이 없어 보이는 점이 분명해졌다.

은행들이 자신들이 대출 자산을 충분히 줄여서 그들이 적절한 지불준비금을 보유하고 있다고 느끼는 때 통화 수축은 끝날 것이고, 이자율은 떨어지기 시작할 것이다. 시간이 흐르면 기업들은 수익성이 없는 그들의 투자를 정리할 것이며, 경제 수축은 끝날 것이다. 기업들은 더 튼튼한 기반 위에 서 있게 될 것이며, 아마도 침체기 동안에는 높은 이자율 때문에 잠재적으로 수익성이 있는 몇몇 투자들을 미루어 두었을 것이다. 경제가 되살아나고 사업들의 수익성이 더 높아질 때 그들은 다시금 투자에 관심을 갖게 되고, 경제가 더 굳건한 기반 위에 서게 되면 은행들은 대출을 해주려는 경향을 더 많이 가질 것이다. 그리하여 대출은 확대되고 대출할 수 있는 자금 공급의 증가는 이자율을 떨어뜨릴 것이고, 이는 차입을 더 조장한다. 경기가 바닥에 도달한 후 또 다른 호황을 이끌 통화 팽창의 조건들이 무르익는다. 순환은 스스로 반복되고, 경제의 팽창 및 수축은 부분지불준비 은행제도의 부산물인 통화 공급의 팽창 및 수축에 의해 발생한다. 이것이 오스트리아학파의 경기 순환 이론의 토대가 되는 기본 메커니즘이다.

4.3
경기 순환의 원인

오스트리아학파의 경기 순환 이론에 관한 이 간단한 개요는 경기 순환이 통화 공급의 변동에 의해 발생한다는 것을 보여 준다. 그 순환은 경제에 대해 완전히 내생적이다. 즉, 순환을 이끄는 외적 충격은 없다. 일단 순환이 시작되면 부분지불준비 은행제도 하에서 경제의 힘이 통화 공급의 팽창 및 수축을 야기하며, 대부자와 차입자가 변화하는 경제 여건에 반응함에 따라 주기적인 호황과 불황이 계속된다.

호황은 기업들이 수익성이 없음이 나중에 드러난 투자들을 하기 때문에 발생하고, 불황 동안 기업들은 수익성이 있는 사업을 계속할 수 있도록 그들의 자원들을 재배분한다. 그렇다면 호황기는 '잘못된 투자'(mal-investment) – 결국에는 수익성이 없다고 드러날 투자 – 로 특징지어지는 건강하지 못한 발전이고, 불황기는 투자자가 이전에 행한 '잘못된 투자'로부터 벗어나 자원을 다시 배분하는 회복이다. 경기 순환은 진탕 술을 마시고 나중에 숙취에 고통 받는 사람에 종종 비유된다. 그 술꾼은 술을 진탕 마실 동안에는 기분이 좋다고 느꼈을지 모르지만, 그 과음은 지나고 보면 필연적으로 숙취를 불러오는데 그것은 과도한 음주로부터 회복의 시작이다. 경기 순환 동안 호황은 좋은 경제 상황의 외관을 보여 주지만, 실제로는 그것이 잘못된 투자 위에 세워졌다는 것이며, 경기 순환의 불황 단계는 술꾼의 숙취처럼 호황 동안의 '잘못된 투자'의 불가피한 결과라는 것이다.

미제스(1912[1953])는 세계가 금본위제였을 때 기존 통화 제도들의 틀 속에서 그의 경기 순환 이론을 전개했고, 이 틀 아래에서 경기 순환은 본원통화가 변하지 않고 있을 때에도 발생한다는 것을 알 수 있다. 금본위제 하에서는 화폐 공급을 뒷받침해 주는 금의 양이 본원통화이며, 그리고 본원통화는 일정하게 유지될 수 있다는 위에서 본 이론 속에서는, 또 부분지불준비 은행제도 때문에 대부를 해주고자 하는 은행의 욕구가 커지고 줄어드는 것으로 인해 통화 공급은 팽창 및 수축할 것이다. 그들은 호황 동안에는 낙관적이고 조심성이 적어지고, 불황 동안에는 비관적이고 더 조심하게 되어 고정된 본원통화 하에서도 통화 공급을 팽창하게 만든 후 이를 수축하게 만든다.

20세기 동안 통화 제도들이 발전하면서 세계 경제는 금본위제를 중단했으며 중앙은행들은 이제 본원통화의 규모를 주무를 수 있다. 따라서 원래 전개된 이론에서는 부분지불준비 은행제도 하의 순전히 탄력적 통화량의 결과였던 팽창이 이제는 본원통화를 팽창하고 수축하는 중앙은행 때문에 나타날 수 있다. 은행들이 지불 보증을 위해 보유하는 예탁금 부분을 줄이지 않는다고 할지라도 중앙은행은 본원통화를 증대할 수 있는데, 이는 은행들이 예금에 대한 대출금의 비율을 고정적으로 유지하더라도 통화 공급이 팽창되도록 만든다. 정부들이 20세기 동안 본원통화에 대한 장악력을 점차 많이 갖게 됨에 따라 그들이 본원통화의 조작으로 인해 나타나는 통화 변동을 통해 경기 순환을 일으킬 수 있는 가능성 또한 더 많이 갖게 되었다.

4.4
왜 돈을 빌려주는 자들과 돈을 빌리는 자들은 이런 오류를 범하는가?

오스트리아학파의 경기 순환은 호황기 동안 과도하게 대출을 해주는 은행들과 나중에 수익성이 없다고 드러나는 사업들에 투자하기 위해 돈을 빌리는 기업들에 바탕을 두고 있다. 만약 오스트리아학파 경제학자들이 이것을 안다면 왜 차입자들과 대출을 해주는 자들은 이것을 분명히 알지 못하고 오류를 계속 범하는 것인가? 기업인들은 자신의 '잘못된 투자'의 대가를 종국적으로 감당하는 사람이기 때문에 그들은 그런 오류를 피하려는 큰 동기를 가질 것이라고 생각할 것이다.

시장의 대부 측면을 살펴보자. 경제가 호황일 때는 돈을 빌리는 자들은 자신들이 빌린 차입금을 상환할 가능성이 더 높을 것이며, 따라서 자신들의 수익성 유지를 바라는 은행들은 호황이 계속되는 한 대출을 더 많이 해주려는 동기를 가지고 있다. 확실히 은행들은 마침내 그들을 채무 불이행 상황 속에 빠지게 만들 대출을 해주는 것을 원하지 않지만, 은행 업무에는 전문가일지라도 다른 사업들에 관해서는 그만큼 아는 게 없는 은행가들이 성공 가능성이 최저인 투자들을 분간하기는 어려울 것이다. 결국, 은행들은 투자가 성공적일 것인가보다는 대출금을 갚을 수 있는 차입자를 얻는 것에 더 관심을 둔다. 물론 이 두 가지는 상호 관련되어 있을 것이지만, 완전히 그런 것은 아니다. 대출은 지불 능력이 가장 높은 차입자들에게 주어질 것이며, 차입자들이 자신들의 투자에 대한 전망이 과도하게 낙관적인가와는 관련이 없다.

더욱이 대부자들은 어떤 가상의 이상적 시장이 아닌 그들이 직면한 실제의 시장 여건을 다루어야 한다. 경제가 경기 순환의 호황기로 진입하고 있다고 한 은행이 일방적으로 결정할 수는 없을 것이며, 대출이 더 위험해졌다고 보인다면 은행은 대출을 해주지 않을 것이다. 만약 은행이 대출해 주는 것을 중단한다면 그것은 그들의 이윤 원천을 없애는 것이 될 것이다. 따라서 은행 관리층은 호황이 지속되지 않을 것임과 미래에 더 많은 대출들이 상환 불능 상태가 될 것임을 알지라도 은행은 더 조심하고자 노력은 하겠지만 사업을 유지하기 위해서는 여전히 대출을 해주어야 할 것이다. 확실히 호황의 최정점에서 은행들은 더 조심하게 되고 대부 확대를 중단하는데, 이것이 호황을 끝나게 한다.

이제 시장의 차입자들을 살펴보자. 위에서 주어진 경기 순환 이론의 기본 개요 속에서는 호황 단계 동안 기업들은 나중에 수익성이 없는 것으로 드러나는 '잘못된 투자'를 하며, 따라서 호황이 끝났을 때는 긴축을 해야 한다. 그러나 경제 상태와 상관없이 어떤 투자는 시간이 지난 후에 보니 수익성이 있는 것으로 나타나고, 다른 것들은 손실을 가져올 것이다. 이는 경기 순환의 어느 단계에서든 경기 순환이 있든 없든 간에 그러하다. 기업가, 차입자 및 대부자에게 요구되는 과제는 항상 어느 투자가 수익성이 있을지를 식별하려는 것이다. 이것은 기업가적 판단이 할 역할이지만 미래가 불확실하다는 것은 기업가적 판단이 늘 정확한 것은 아님을 의미한다.

경기 순환의 밑바탕에 있는 통화 팽창 및 통화 수축은 그러한 기업가들, 차입자들 및 대부자들에게 문제를 일으킨다. 왜냐하면 그것들이 시장 참여자들이 경제 활동에 대한 정보를 수집하기 위해 의존하는 가격 신호들을 왜곡하기 때문이다. 이 점에서 가장 중요한 가격은 이자율이지만, 다른 재화들의 가격들도 통화의 변동에 의해 영향을 받을 수 있다. 만약 어떤 기업가가 이자율은 낮고 경제는 팽창 중인 호황기 동안 투자를 고려하는 중이라면, 경제 여건들이 다른 때보다 더 유망해 보일 것이다.

호황 다음에 나타나는 침체는 시간이 지난 후에 보니 어느 투자가 지나치게 낙관적인 기대에 토대했었던가를 드러내는 경제 상태를 만들어 낸다. 앞 장들에서 강조했듯이 기업가적 혁신들은 모두 위험스러우며, 어떤 혁신이 수익성이 있을 것인가를 사전에 확신할 수 있는 방법은 없다. 경제의 미래 궤적은 완벽하게 예측될 수 없기 때문에 이 불확실성은 항상 투자의 특징이 된다. 그러나 경기 순환과 함께 오는 가격 및 이자율의 변동은 어떤 투자의 잠재적 수익성을 판단하는 것을 더 어렵게 만들고, 그 결과는 시간이 지난 후에 보면 수익성이 없다고 밝혀지는 투자들이 더 이루어진다는 것이다. 오스트리아학파의 경기 순환 이론은 투자가 이루어지고 난 뒤 시간이 지나고 보면 수익성이 없는 것으로 밝혀지는 투자들을 크게 강조하지만, 정보력이 부족한 가격 신호들로 인해 수익성이 있을 수도 있었지만 투자가 이루어지지 않은 투자들이 줄어들 가능성 또한 존재한다. 강조점은 전자 – 수익성이 없다고 드러난 잘못된 투자들 – 에 있다. 왜냐하면 그것들은 수익성이 없음이 시장에서 드러난 투자이기 때문이다. 수익성이 있을 수 있었으나 행해지지 않는 투자들은 시장에서 절대 드러나지 않으며, 만약 투자가 이루어지지 않는다면 그것이 정말 수익성이 있었는지 없었는지를 사후에 말할 방법은 없다.

오스트리아학파의 경기 순환 이론은 때때로 이런 이론을 개발한 경제학자들뿐 아니라 기업가들 또한 경제 상황을 이해하는 능력이 있어야 하며, 따라서 그 이론이 경제 현실을 묘사한다면 기업가들은 그들이 호황기에 행하는 투자들이 호황기 종료 이후에는 잘못된 것으로 드러날 것임을 예측하고서 그러한 나쁜 투자들을 하지 말아야 한다는 비판과 더불어 도전을 받아 왔다.

이 비판에 대한 대응은 오스트리아학파가 사회주의 계산 논쟁에서 자신들에 대한 비판자들에게 했었던 대응과 비슷하다. 경제란 경제의 어떠한 모형보다 더 복잡하다. 앞 장에서 경제는 전체가 다 이해될 수 없는 '복잡한 체계'로 묘사했으며, 따라서 경기 순환 이론이 통화 팽창의 결과로 잘못된 투자들이 더 자주 일어난다는 것을 가리키기는 하지만, 그 이론은 어느 투자들이 잘못된 투자인가를 규명하지는 않으며, 시장은 기업가들에게 어떤 투자들이 수익성이 없는 것으로 드러날지를 미리 분간할 수 있게 해줄 정보를 기업가들에게 제공하지는 않는다. 경기 순환 이론은 단지 순환 동안의 통화 변동이 시장 참여자들이 이용하는 가격 정보를 왜곡하기 때문에 보다 많은 투자들이 시간이 지나고 나고 보면 수익성이 없다고 드러날 것이라고 말할 뿐이나. 가격 신호들의 왜곡은 더 많은 오류들을 야기하지만 의사결정자들로 하여금 그들의 특정한 의사 결정 중 어느 것이 수익성이 없는 것으로 나타날 것인가를 알 수 있게 해주는 사전에 드러난 정보는 없다.

오스트리아학파의 경기 순환 이론은 세계경제가 금본위제였을 때 전개된 것이며, 순환은 본원적 통화 – 당시에는 통화 공급을 뒷받침하던 금의 양 – 가 변동하지 않을 때에도 나타났다. 중앙은행이 본원적 통화를 통제하는 21세기 경제에서는 중앙은행 당국자들에 의해 이루어진 정책 결정들로 인해 통화 공급이 팽창 혹은 수축될 수 있으며, 그 팽창 및 수축이 자신의 지불준비금을 내리거나 올리려는 은행들의 의사에 의해서만 일어나는 것이 아니다. 이것이 통화 변동을 예측하는 것을 본원통화 속의 금의 양이 통화 팽창량에 대한 한계를 설정하는 금본위제에서보다 훨씬 더 어렵게 만든다. 경기 순환 이론은 통화 팽창과 수축을 효과를 기술한다는 점에서는 여전히 유효하지만, 그 팽창과 수축은 본원통화에 대한 중앙은행의 통제에 의해 더 연장될 수도 있고 중앙은행의 행동들에 의해 단축될 수도 있다. 이것은 기업가들에게 또 다른 수준의 불확실성을 가중시키는 것인데, 왜냐하면 미래를 예측하려면 그들은 중앙은행의 행동을 예측해야 하기 때문이다. 가중된 이 불확실성은 미래의 경제 여건에 대해 잘못된 판단을 내릴 또 다른 기회를 준다.

4.5 자본의 구조

오스트리아학파의 경기 순환 이론이 다른 대부분의 거시 경제 변동 이론들과 구분되는 또 다른 요소는 그 이론이 '자본의 이질성'을 명시적으로 인식한다는 점이다. 경기 순환 동안 일어나는 '잘못된 투자들'은 단지 투자가 과잉 혹은 과소함의 결과가 아니라 '잘못된 유형의 투자'라는 것이다. 자본을 동질적인 것으로 다루는 거시 경제 모형은 오스트리아학파의 경기 변동 이론이 기술하는 '잘못된 유형의 투자'를 고려할 수 없다. 투자는 특정한 유형의 자본을 생산하기 위해 이루어지며, 그 자본은 그것이 사용될 수 있는 방식에 의해 제한 받는다. 예컨대, 컴퓨터는 트랙터에 대한 좋은 대체품이 아니며, 트랙터는 창고에 대한 좋은 대체품이 아니다. 오스트리아학파 외의 거의 모든 거시 경제 분석은 자본을 동질적인 총량으로 다루는데, 그것은 그 모형이 한 유형의 자본이 다른 유형에 비해 과잉 투자됨으로써 생기는 문제들이 나타날 수 없게 만든다.

이질적 자본은 오스트리아학파의 분석틀 속에 초기부터 죽 자리 잡고 있었다. 오스트리아학파의 시조 멩거(Carl Menger)의 제자인 뵘바베르크(Eugen Böhm-Bawerk, 1884, 1889, 1909[1959])는 자본의 구조 및 수행된 투자의 유형들에 대해 이자율이 미치는 효과를 이해하기 위한 분석틀을 개발했다. 뵘바베르크는 토지와 자본으로 시작하는 생산 구조를 기술했는데, 그것은 원초적 생산 수단으로서 나중에 다른 재화를 생산하는 데 사용될 수 있다. 그러한 생산 구조는 자본재의 생산에 의해 확장될 수 있는데, 그것은 그 후 최종적 재화의 생산을 위해 사용될 수 있다. 투자는 뵘바베르크의 용어를 사용하자면 '우회 생산 방식들'이 더 많이 일어나게 만든다.

이자율이 생산의 우회성에 대해 미치는 영향을 보기 위해 위스키를 생산하는 간단한 한 양조장의 예를 보자. 위스키가 더 오래될수록 소비자들은 그것에 더 높은 가치를 부여한다. 그러나 이러한 이유로 위스키를 더 오래 숙성시킬 동기는 있지만 위스키가 숙성되는 동안 그것은 판매되지 않고 남아 있는 것이며, 이자율은 위스키를 더 오래 숙성시키려는 데 드는 양조 비용을 반영한다. 예컨대, 이자율이 5%라면 위스키를 한 해 더 숙성시켜서 수익성 있는 것으로 되도록 하려면 판매 가격을 적어도 5%만큼 올리게 될 것이다. 5% 이자율에서 양조장은 지금 판매되는 위스키가 받을 수 있는 가격보다 그것이 한 해 더 오래 되었다는 것으로 인해 받을 수 있는 가격이 최소한 5%만큼 더 높다면 위스키를 계속 숙성시킬 것이다.

만약 이자율이 10%까지 오르면 양조장은 그 판매 가격이 지금 받을 수 있는 가격보다 10% 더 높을 경우에만 위스키를 한 해 더 보유하는 것이 수익성이 있다고 여길 것이다. 그 결과, 이자율이 5%에서 10%로 오른다면 위스키를 더 오랜 기간 보유하는 것의 수익성은 떨어지고, 그 결과 평균적으로 보면 팔리기 전 위스키를 보유하는 기간은 짧아진다. 가격들은 더 높은 이자율에서는 12년산 위스키는 8년산 위스키에 비해 그 비례에 따라 더 많이 팔리도록 조절될 것이다. 만약 이자율이 내려가면 12년산 위스키와 8년산 위스키의 가격은 더 근접해 갈 것이다. 위스키가 더 오래될수록 생산은 더 우회적인 것이 된다.

이 간단한 예는 더 복잡한 생산 과정들에도 적용된다. 자동차 제조의 우회 생산 과정을 생각해 보자. 생산의 초기 단계에서 철광석이 채굴되고 철을 생산하기 위해 제철소로 보내지는데, 그것은 그 후 자동차를 제조하기 위해 자동차 공장으로 간다. 자동차는 그 후 최종 구매자에게 판매되는 판매점으로 보내진다. 이 과정은 여러 시간에 걸쳐 발생하므로, 만약 이자율이 높다면 후기 단계들에 비해 생산의 초기 단계들을 수행하는 것의 비용이 더 들게 만든다. 높은 이자율에서 자동차 제조사는 철을 적게 쓰도록 설계할 동기를 가질 것이며, 아마도 공장에서의 최종 마감에 더 많은 투자를 할 것이며 심지어 소비자를 끌기 위해 더 멋진 판매점 건물에 투자할 것이다.

자동차 생산 과정을 얼마나 자동화할지 결정하는 것에서도 이와 유사한 결정이 나타난다. 제조사는 노동은 더 많이 그리고 기계는 더 적게 사용할 수 있으며, 나중에 생산 과정에서 노동을 대체하기 위해 기계류를 설치함으로써 더 많은 자동화로 우회 생산 과정을 만들 수 있다. 만약 그 투자가 수익성이 있다면 투자를 행하는 회사는 그 정도의 자동화 수준까지 가지 않은 다른 회사들에 대해 이점을 가질 것이다. 만약 그렇지 않다면 그 회사는 스스로를 불리함에 빠뜨릴 것이다. 더 많은 요인들이 우회성이 더 많은 생산 과정에 투자하는 것의 수익성에 영향을 미칠 것이다. 이자율이 그 하나이다. 통화 팽창은 나중에 수익성이 없는 것으로 판명될 더 우회적인 회사들이 생산 과정에 투자하도록 유혹할 수 있다.

이자율이 더 낮을수록 더 긴 생산 구조 – 뵘바베르크의 용어를 사용한다면 '더 우회적인 생산 과정' – 를 개발하는 것이 더 경제적이다. 더 높은 이자율은 생산 구조를 짧게 만들 동기를 창출한다. 이러한 생산 구조 개념은 자본이 이질적이라는 인식에 의존하고 있다. 오스트리아학파 바깥에서는 거시 경제 분석은 자본을 거의 늘 동질적 총량으로 묘사하며, 따라서 생산 구조를 혹은 그것이 어떻게 변화하는지를 분석하지 못한다.

4.6 생산과 경기 순환의 구조

오스트리아학파의 경기 순환 이론은 하이에크(1933[1966], 1935)가 자본의 이질성 때문에 나타날 수 있는 '잘못된 투자'를 강조하는 더 완벽한 설명을 발전시켰을 때에 두각을 나타내게 되었다. 순환의 팽창 단계 동안에는 이자율이 떨어지는데, 이것은 더 긴 생산 구조가 더 경제적인 것으로 보이게 만든다. 투자는 그러한 장기적인 자본 사업들을 지향하는 경향이 있지만, 팽창 단계가 끝날 때에 이자율은 상승하며 그 사업들 중 몇 개는 잘못된 투자들인 것으로 드러난다. 근본 문제는 너무 많은(또는 너무 적은) 투자가 이루어졌다는 것이 아니라 투자가 '잘못된 유형의 자본 사업들'에 대해 이루어졌다는 것이다. 수축기 동안 경제가 다시 적응할 때에 자본은 이질적이기 때문에 잘못 투자된 자본을 더 생산적인 용도로 다시 배분하는 것은 불가능할 것이다.

경기 순환의 불황기 동안에 드러난 문제점들은 투자자들이 잘못된 자본 유형에 투자하여 지속될 수 없는 생산 구조를 창출했던 순환의 호황기 동안에 만들어졌다. 오스트리아학파 이론의 이러한 특징은 다른 학파들의 생각과는 대조되며, 그것은 다른 학파의 생각들이 대공황(Great Depression)으로 이끈 불황 설명을 위해 사용해 왔던 다양한 해석들을 살펴봄으로써 예증될 수 있다.

로스버드(Rothbard, 1963)는 오스트리아학파의 접근법을 취하여 대공황의 원인을 1920년대 동안 일어난 잘못된 투자의 결과라고 묘사했다. 1920년대 동안의 통화 팽창은 미제스와 하이에크에 의해 묘사되었던 호황기를 초래했다. 대공황에 대한 케인즈학파의 설명은 총수요가 하락했다는 것인데, 그것은 1929년의 주식 시장 붕괴 이후 상당한 감소를 겪은 투자 수요의 변동에 주로 기인한 것이다. 통화주의자의 해석은 은행 제도의 문제 때문에 1929년 주식 시장 붕괴 후 통화 공급이 가파르게 줄었으며, 그러한 통화 수축이 훨씬 덜 심각한 불황일 수도 있었던 것을 대공황이 되도록 만들었다는 것이다.

오스트리아학파의 설명은 원인 요인을 순환의 상승기 동안에 일어난 잘못된 투자로 소급해서 추적하는 특징이 있다. 경기 순환을 초래하는 문제점들은 호황기 동안 발생하며 경기 침체란 회복 단계이고, 호르위츠(Horwitz, 2000, p. 82)가 지적하듯이 사람들이 그들의 자원을 지속 가능하지 않은 사용으로부터 빼내어 다시 배분하기 때문에 발생한다. 경기 하강의 원인으로서 잘못된 투자의 중요성은 자연스럽게 자본의 이질성을 인식하는 것이 중요함에 관심을 집중시킨다. 케인즈학파, 통화주의자 및 최근의 경기 순환의 일반 균형 모형들은 원인들이 침체기에 앞서 있은 '잘못된 투자'에 의해 만들어진 것으로 보지 않는데, 왜냐하면 이들은 자본의 이질성을 설명하지 않기 때문이다. 경기 순환에 관한 비(非)오스트리아학파의 관점은 호황이 일어나는 경제가 건강한 것으로 보는 반면에, 오스트리아학파는 침체를 호황 단계 동안의 '잘못된 투자'의 불가피한 결과로 본다.

경기 순환은 통화 공급의 변화 때문에 일어나는데 통화 공급의 변화는 상대가격들에게 영향을 주며, 특히 이자율에 영향을 준다. 투자자들은 왜 이러한 오도된 가격 신호들을 지각하지 못하는가라고 생각할지도 모른다. 그 이유는 개인들은 바탕이 되는 수요와 공급 조건이 변화하기 때문에 일어나는 가격 변동과 통화 요인 때문에 생기는 가격 변동을 분별해 내기에 좋은 위치에 있지 않다는 것이다. 이미 언급되었던 미래에 대한 필연적인 불확실성에 더하여 경제 진보가 발생함에 따라 사람들은 그들의 시간 선호를 바꿀 수도 있다. 소득 증가는 사람들로 하여금 어떤 소비를 나중으로 미루게 하고, 현재에는 저축은 더 많이 그리고 소비는 덜하도록 이끌 수 있다. 이것은 통화 요인들 때문에 야기된 변화들이라기보다는 선호의 실질적 변화의 결과로서 대출해 줄 수 있는 자금의 공급을 증가시키며 이자율을 낮추게 된다. 저축하는 사람들과 투자자들은 시장의 신호들에 반응할 수 있지만, 시간 선호의 변화 때문에 생기는 이자율의 변화와 통화 변동 때문에 나타난 변화들을 분별하는 좋은 방법을 모른다.

개리슨(Garrison, 2001)은 기술 진보 때문에 일어날 수도 있는 이자율의 변화를 논의한다. 만약 소비재 생산을 위한 새 기술이 개발되면 그 기술은 단기간의 투자가 장기에서 수익성이 있을 것으로 예상되는 제품을 생산하도록 요구할지도 모른다. 투자 수요의 증가는 단기에는 이자율 상승이 일어나게 하겠지만 기술이 마침내 작동되고 소비재를 전달하기까지 이 단기간은 수년이 될지도 모른다. 이자율은 대출해 줄 수 있는 자금의 수요와 공급의 함수이므로 이 예는 보다 큰 관점을 가진 예이다. 많은 요인들이 대출해 줄 수 있는 자금의 수요와 공급에 영향을 주며, 통화 팽창 및 수축이 대출해 줄 수 있는 자금의 공급에 주는 효과는 단지 한 요인이다. 기업가들은 물론 이자율 변동을 일으킨 화폐적 원인을 다른 원인들로부터 분별하고 가려내고자 하겠지만, 복잡한 경제 속에서 이것을 완벽하게 해낼 사람은 아무도 없다. 시장 참여자들은 현실의 시장 이자율을 볼 수 있지만, 그 비율을 현 단계 수준으로 만든 다양한 요인들의 중요성에 대해서는 단지 추측만 할 수 있을 뿐이다.

오스트리아학파의 경기 순환 이론의 핵심적 특징 양상은 그것이 통화 변동이 오도된 이자율 신호들을 일으키는 방식을 강조한다는 것이며, 그것은 투자자들로 하여금 잘못된 유형의 자본인 것으로 판명되는 것에 투자하도록 이끈다. 생산 구조는 이자율의 조작에 의해 왜곡되고, 이는 잘못된 투자를 이끈다. 경제 침체가 발생할 때 생산 구조와 관련된 문제들은 명백해지지만 자본은 이질적이기 때문에 경제의 한 영역에 잘못 투자된 자본은 적어도 어떤 비용 없이는 다른 영역으로 다시 배치될 수 없다. 굴착기를 조립 라인으로 혹은 철도 차량을 손 공구 세트로 바꿀 수는 없다. 생산 구조와 관련된 문제는 자본을 이질적인 것으로 기술하는 모형 속에서만 보여질 수 있다.

4.7
자본 스톡

경제의 모든 자본이 총합된 것이 자본 스톡이다. 자본은 이질적이기 때문에 한 경제가 어떤 분량의 자본을 가지고 있다고 하는 건 거의 말이 안 되는 이야기이다. 자본의 어떤 분량을 알아내기 위해 조립 라인, 창고 및 운송 차량을 어떻게 합산하겠는가? 조립 라인의 가치, 창고의 가치, 운송 차량의 가치 등을 합하여 자본 스톡의 가치를 합산할 수 있겠지만, 그러기 위해서는 자본 스톡의 각 구성 요소에 대해 화폐 가치가 계산될 필요가 있다. 자본 스톡의 가치는 시장경제에서는 대략적으로 계산될 수 있는데, 그것은 자본 시장이 자본에 가치를 부여하기 때문이다. 한 경제의 자본 스톡의 가치 총량은 그것이 상승하는지 혹은 하락하는지 그리고 얼마만큼 그러한지를 아는 데는 아마 좀 의미가 있을지 모르지만, 경제 계산에서 더 중요한 의미가 있는 것은 자본 스톡의 개별 구성 요소들의 가치이다.

투자재들은 흔히 회계 목적상 고정된 일정에 따라 감가상각이 되지만, 이것은 기껏해야 자본재의 경제적 가치에 대한 대략적인 어림짐작을 줄 뿐이다. 제1장과 제2장에서 투자재의 가치는 그것이 생산한 최종재의 가치에 의해 결정된다고 했음을 상기하라. 높은 시장 가격의 재화를 생산하는 공장은 매우 값나가는 자산이 될 것이지만, 그 반면에 사람들이 원하지 않는 재화를 생산하는 공장 – 아마 재화가 시대에 안 맞거나 유행이 지났기 때문에 – 은 거의 가치가 없다. 그 공장이 다른 어떤 재화를 생산하기 위해 새 사양을 갖춘다면 가치가 좀 있을지 모르지만, 만약 그것이 수요가 하락한 특정 재화만을 생산할 뿐이라면 가치가 없을 것이다.

자본재의 가치를 계산하는 것은 그 자본재로 생산될 최종재의 가치를 미리 안다면 비교적 단순한 것이지만, 자본재는 지속성이 있고, 이러한 계산을 위해서는 자본재의 물리적 수명뿐만 아니라 그것의 경제적 수명, 그리고 그 수명 동안 생산할 산출물의 가치를 추정하는 것이 필요하다. 자본재는 물리적으로는 좋은 상태이나 구식이 되고 쓸모가 없을 수도 있고, 그게 비록 쓸모가 좀 있다 하더라도 그것의 가치는 그것이 생산하는 최종재의 늘 불확실한 가치에 달려 있다. 만약 최종재의 시장 가치가 오른다면 더 값나가는 최종재를 생산하는 자본재의 가치도 오를 것이다. 만약 최종재의 시장 가치가 하락한다면 덜 값나가는 재화를 생산하는 자본재의 가치 또한 (아마 0까지) 떨어질 것이다. 이런 불확실성을 더 가중시키는 것은 하나의 재화를 생산하기 위해 배치된 자본재가 다른 재화의 생산에 사용될 수도 있으며, 따라서 그런 자본재는 특정 유형의 최종재의 미래 시장 가치에 크게 의존하지 않을 수도 있다는 점이다.

자본재는 내구적이므로 미래 경제 상황에 대한 불확실성은 자본재의 가치를 평가하는 것을 어렵게 한다. 이 불확실성이 시장경제에서는 자본 시장에서 처리된다. 자본은 최선의 판단을 사용하여 그것에 화폐 가치를 부여하는 구매자와 판매자에 의해 가치가 평가된다. 경제 지식은 분산적이어서 모든 개인이 특정 지식을 조금씩 가지고 있으며, 그 지식은 흔히 암묵적이다. 자본 시장에서는 투자자들은 그들이 가지고 있는 지식을 이용하여 구입될 수 있는 자본재를 평가한다. 물론 미래가 불확실하다는 점으로 인해 이 투자자들의 판단은 시간이 지나고 나서 보면 항상 정확한 것은 아니겠지만, 새로운 정보가 이용 가능해짐에 따라 자본 시장은 개인들이 그들이 가진 최선의 지식을 적용하여 과소평가되어 있다고 그들이 믿는 자본을 사며 그들이 가진 자본에 다른 사람들이 더 높은 가치를 부여할 때는 자본을 파는 것을 가능하게 해준다.

이것은 사람들이 회사의 전체 자본 스톡에 대한 전망을 재평가함에 따라 회사의 지분을 끊임없이 사고파는 주식 시장에서 가장 명료하게 일어난다. 좀 더 낮은 수준에서는 기업들은 그들 회사의 사업 부문들을 사고팔 수 있으며, 또한 개별 자본재들을 사고팔 수 있다. 그런 거래들은 항상 일어나고 이런 시장 거래들은 자본의 가치를 결정한다. 자본은 시장 과정을 통해 가치가 매겨진다.

그 과정이 작동하는 방식을 이해하는 것은 왜 자본 시장이 합리적 경제 계산에 필수적인지를, 또 왜 중앙 계획 기구(Central Planning Board)는 이와 같은 방식으로 작동될 수 없었는지를 분명하게 해준다. 자본의 가치를 평가하는 데 드는 지식은 분산되어 있고 그 시식은 흔히 암묵적이며, 특정한 자본 유형들에 대한 전망들에 대해 사람마다 다른 판단들을 내린다. 예컨대, 어떤 날에 한 사람이 주식 시장에 들어와 A주식을 팔아 B주식을 사는 반면에, 다른 사람은 B주식을 팔아 A주식을 사는 것이 쉽게 상상이 된다. 미래는 불확실하지만 첫 번째 사람은 B회사의 전망이 A회사보다 좋다고 보며, 그 반면에 두 번째 사람은 그 반대의 시각을 가지고 있다.

개개의 자본재들에 대해서도 같은 일이 일어난다. A회사는 중고 트럭이 20,000달러보다 더 가치가 있다고 여겨 B회사로부터 20,000달러에 그것을 사는 반면에, 그 트럭을 파는 회사는 20,000달러가 그 트럭보다 더 가치 있다고 믿는다. 물론 두 회사가 다 옳을 수 있는데, 왜냐하면 트럭의 가치가 한 회사에게는 다른 회사보다 더 높을 수도 있으며 두 회사가 다 거래에서 이득을 볼 수 있기 때문이다. 핵심은 자본재의 가치가 시장에 의해 결정된다는 것이다. 자본 시장은 시장 속 모든 사람에 의해 자본재에 부여되는 분산된 가치 평가들에 토대하여 자본의 가치가 평가되게 하는 방법을 제공한다.

앞 절이 가리켜 주듯이 자본재의 유형들마다 선호의 변화에 따라 혹은 통화 변동 때문에 가치 변동이 다르게 일어날 수 있다. 이자율의 상승은 생산 구조의 초기 단계에서의 자본재를 나중 단계에서의 자본재에 비해 더 가치가 있도록 만든다. 경제 분석에서 이러한 유형의 변화를 포착하기 위해서는 분석틀은 자본을 이질적인 것으로 나타내어야 한다. 이 장에서 지적한 대로 거시 경제 현상에 대한 오스트리아학파의 접근법을 다른 접근법으로부터 구분 짓는 한 특징은 오스트리아학파의 접근법이 자본을 이질적인 것으로 명시적으로 나타낸다는 것이다.

특정한 자본재에 가치를 부여하는 능력은 합리적 경제 계산을 위해 필수적이지만, 총 자본 스톡을 계량화하기 위해 개별 자본재의 가치들을 총합할 이유는 거의 없다. 자본 스톡의 감가상각보다 더 많이 투자하는 것이 어떤 식으로든 측정을 해보면 자본 스톡을 증가시킬 것이며 감가상각보다 적게 투자하는 것은 자본의 양을 낮추는 것처럼 표면상으로는 보일 수 있지만, 그러한 계산은 어떤 자본재의 가치는 상승되게 하고 다른 자본재의 가치는 하락되게 만드는 경제 속에 일어나는 많은 변화들을 무시하는 것이다. 라흐만(Lachmann, 1956)이 지적하듯이 자본 이론에서 정말 중요한 것은 자본량의 총합적 측정이 아니라 어느 특정 유형의 자본이 가장 수익성이 있으며, 어떻게 한 경제 속 이질적 자본이 가능한 한 수익성이 나도록 배분될 수 있는지에 대한 이해를 얻는 것이다.

경제 속 불확실성은 가장 가치를 주는 용도에 자본이 '효율적으로' 배분될 수 있다는 생각을 차단한다. 오히려 자본 소유자들은 자신들의 자본을 최대한 수익성 있게 사용하기를 추구하는데, 이것이 왜 자본 시장이 필수적이며 또 왜 자본이 이질적인 것으로 인식되어야 하는지에 대한 이유이다. 하이에크(1941)는 자본 이론의 쟁점들과 씨름을 했었고, 자신을 완전히 만족시키는 자본 이론에 도달하지 못했으며, 라흐만(1956)은 자신의 연구가 이질적 자본에 대한 하이에크적 분석틀을 확장하는 것으로 묘사했다. 르윈(Lewin, 1999)은 라흐만을 기초로 하여 애덤 스미스(Adam Smith)가 노동의 분업을 분석한 것과 아주 비슷하게 회사는 자본의 분업을 전문적으로 하는 것으로 본다.[1)] 자본을 동질적인 것으로 묘사하는 보다 단순한 분석틀에서는 자본을 이자율에 의해 결정되는 소득 흐름을 낳는 주식이라고(혹은 주어진 수입 흐름에 대해 이자율이 자본 스톡의 가치를 결정한다고) 묘사할지 모르지만, 자본의 이질성을 인식할 때에 자본에 대한 수익은 그것을 생산적으로 사용하는 소유자의 능력에 달려 있다. 자본은 그 자체로 수익을 낳지 않는다. 오히려 자본의 소유자들이 특정 용도에 그들의 자본을 사용할 때 자본은 그 생산성에 토대하여 수익을 얻는 것이다. 자본은 다른 방식들로 사용될 수 있으며, 따라서 자본에 대한 수익은 그것이 어떻게 사용되는가에 달려 있다.

1 르윈은 이질적 자본에 대한 라흐만의 분석 틀에 기초하여 상당한 연구를 수행해 왔다. 예컨대, 르윈과 펠란(Lewin and Phelan, 2000), 르윈과 배이티어(Lewin and Baetjer, 2011)를 보라.

4.8
경제 활동의 조정

시장 기구는 모든 사람의 경제 활동을 조정하는데, 그 조정은 시장의 균형을 잡아 줌으로써 현재 일어날 뿐 아니라 사람들로 하여금 실현될 가능성이 높은 계획을 세우도록 함으로써 미래에 대해서도 일어난다. 소비자들은 미래의 구매에 대한 기대로 소득의 일부를 오늘 저축할 수 있고, 투자자들은 미래에 판매될 수 있는 생산물의 생산에 대한 기대로 자본재에 오늘 투자할 수 있다. 미래의 계획을 세우는 것 속에 있는 명백한 불확실성에도 불구하고 시장 가격은 의사결정자들이 자신의 미래 계획이 실현될 수 있는지를 판단하는 데 사용할 수 있는 정보를 제공한다. 새 차, 휴가, 또는 주택 계약금을 위해 저축을 하고 있는 소비자들은 그들의 계획이 실현 가능한지를 판단하는 데 자신들의 미래 수입에 대한 그들의 기대와 더불어 현재의 가격들(그리고 아마 가격의 추세들)을 이용할 수 있다. 마찬가지로 투자자들은 현재의 투입 및 산출의 가격들을 가이드로 이용할 수 있으며, 기업가들은 그들이 오늘 세우는 계획이 미래에 확실히 실현될 수 있도록 미래에 대한 최선의 판단을 이용할 수 있다. 경제 균형에 대한 하이에크의 관점은 모든 사람의 계획들이 실현될 수 있을 때 그 경제는 균형이라는 것이다.

경기 순환의 호황기 동안에 기업가들은 수익성이 없는 것으로 나중에 드러나는 투자를 한다. 그들의 계획 중 일부는 실현될 수 없다. 앞서 지적했듯이 이러한 잘못된 투자는 경기 순환의 호황기뿐 아니라 항상 일어나는 것이지만, 가격 신호들이 왜곡되고 따라서 미래에 예측될 수 있는 것에 대해 믿을 만한 정보를 더 적게 주기 때문에 호황기 동안에 더 빈번히 일어난다. 경제 계획들의 조정은 무너지며 몇몇 사람들은 자신의 계획을 실현할 수 없다.

자신들의 계획을 실현하는 것을 촉진하는 한 방법은 그것들이 신축성을 갖도록 만드는 것이다. 만약 예상보다 미래의 수요가 적으면 기업가들은 사업을 축소하여 수익성을 유지하고, 만약 미래의 수요가 예상보다 많다면 사업 규모를 확장할 수 있도록 기업가들은 그들의 투자 계획들이 가변성을 갖도록 노력할 수 있다.

그들은 생산 및 제품의 여러 특성들을 확정하는 것을 미루어 경제 미래가 그 모습을 드러낼 때 그들 계획을 그것에 맞추도록 할 수 있다. 마찬가지로 소비자들은 경제 미래가 어떻게 전개되는지에 따라 정확하게 어디를 가고 얼마를 쓸 것인지에 대한 계획을 세우는 것을 미루면서 휴가를 위해 저축을 할지도 모른다. 신축성 있는 계획은 그런 계획이 실현될 가능성을 높인다. 그러나 어느 지점에서는 쉽게 되돌릴 수 없는 공약을 한다. 만약 경제 여건이 바뀐다면 가장 신축성 있는 계획들조차 실현될 수 없을 것이다.

제조업자가 제품에 대한 수요가 예상보다 적다는 것을 발견했을 때 제조업자는 생산을 늦출 것이며, 아마 일부 노동자를 해고하고 또 아마도 전체 시설을 폐쇄할 것이다. 잘못된 투자는 자본이 다른 어떤 곳에 투입되었더라면 더 좋았을 것임을 시사한다. (그러나 이를 확실하게 알 수 있는 사람은 없다. 스케이트보드 판매가 호황인 동안에 자전거 공장이 수요 부족 때문에 폐쇄되었다고 해서 이것이 자전거 공장이 스케이트보드를 생산하도록 변경되면 자전거를 계속 생산한 것보다 더 많은 이윤을 올렸을 것이라는 뜻은 아니다. 공장이 변경될 때까지 스케이트보드의 수요는 떨어지고 자전거의 수요는 상승해 있을지 모른다. 미래는 언제나 불확실하다.)

기업가들은 자신의 판단력을 사용하여 덜 활용된 자신의 자본이 어떻게 가장 효과적으로 투입될 것인지를 결정할 것이다. 예컨대, 스케이트보드 제조사는 지금은 폐쇄된 자전거 공장을 구매하기를 제안할지도 모르며, 이것이 좋은 움직임일지에 대한 지침으로 최종재 및 자본재의 시장 가격을 이용할지 모른다. 다시금 자본 시장이 경제 자원의 합리적 배분에 결정적인 것임이 분명하다. 자본을 다시 배치하는 데는 시간이 걸릴 것이다. 그동안에 사람들이 새롭게 드러난 경제 여건에 맞게 자신들의 계획을 맞추는 데 걸리는 시간으로 인해 경제는 생산성이 떨어질 것인데, 이는 그러한 여건들은 시간이 지나면서 나타나기 때문이다.

같은 시나리오가 노동자에 대해서도 펼쳐진다. 자전거 공장이 폐쇄된다면 거기서 일했던 사람들은 새로운 일자리를 구할 것이지만 구직 동안 그들은 실업자가 될 것이다. 취업에 대한 그들의 가정들에 토대하여 그들이 세웠던 계획들은 실업이 지속될 때에는 실현되지 못할 것이다. 자전거 공장이 문을 닫을 때 그러한 기술을 가진 노동자들을 원하는 스케이트보드 공장이 길 건너에서 문을 연다면 그 조정은 신속할 수 있다. 그러나 새로운 일자리들이 다른 기술을 요구하거나 새 일자리들이 실직한 직장으로부터 지리적으로 멀리 떨어진 장소에 있다면, 그 조정은 덜 신속할 것이다. 개인 계획들의 조정은 그때 교란될 것이고 조정이 진행되면서 경제는 침체에 빠질 수도 있다.

경제는 글자 그대로 전 세계 수십억 사람들의 경제 계획들을 조정하는 중요한 역할을 한다. 그렇지만 모든 사람들이 그들 나름의 개인적 계획들을 세우며, 따라서 그 계획 작성이 분산화되어 있음을 고려할 때 그 조정이 완벽할 수 없다는 점과 또한 미래는 본질적으로 불확실하므로 예측은 절대 완벽하지 않을 것이라는 점은 놀라운 일이 아니다. 개인 계획들의 조정을 틀어지게 만들 많은 일들이 일어날 수 있다. 그 하나가 이 장의 앞부분에서 강조되었던 오스트리아학파의 경기 순환을 낳는 통화의 변동이다.

4.9 슘페터 및 커즈너의 기업가 정신

슘페터(Joseph Schumpeter, 1934, 1947)는 기업가 정신이 경제에 미치는 효과를 '창조적 파괴'로 묘사했다. 어떤 경제가 균형 상태에 놓여 있고 어떤 기업가가 현 상태를 흔드는 혁신을 경제에 도입하는 것을 상상해 보자. 기존의 제품 및 사업은 낡아빠진 것일지 모르며, 혁신의 결과로 예상되는 새 제품과 사업을 지원하기 위해서는 자원이 다시 배치되어야 할 것이다. 기업가의 경제가 새로운 것을 그 자리에 창조함에 따라 옛 질서는 파괴된다. 커즈너(Israel Kirzner, 1973)는 기업가 정신을 다르게 묘사한다. 기업가는 이전에 주목 받지 못했던 이윤 기회들을 발견하고 그것들에 토대하여 행동하여 시장을 균형화한다. 커즈너(1973, p. 127)는 기업가 정신에 대한 그의 견해를 다음과 같이 말하면서 슘페터와 분명하게 대비시킨다.

> "슘페터에게 기업가는 시장을 균형의 수면 상태로부터 이탈되게 만드는 파괴적이고도 균형을 깨뜨리는 힘이다. 우리에게 기업가는 그 행동이 기존의 긴장들에 반응을 하고, 미활용된 기회들에 대해 절실히

필요한 교정 조치들을 제공하는 균형을 만드는 힘이다."

커즈너가 서술하듯이 슘페터의 기업가 정신은 시장을 균형에서 벗어나게 만든다. 커즈너의 기업가 정신은 그것이 균형을 이루도록 만든다.

그것들의 밑바탕에서 이 두 유형의 기업가 정신은 기업가들의 동일한 동기부여 및 행동을 묘사한다.[2] 두 경우 다 기업가들은 낮은 가격에 사고 높은 가격에 판매함으로써 그들이 인지한 이윤 기회에 따라 행동한다. 제2장이 지적했듯이 이윤을 실현하기 위한 길에 서 있는 두 가지 장애물은 생산 및 시간이다. 기업가들은 어느 한 시점에 투입물들을 구매하고 생산 과정에서 이것들을 조합한 다음, 그 산출물을 투입물들의 비용 이상으로 팔 수 있다고 믿는다.

슘페터 및 커즈너의 기업가 정신 사이의 구분은 경기 순환, 더 일반적으로 말하면 경제 활동의 조정에 어떤 통찰력을 준다. 슘페터의 기업가 정신은 예상치 못했던 혁신을 경제 속에 도입함으로써 개인 계획들의 조정을 교란하여 개인이 자신의 계획들을 실현하는 것을 더 어렵게 만든다. 커즈너가 서술하듯이 슘페터의 기업가들은 균형을 벗어나게 하는데, 왜냐하면 그들이 개인 계획들의 조정을 교란하기 때문이다. 균형을 벗어나는 것은 그것과 더불어 이윤 기회들을 가져오는데, 커즈너의 기업가들은 그것을 발견하고 그것에 따라 행동하여 경제를 새로운 균형으로 이끈다. 슘페터의 기업가들이 행동의 근거로 삼는 이윤 기회들은 개인 계획들의 조정을 방해하며, 커즈너의 기업가들이 행동의

2 커즈너는 사적 대화에서 기업가 정신에 두 가지 유형은 없으며, 그가 묘사한 기업가는 슘페터가 묘사한 것과 같다고 이야기했다. 그의 생각과 슘페터의 생각 사이의 강한 대조를 그리는 그의 책의 인용구에도 불구하고 이하의 내용은 그 대화와 부합한다.

근거로 삼은 이윤 기회들은 개인 계획들의 조정을 촉진한다.

그 구분은 다소 인위적인데, 왜냐하면 경제는 계속해서 진화하고 있으며 균형을 향해 가는 것이 아니기 때문이다. 두 유형의 기업가들은 경제의 궤적을 결정하는 결정들을 내리고 있다. 그러나 그 구분이 주는 약간의 통찰력이 있는데, 왜냐하면 그것이 사람들의 계획을 교란하는 행동과 사람들이 새 여건에 잘 적응되도록 돕는 행동을 구분하기 때문이다. 사람들의 계획들은 슘페터의 기업가들에 의해 교란되는데, 예컨대 그들이 생산하는 것에 대한 수요 감소 때문에 일자리를 잃는다. 커즈너의 기업가들은 이러한 개인들을 생산적으로 고용하고 유휴 자본을 생산적 용도로 돌리기 위한 기회들을 찾는다.

만약 슘페터의 기업가 정신에 의해 야기된 교란이 커즈너의 기업가 정신에 의해 자원이 생산적 용도로 다시 배치될 수 있는 것보다 더 빨리 일어난다면 한 활동으로부터 이탈한 자원은 그것이 경제의 다른 곳에서 용도를 찾기 전에는 유휴 상태로 남아 있으므로 실업은 증가하고 경제는 둔화될 수 있기 때문에 그 구분은 도움이 된다. 슘페터(1939)는 이것이 경기 순환의 원인이라고 규명한다. 창조적 파괴의 과정에서 커즈너의 기업가가 새로운 기회를 만들기 위해 대체된 자원들을 다시 배치할 수 있는 것보다 더 빠르게 기존 경제 활동들이 기업가적 혁신에 의해 파괴된다면 실업이 초래될 것이다. 기업가 정신은 사람들의 삶의 수준을 높이는 경제 진보를 만들어 내지만, 그것은 또한 일시적으로는 경제를 자원이 미활용된 상태로 남겨 놓을 수도 있다.

경기 순환에 대한 슘페터의 관점은 경제 진보와 경기 순환을 동일한 근본 원인을 가진 동일한 과정의 두 구성 요소로 인식한다. 경제 진보를 만들어 내는 동일한 기업가적 활동이 또한 일시적으로 계획들의 조정을 교란하여 경기 순환을 야기할 수도 있다.

기업가들은 자원의 배분을 교란하기도 – '슘페터의 기업가 정신' – 하며 자원 배분의 조정을 돕기도 – '커즈너의 기업가 정신' – 한다. 그것이 그 구분의 가치이다. 커즈너의 기업가 정신이 자원을 다시 배분할 수 있는 것보다 더 빠르게 슘페터의 기업가 정신이 경제를 교란할 때 실업 및 불황이 나타날 수 있다. 그러나 그 구분의 인위적 측면은 이 장의 앞부분에서 사용되었던 예시를 다시 언급함으로써 설명될 수 있다. 자전거에서 스케이트보드로의 수요 변화로 인해 자전거 공장이 문을 닫고 더 많은 스케이트보드를 생산하기 위해 스케이트보드 공장이 문을 열 때 스케이트보드를 생산하는 기업가는 자전거 제작에 종사하는 사람들의 활동을 교란하고 있으면서, 동시에 과거의 자전거 노동자들이 스케이트보드를 만드는 것을 시작할 수 있는 새로운 기회를 창출하고 있는 것이다. 동일한 기업가가 이제 스케이트보드를 더 많이 그리고 자전거는 더 적게 원하는 사람들의 계획을 조정하는 방향으로 나아간다면 자전거 제작의 일자리를 파괴하는 '슘페터의 기업가'인 동시에 스케이트보드를 제작하는 기회를 창출하는 '커즈너의 기업가'인 것이다.

4.10 인플레이션

경기 변동에 대한 대부분의 분석들은 물가를 총합적으로 살펴보고 물가 수준의 전반적 상승을 '인플레이션'이라고 분석한다. 오스트리아학파의 접근법은 물가의 총합적 수준보다는 개별 물가들의 변동들을 강조한다. 물가는 어떤 재화 및 서비스가 다른 것들에 대해 갖는 상대적 비용에 관한 정보를 전달하며, 통화량의 변화는 어떤 물가들에게는 더 빨리, 그리고 다른 물가들과는 다른 방식으로 영향을 준다. 따라서 인플레이션은 물가들이 정보 내용의 일부를 상실하도록 만드는데, 그것은 경제 자원의 효율적 배분을 방해한다. 오스트리아학파를 포함한 대부분의 경제학자들은 물가 수준의 전반적 상승은 화폐의 가치를 떨어뜨리므로 그것을 보유할 동기를 저해한다는 것을 인정하지만, 오스트리아학파는 인플레이션이 전반적 물가 수준의 변화에 주는 영향보다 상대적 물가에 주는 영향들을 그 더욱 강조한다.

미제스가 『화폐와 신용 이론』을 1912년 발표했을 때 정부들은 오늘날처럼 물가 수준에 관한 정보를 산정하고 발표하지 않았으며, 따라서 물가들의 총합적 수준의 변화에 대한 정보는 쉽게 이용할 수 없었다. 미제스가 인플레이션을 말했을 때 그는 물가의 총합적 수준의 변화가 아니라 통화량의 증가를 말하고 있었다. 이것이 그 당시 그 용어가 통상적으로 쓰이던 방식이었다. 경제학자들은 통화량의 변화와 총합적 물가 수준의 변화 사이에 밀접한 관련이 있음을 널리 인식하지만, 오스트리아학파의 학자들은 흔히 '인플레이션'이라는 용어를 물가의 상승보다는 '통화량의 상승'이라는 과거의 의미로 사용한다. 통화량의 변화가 어떤 물가에 대해서는 다른 물가에 미치는 것과는 다른 영향을 주며, 따라서 통화 공급의 인플레이션은, 비록 그 효과들이 물가 수준의 총합적 척도에서는 나타나지 않을지라도 실질적으로 영향을 줄 수 있음을 인식한다면, 그 용어를 이런 식으로 사용하는 것은 어느 정도 타당성이 있다.

4.11
자유은행제도

오스트리아학파의 경기 순환 이론은 처음 미제스와 하이에크에 의해 본원통화가 금으로 이루어진 금본위제를 염두에 두고 개발되었다. 비록 20세기에 전 세계의 통화 제도가 금본위제를 버리고 법정 불환 화폐로 갔지만 몇몇 오스트리아학파 사람들에 의해 이어진 한 연구 노선은 은행들이 자신들의 화폐를 발행하고 정부는 화폐 발행이나 본원통화의 결정에 아무런 역할을 하지 않는, 완전한 시장 주도적 화폐 제도를 분석하는 것이었다. 화이트(White, 1984)는 이러한 자유은행제도(free banking)가 영국에서 어떻게 작동했는지를 보여 주며, 화이트와 셀진(White and Selgin, 1987) 및 셀진(Selgin, 1988)은 이러한 생각의 토대를 더 깊이 서술한다.

사람들이 은행들이 발행하는 화폐에 가치를 부여하려면 은행들은 어떤 대가를 받고 그것을 태환해 준다는 것을 약속해야만 하며, 자유은행제도는 왜 은행들이 과도한 화폐 발행을 하지 않을 동기를 가지질 것인가를 보여 주는데, 그것은 자기네 은행들을 위험에 빠뜨릴 것이다. 자유은행제도는 통화 팽창과 수축을 통해 화폐에 대한 가변적인 수요를 충족하도록 허용할 것이며, 중앙은행 및 법정 불환 통화에 가득 찬 인플레이션 성향을 없앨 것이다.

자유은행에 관한 이러한 연구는 오스트리아학파의 토대가 되는 생각이라기보다는 시장 운영에 오스트리아학파의 생각을 응용하는 것이지만 흥미로운 생각들을 제공한다. 정부가 발행하는 법정 불환 통화의 세계에서는 사람들이 민간 은행들이 발행한 통화를 받아들일 것이라고 상상하는 것은 때로 어렵지만, 전 세계 상인들이 민간 회사들이 발행한 신용 카드들을 받아들인다는 것을 생각하면 사람들이 자유은행제도 하에서 비자 또는 마스터 카드 회사의 화폐를 그 회사의 신용 카드만큼이나 쉽게 받아들일 것으로 보는 것은 그리 어렵지 않다.

4.12 결론

거시 경제 활동에 관한 오스트리아학파의 접근 방법은 그것을 다른 생각의 학파들과 몇 가지 면에서 구별시켜 준다. 오스트리아학파가 '자본의 이질적 성질'을 강조하는 점은 그 학파의 거시 경제적 사고의 기초가 된다. 오스트리아학파의 경기 순환 이론은 경기 변동을 화폐적 교란의 결과로 묘사한다. 그 이론은 세계가 금본위제에 있을 때 개발되었으며, 그러한 교란은 부분지불준비 은행제도에 의해 야기된 통화의 팽창 및 수축의 결과였다. 중앙은행이 통화 공급을 통제하는 21세기에는 통화 교란은 더욱 중앙은행의 정책 결과일 가능성이 높으며, 그것들이 야기하는 화폐 교란은 훨씬 더 클 수 있는데, 왜냐하면 어느 때고 통화 팽창(그리고 수축)을 할 힘을 가지고 있는 중앙은행의 정책들을 예측하기가 어렵기 때문이다. 금본위제 하에서는 상대적으로 일정한 본원통화가 통화 팽창이 일어날 수 있는 정도를 제한하게 된다.

오스트리아학파의 경기 순환 이론은 '이질적 자본'의 토대 위에 서 있기 때문에 물가 – 특히 이자율 – 의 왜곡이 투자의 성격에 미치는 영향을 강조한다. 통화 팽창 동안 이자율이 떨어질 때는 과잉 투자에 대한 유혹이 있을 뿐만 아니라 왜곡된 신호는 '잘못된 유형의 투자'를 할 동기 또한 만들어 낸다. 시장 참여자들이 가격 신호들이 왜곡되어 있을지도 모른다는 것을 알아차릴지라도 그들은 왜곡되지 않은 가격 집합이 무엇인지 알 수 있는 좋은 방법이 없으며, 따라서 '잘못된 투자'가 경기 순환의 호황기 동안 발생한다. 사람들의 의사 결정의 바탕을 이루는 정보가 신뢰성이 떨어질 때는 더 많은 실수들이 있게 된다. 경제에 유익한 것으로 통상적으로 여겨지는 경제 호황은 경기 순환에 관한 오스트리아학파의 접근법에 의하면 덜 바람직한 것으로 여겨지는데, 왜냐하면 호황 동안의 잘못된 투자는 잘못 배분된 자원을 해소할 어떤 필연적 교정이 와야 함을 의미하기 때문이다. 동질적 자본을 가정하고 자본 스톡을 모든 자본의 양으로 총합하는 거시 경제학 접근법은 과잉 투자 또는 과소 투자를 묘사할 수 있지만, 오스트리아학파 이론의 핵심 부분인 '잘못된 투자'는 없는 것으로 가정해 버린다.

오스트리아학파의 경기 순환 이론은 그 이론에 부합되는 것으로 보이는 세기의 변환기 즈음의 사건들 때문에 21세기에 새로운 관심을 받고 있다. 상당한 양의 자원이 새로운 인터넷 사업들에 유입되었던 1990년대의 '닷컴'(dot-com) 버블은 잘못된 투자의 한 예로 보인다. 마찬가지로 2000년대 주택 버블은 또 다른 예로 보인다. 중앙은행에 의해 의도적으로 설계된 낮은 이자율은 주택을 상대적으로 매력적인 투자로 보이게 만들었으며, 그것은 주택 버블을 만들어 내어 그 거품이 터졌을 때 그 부문에 대한 과잉 투자를 드러내었다. 이런 예들에서 쟁점은 전반적으로 투자가 너무 많았다는 것이 아니라 나중에 이익이 없을 것으로 드러날 부분에 '과도한 투자'가 일어났다는 것이다.

투자의 이질성을 깨닫는 것은 중요한데, 왜냐하면 그것은 경제가 건강한 상태로 유지되고 고용되지 못하는 자원을 피하기 위해서는 올바른 투자가 이루어져야 함을 강조하기 때문이다. 자본의 합리적 배분은 자본재들에 대한 시장 가격을 설정하는 자본 시장이 있는 경우에 일어날 수 있을 뿐이다. 자본은 이질적이고도 내구적이며 자원의 효율적 배분을 위해 자본재는 가장 높은 가치를 갖는 용도에 배분되어야 한다. 그러나 이런 일은 기업가와 투자자가 자본의 가치를 알지 못한다면 일어날 수 없다. 미제스가 합리적 자원 배분을 위해서는 시장 가격이 꼭 필요함을 강조했던 사회주의 계산 논쟁에서 자본재에 대한 시장 가격은 미제스 주장의 핵심 요소였다.

오스트리아학파의 분석틀에서 모든 경제 행위자들의 계획들이 조정될 때 거시 경제는 안정되고 자원은 완전히 고용될 것이다. 시장경제의 핵심 기능은 사람들의 계획들을 조정하는 것이다. 사람들 계획들의 조정이 교란되고, 따라서 사람들 계획들이 상호 부합되지 않을 때 경제 활동을 재조정하도록 경제가 적응해 감에 따라 실업이 나타나게 된다. 거시 경제의 교란에 대한 오스트리아학파의 접근법은 그것들을 계획 조정의 실패로 묘사하며, 거시 경제 교란은 분석틀이 경제의 비총합적 성격을 반영하는 경우에만 이런 식으로 묘사될 수 있다. 예컨대, 거시 경제에 대한 케인즈의 접근법은 수요를 소비 수요, 투자 수요 및 정부 수요와 같은 총합된 형태로 나타낸다. 이런 식으로 총합을 함으로써 분석틀은 총합적 수요가 너무 높다거나 너무 낮다고 묘사할 수 있지만, 잘못된 투자를 초래하는 조정의 문제들이나 어떤 회사나 산업으로부터 다른 곳으로 수요가 변화함으로 인해 실업을 낳는 조정의 문제들을 나타내지는 못한다. 오늘날 거시 경제에 흔한 총수요-총공급 분석틀은 거시 경제학에 대한 오스트리아학파의 접근법에게 토대를 제공하는 이질성은 없다고 가정해 버린다.

오스트리아학파의 경기 순환 이론은 통화 교란으로 야기된 조정의 문제들을 강조한다. 이것은 모든 거시 경제 변동들이 통화 교란에서 발생한다는 것을 함의하지는 않는다. 슘페터는 기업가적 혁신에 의해 야기되는 교란을 강조했으며 다른 타당한 원인들도 있다. 오늘날의 거시 경제 이론은 교란을 경제에 대한 예상치 못한 충격인 것으로 모형화하는 경향이 있으며, 오스트리아학파의 분석틀에서는 예상하지 않은 충격은 그 근원이 무엇이었든 상관없이 예상하지 않았던 뭔가를 다루어야 한다는 점 때문에 계획들이 덜 조정되게 할 수 있음을 이해하기가 쉽다. 오스트리아학파의 이론은 경제를 안정시키기 위해 설계된 정책의 변동이 흔히 어떻게 경제를 안정에서 벗어나게 하고 있는가를 강조한다.

2002년에 시작된 불황 동안 중앙은행들은 경기 부양을 위해 이자율을 낮게 유지하려고 했으며, 당시 논평가들은 불황이 더 악화되는 것을 막는 하나는 건전한 주택 시장이라고 말했다. 2008년 주택 버블의 붕괴는 그 생각이 왜 잘못되었던가를 보여 주었다. 이것은 '이질적 자본'의 기초 위에 서 있는 거시 경제학에 대한 오스트리아학파의 접근법이 왜 거시 경제 현상의 이해에 상당한 통찰력을 줄 수 있는가에 대한 예를 제공한다.

Chapter **5**

오스트리아학파의 부활

오스트리아학파는 20세기 중반에 거의 사라졌지만 21세기에 들어 더 많은 주목을 받고 있는 중이다. 오스트리아학파는 그 기원을 멩거(Carl Menger)의 『경제학 원리』 출간에 두고 있다. 1930년대 동안에 두드러졌지만 1930년대 말 거의 사라지고 20세기 중반까지 오스트리아학파는 단지 미제스뿐이었다. 그의 제자들은 그 학파가 완전히 사라지는 않도록 막았으며 1970년대 중반까지 그 학파는 더 많은 추종자들을 끌어들였다. 오스트리아학파는 1989년 베를린 장벽이 무너지고 뒤이어 1991년 소련이 붕괴한 것으로 더 신뢰를 얻었는데, 이는 시장 없이는 합리적 경제 계산은 일어날 수 없다는 미제스의 주장을 받아들이지 않았던 학자들로 하여금 그것을 재검토하게 만들었다. 오스트리아학파는 다시 부각되었음에도 불구하고 학문 기관들 안에서는 여전히 소수로 남아 있다.

5.1 오스트리아학파의 부상

경제학은 기존의 정통적 이론에 도전한 세 권의 책 출판으로 선도된 주요한 혁명을 1870년대에 겪었다. '한계혁명'(marginal revolution)이라고 불리며 이 세 책들은 모두 그 당시 표준적 이론이던 가치의 생산비 이론에 대하여 시장 가격이 소비자들이 각 재화의 마지막 단위 – 한계단위 – 에 부여한 가치에 의해 결정되는 것으로 본 '가치의 효용 이론'으로 도전하였다. 제본스(William Stanley Jevons)는 1871년 『정치경제학 이론』을 출판했으며, 왈라스(Leon Walras)는 1874년

『순수 경제학의 원리』를, 멩거(Carl Menger)는 1871년 『경제학 원리』를 출판했다. 이들 중 어느 누구도 그들의 책이 출판되었을 당시 다른 저자들의 저술을 인지하지 못했다. 제본스는 영어로, 왈라스는 불어로, 그리고 멩거는 독일어로 글을 썼으며, 1950년대까지는 왈라스의 책도 멩거의 책도 영어로 번역되지 않았다. 한계혁명은 경제 이론에 주요한 변화를 가져왔고, 멩거의 책은 오스트리아학파의 시작이 되었다.

독일어권 경제학에서 멩거 사상에 대한 첫 번째 대안은 '독일 역사학파'로부터 나왔는데, 이들은 멩거 및 그 추종자들을 '오스트리아학파'라 불렀다. 이는 그 당시 독일어권 경제 사상의 주류를 대표했던 독일 역사학파의 사상과 멩거의 사상의 차이를 강조하기 위한 것이었다. 멩거의 생각들은 독일 역사학파 구성원들에 의해 공격 받았고, 멩거는 역사학파의 몇몇 저술에서 나타난 역사적 접근의 약점들을 주장하면서 반격을 했다. 멩거의 생각들은 독일 역사학파와 충돌을 빚었지만 경제학 사고의 주류는 독일 외부에서 전개되고 있었기 때문에 그것들은 경제학 사고의 주류 안으로 순조롭게 들어오게 되었다. 멩거는 빈에서 정치경제학 회장으로 임명되었고, 그의 제자들은 오스트리아학파를 계속 발전시켰다. 비저(Friedrich von Wieser)는 멩거의 사상을 발전시켰으며, 1903년 멩거가 정치경제학 회장직에서 물러났을 때 멩거의 회장직을 이었다. 멩거를 뒤이어 특히 그의 자본 이론의 발전에 기여한 멩거의 또 다른 제자인 뵘바베르크(Eugen Böhm-Bawerk) 역시 빈의 주요 인물이었다. 오스트리아학파는 1900년 미제스가 빈 대학에 입학했던 1900년에는 이미 잘 확립되어 있었으며, 거기서 그는 뵘바베르크의 강의를 수강했고 멩거의 연구에 크게 영향을 받았다. 오스트리아학파의 선명한 정체성은 멩거와 함께 시작되었지만, 분명히 미제스에게도 적어도 그만큼은 빚지고 있다.

미제스는 1909년부터 1934년까지 빈 상공회의소(Vienna Chamber of Commerce)의 비서관으로 고용되었지만, 상공회의소 재직 동안 빈 대학에서 가르치기도 했다. 그의 첫 번째 책 『화폐와 신용 이론』이 1912년 출판되어 그 당시 선도적인 화폐 이론가의 한 사람으로서 명성을 확립했고, 제4장에서 지적했듯이 오스트리아학파의 경기 변동 이론에 대한 기초를 놓았다. 그러나 제3장에서 기술되었듯이 미제스는 시장 가격 없는 합리적 경제 계획의 불가능성에 관한 그의 논문을 1919년 발표한 뒤 곧 『사회주의』를 1922년 발표했는데 경제학계에 남아 있는 그의 명성은 사회주의 계산 논쟁과 연관되어 있다. 그 논쟁에서 미제스의 가장 눈에 띄는 지지자는 그의 제자 하이에크(Friedrich Hayek)였다.[1)]

하이에크는 빈에서 태어났으며 1920년대 초 빈 대학에서 법학 및 정치학 박사 학위를 받았다. 1927년에 하이에크는 미제스와 함께 오스트리아 경제연구소(Austrian Institute of Economic Research)를 설립했는데, 1931년 하이에크는 런던 경제대학(London School of Economics)으로 옮겨서 제4장에서 서술되었던 경기 변동에 관해 그의 연구를 이어갔다.

1930년대 동안 하이에크는 그의 경기 순환 이론의 전개로 가장 널리 알려졌으며, 세계가 1930년대의 대공황 속에서 침체되었을 때 그의 경기 순환 이론은 거시 경제에 관한 케인스의 생각에 대해 가장 두드러진 대안이 되었다. 그러나 경제학계의 시각에서는 케인즈의 생각이 이겼고 케인즈의 경제학이 1970년대 동안의 거시 경제학이 되었다. 케인즈 거시 경제학의 우세는 오스트

1 미제스와 하이에크 및 오스트리아학파에 대한 더 자세한 논의에 대해서는 홀콤(Holcombe, 1999)을 보라.

리아학파의 경기 순환 이론을 경제사상사 속 한 에피소드로 격하시켰고 오스트리아학파의 명성은 사라졌다.

하이에크(1949)는 시장의 작동에 관한 오스트리아학파의 사상을 이해하는 데 좋은 토대를 주는 논문들을 수집하고서, 합리적 경제 계획은 시장 및 시장가격을 필요로 한다는 미제스의 주장을 지지한다. 아마도 그것들 중 가장 탁월한 것은 그의 1945년 논문 "사회에서의 지식의 활용"(The use of knowledge in society)이며, 그 생각이 제2장의 지식의 논의에 대한 토대를 제공했다. 1940년대에 들어가면 미제스와 하이에크는 합리적 경제 계산은 중앙 경제 계획을 통해서는 불가능하다는 생각을 계속 옹호한 두 주요 지식인들이었다. 하이에크의 아주 저명한 책 『노예의 길』(1944)은 오스트리아학파의 생각들을 중앙경제계획에 대한 비판과 한층 더 연결시켰다. 하이에크에 따르면 사회주의는 노예로 가는 길이다.

오스트리아학파는 1930년대 동안 경제학 사고들의 주류 안에 잘 자리잡고 있었으나, 1940년대에 그 명성이 급속히 퇴색했다. 1930년대 동안 오스트리아학파는 경기 순환에 대한 생각들로, 또 합리적 경제 계산은 사회주의 하에서는 불가능하다는 그들의 지도자인 미제스 및 하이에크의 주장들로 가장 잘 알려졌다. 케인즈의 거시 경제학의 급속한 부상으로 인해 오스트리아학파의 경기 순환 이론은 주류에 의해 더 이상 진지하게 고려되지 않았고, 사회주의 계산 논쟁에 관한 일치된 생각은 오스트리아학파가 패배했다는 것이었다. 20세기 중반까지 오스트리아학파와 가장 눈에 띄게 관련되는 생각들은 대부분의 경제학자들 눈에는 오늘날의 경제학과는 관련성이 없는 것처럼 보였다.

5.2
20세기 중반 오스트리아학파의 휴면기

미제스와 하이에크는 둘 다 20세기 중반에 미국으로 이주했다. 하이에크는 1950년 시카고 대학에서 자리를 잡았고, 그의 연구는 점점 사회철학, 법 및 헌법 문제로 향했으며 20세기 초반에 오스트리아학파를 특징짓던 주제들을 떠나갔다.

하이에크의 작업은 통찰력이 있었으며 오스트리아학파의 생각들과 부합하였으나(예컨대, Hayek, 1960, 1973, 1976, 1979) 오스트리아 경제학의 범위를 넘어섰다. 하이에크의 연구가 점차 경제학의 핵심 논제들에서 벗어남에 따라 20세기 중반까지 오스트리아학파는 미제스라는 한 개인으로 좁혀졌다고 말하는 것도 별 과장이 아니다.

미제스는 1940년에 뉴욕으로 이주했고 1945년 뉴욕 대학에서 방문 교수로 가르치기 시작했다. 그는 그의 가장 유명한 책인 『인간 행동』을 1949년에 출판했다. '경제학에 관한 연구서'(A Treatise on Economics)가 부제로 되어 있는 이 책은 첫 번째 원리들로부터 출발하여 경제학의 전체 체제(이것이 미제스가 이 학문을 이해하는 방식이다)에 대한 기초들을 전개한다는 의미에서 연구서(treatise)가 되기를 의도한 것이다. 『인간 행동』에서 미제스는 합리적 경제 계산이 중앙 경제계획 밑에서 일어날 수 없다는 그의 주장을 뒷받침하는 생각들을 전개했지만, 이 책은 그 생각을 증진하기 위해 혹은 사회주의 계산 논쟁을 더 하기 위해 쓰인 것이 아니었다. 오히려 그런 생각들은 미제스가 경제학 원리들을 제시함에 따라 그것들로부터 자연스럽게 전개되어 나왔다. 미제스는 뉴욕 대학의 그의 세미나들에서 오스트리아학파의 생각들을 유지했다.

미제스는 사회주의 하의 합리적 경제 계획이 불가능하다는 주장을 계속 견지했는데, 그 생각이 20세기 후반 미제스와 오스트리아학파를 정의해 줄 정도로 그 주장에 충실했다. 저명한 경제학자들 중에서는 미제스와 하이에크만이 그 입장을 계속해서 주장하는 두 사람이었다. 자유시장의 다른 저명한 지지자들은 – 밀턴 프리드먼(Milton Friedman)이 좋은 예이다 – 시장이 일반적으로 정부보다 자원을 더 잘 배분한다고 주장하지만, 이것은 중앙 경제 계획이 효과가 없다고 말하는 것과는 아주 다른 주장이다. 미제스와 오스트리아학파의 명성은 그런 견해와 관련된 것으로 인해 어려움을 겪었다. 대학의 경제학자들은 대부분 그 논쟁이 1930년대에 해결되었으며 미제스가 논쟁에서 패했다고 말할 것이다. 한편, 중앙 계획을 갖춘 소련은 초강대국으로 찬양되었으며, 경제학자들 사이의 합의는 경제 성장은 서방의 시장경제에서보다 소련에서 더 컸으며, 그러한 더 큰 성장이 자원이 시장의 불확실성에 맡겨지기보다는 선문가들에 의해 배분될 수 있는 중앙 계획의 산물이라는 것이다. 중앙 경제 계획은 작동할 수 없다는 미제스의 주장에 대한 한 대응은 비판자들이 소련을 가리키고는 "봐, 그게 작동되고 있고 자본주의보다 더 잘 작동된다고!"라고 말하는 것이었다.

오스트리아학파를 사회주의 계산 논쟁과 연관하는 것이 그 학파에 불공정한 것은 아니었다. 경제 계산에 관한 오스트리아학파의 생각들, 시장 참여자들의 분산된 지식을 시장 기구가 조정하는 방식, 그리고 자본 시장 및 기업가 정신의 결정적 역할은 모두 그 논쟁 속에서 오스트리아학파의 주장을 전개하는 과정에서 발전되고 정교화되었다. 그러나 경제학계 주류 대부분의 시각에 따르면 중앙 경제 계획에 관한 오스트리아학파의 결론이 근거하고 있는 경제적 분석틀이 틀린 것으로 인식하고 있다. 만약 어떤 학파의 생각이 틀린 결론을 초래하는 것이 분명하다면 그 학파의 사상을 연구할 이유는 거의 없었다.

따라서 오스트리아학파는 거의 휴면 상태가 되었고 미제스와 그의 제자들로 좁혀졌다. 미제스는 1969년 강의에서 은퇴하였고, 경제학계 대부분이 미제스가 여전히 잘못된 생각에 매달려 있다고 믿고 있는 상태에서 1973년 세상을 떠났다. 만약 미제스가 1960년대 동안 그의 사상을 계속해서 진전시키고 그의 세미나에서 가르치지 않았더라면 오스트리아학파가 오늘날 경제학사 속 하나의 토픽거리 이상의 그 무엇이 될 수 있을 것인가를 진지하게 질문해야 한다.

5.3
오스트리아학파의 부활

1950년까지 오스트리아 경제학파는 미제스로 좁혀졌고, 학파의 부활은 미제스의 제자들과 함께 뉴욕 대학에서 출발했다. 미제스의 가장 저명한 두 제자, 그리고 학파의 부활에 가장 책임 있는 두 사람은 커즈너(Israel Kirzner)와 로스버드(Murray Rothbard)였다. 그들은 둘 다 대학의 경제학자였고 학파의 부활에 대해 많은 면에서 공로를 인정받을 만하다. 첫째, 오스트리아학파 전통 속에서 연구하는 경제학자로서 그들의 연구는 주류 밖에 있었으며 그들이 옳다고 믿었던 생각들을 밀어붙이기 위해서는 상당한 열성을 요구했었지만, 그들은 학계 대부분이 그들의 사상을 받아들이기 어려울 것임을 알고 있었다. 둘째, 그들은 오스트리아학파의 생각들을 전파하는 데 있어서 기업가였고 그 학파가 현재와 연관성을 갖도록 되돌리는 데 성공했다.

커즈너는 1957년 뉴욕 대학에서 박사 학위를 받았으며, 거기서 그는 미제스 밑에서 수학하였고, 기업가 정신에 대한 그의 연구로 잘 알려져 있는데, 그것은 그가 『경쟁과 기업가 정신』을 발표했던 1973년의 경제 분석에서는 기껏 하나의 사후보충적 생각에 불과했었다. 그는 2001년 은퇴할 때까지 뉴욕 대학에 교수로 남아 있었다. 그는 뉴욕 대학에 있는 동안 오스트리아학파 경제학의 프로그램을 설립했고 그 프로그램을 위한 교수들을 몇 명 더 채용하는 것을 주관했으며, 오스트리아학파 전통을 연구하는 많은 박사 과정 학생들을 지도했다.

로스버드는 1956년 컬럼비아 대학에서 경제학 박사 학위를 취득하기는 했으나, 미제스의 뉴욕 대학 세미나에서 미제스의 학생이었으며 자칭 미제스의 제자였다. 로스버드는 아주 많은 저술을 남겼지만 그중 강조할 가치가 있는 하나는 미제스의 『인간 행동』 속 생각들을 설명하기 위한 프로젝트로서 시작한 그의 『인간, 경제, 그리고 국가』(1962, 2004)이지만, 그것은 결국엔 오스트리아학파의 전통으로 쓴 경제학의 주요 논문의 하나가 되었다. 자신의 연구가 학문적 경제학의 범주 안에 머물러 있는 미제스의 또 다른 자칭 제자인 커즈너와는 달리, 로스버드의 저술은 훨씬 더 광범위했다. 그의 광범위한 학문적 저술은 역사, 철학, 정치 및 공공 정책에 걸쳐 있었다. 그는 학문적 청중 외에 일반 대중의 청중을 위해서도 글을 썼다. 또한 그는 그의 자유지상주의적(libertarian) 정치 견해를 전개하는 것으로도 유명했다.

미제스와 하이에크가 미국으로 이주함에 따라 오스트리아 경제학의 전통 역시 미국으로 옮겨 갔으며, 1950년대 오스트리아학파는 한 사람 곧 미제스로 좁혀짐에 따라 그의 제자인 커즈너와 로스버드가 그 학파의 부활을 시작하는 데 가장 도움이 된 두 인물들이었다고 본(Vaughn, 1994)은 지적한다. 출판된 그들의 연구는 오스트리아 전통의 경제학에 대한 충분한 관심을 불러일으켰기 때문에 그들은 대학원생들 또는 젊은 교수진들과 같은 보다 젊은 경제학자들의 추종을 진전시켜 나갔다. 젊은 학자들 사이의 이런 관심이 오스트리아학파의 부활을 더 몰아갔다.

커즈너와 로스버드는 라흐만(Ludwig Lachmann)과 함께 1974년 버몬트(Vermont)주의 사우스 로열톤(South Royalton)에서 개최된 오스트리아학파 경제학 회의 교수 역할을 담당했다. 연사들을 포함해 47명이 참석한 사우스 로열톤 회의는 흔히 오스트리아학파 부활의 중요한 전환점으로 언급되어 왔고, 그것은 타당한 이유가 있다. 오스트리아학파의 다음 세대를 구성했던 많은 학자들이 참석했다. 그 학술 회의는 많은 학술 회의들 중 주로 대학원생을 대상으로 했던 첫 학술 대회였으며 오스트리아학파의 생각들을 진전시키기 위해 설계되었다. 돌란(Dolan, 1976)은 그 회의에서 커즈너, 로스버드 및 라흐만의 강의들을 담은 책을 편집했다.[2)]

1980년대로 들어서면서 세 대학이 학생들이 오스트리아학파의 경제학에 중점을 두는 것을 추구할 수 있도록 허용하는 박사 과정 프로그램을 제공했다. 커즈너가 이끄는 뉴욕 대학의 프로그램 외에도 조지 메이슨 대학(George Mason

---

2 본(Karen Vaughn, 1994, pp. 103-11)은 사우스 로열톤 회의에 참석했었고, 그 발표 논문집에 대한 설명을 하고 있다.

University)은 1980년에 시장 과정 센터(Center for Market Processes)를 설립하였고, 그 대학원 프로그램을 가르치기 위해 많은 오스트리아학파 정향의 경제학자들을 영입했다. 그리고 오번 대학(Auburn University)은 오스트리아학파에 중점을 둔 박사 과정을 개설했다. 오번 대학의 프로그램은 미제스 연구소(Mises Institute)와 관련되어 있는데, 그것은 1982년 오번에 설립되었다. 이러한 프로그램들은 교수직으로 나아간 박사 학위 소지자들을 배출했는데, 그들은 거기서 오스트리아학파의 생각들을 학생들에게 전했으며 오스트리아학파의 전통으로 학문적 연구에 적합한 환경을 제공했다. 1970년대 및 1980년대 동안 오스트리아학파의 부활은 상당한 모멘트를 획득했다.

21세기에까지 번성해 갔던 유일한 오스트리아학파 프로그램은 조지 메이슨 대학의 프로그램인데, 그것은 21세기 초엽 오스트리아학파의 학문적 중심이다. 2001년 커즈너가 은퇴함에 따라 뉴욕 대학의 오스트리아학파 프로그램은, 비록 그 대학이 분명 오스트리아학파의 두 명의 잘 알려진 학자인 리조(Mario Rizzo)와 하퍼(David Harper)를 교수로 두고 있지만(2013년 현재), 그 중요성이 약화되었다. 오번에서의 박사 과정 프로그램은 대학 수준에서의 지원을 상실했고, 그 프로그램의 중요한 참여자였던 미제스 연구소(Mises Institute)는 캠퍼스 외부로 이전하였으며 이제 더 이상 대학 소속이 아니다. 미제스 연구소 자체는 잘 구축되어 있으며 오스트리아학파를 장려하는 학술 대회 및 학생 프로그램을 제공하지만, 더 이상 어떤 대학과 관련을 맺고 있지 않으며 학위 프로그램을 제공하지 않는다.[3] 로스버드는 오번 대학의 교수였던 적이 없었지만 1995

3 오스트리아학파의 사상에 관심이 있는 사람들은 미제스 연구소의 웹 사이트 http://www.mises.org에서 풍부한 정보를 찾을 수 있다. 그 웹 사이트는 오스트리아학파의 고전적 저작들을 포함하여 많은 오스트리아학파 전통의

년 그의 사망 때까지 미제스 연구소와 밀접하게 관련을 맺고 있었다.

오스트리아학파의 명성은 1989년 베를린 장벽의 붕괴 및 1991년 소련의 해체 이후 1990년대에 크게 올라갔다. 냉전 기간 동안에는 전략적인 정치적 계산이 조금만 잘못 되어도 무력 전쟁(hot war)을 일으켜 결국 파괴적인 대규모 핵을 주고받는 것으로 귀결될지 모른다는 두려움이 있었다. 정말로 냉전이 어떻게 끝날지 예견하기는 어려웠다. 알고 보니 냉전의 종식은 양측의 군사력이 아니라 동방의 중앙 계획 경제에 대한 서방의 자본주의 경제의 우월성에 의해 결정되었다. 1980년대에 들어서도 미국 및 여타 지역의 명망 있는 경제학자들은 합리적인 경제 계획은 시장경제를 필요로 한다고 미제스가 평생 동안 해온 주장과는 반대로, 중앙 계획의 장점을 칭송하고 있었고 소련 경제가 미국 경제를 따라잡을 것이라고 예측했었다. 결국, 개혁 요구를 이끈 사람들은 자본주의 경제 속 사람들이 얼마나 더 잘사는가를 볼 수 있었던 그러한 중앙 계획 경제 속 시민들이었다.

그런 중앙 계획 경제들의 붕괴는 그것들이 중앙 계획 경제로부터 시장으로 돌아섬에 따라 경제학자들로 하여금 미제스 및 오스트리아학파의 생각들을 재평가하게 만들었으며, 결국 미제스가 옳았을지도 모른다고 인정하지 않을 수 없게 만들었다. 20세기 후반에 여러 면에서 오스트리아학파를 특징지었던 사회주의 계산 논쟁은 오스트리아학파가 기각되었던 이유로부터 사람들이 그 학파의 생각들을 자세히 검토해야 할 이유로 급히 바뀌었다. 21세기 초반, 오스트리아학파는 경제학적 생각들의 주류 밖에 머물러 있지만, 그것은 분명

책을 가지고 있으며, 또 자유주의적 정치 정향을 가진 상당한 분량의 자료들을 가지고 있다. 그것은 학생, 교수 및 일반 대중을 대상으로 한 많은 프로그램 및 세미나들을 제공한다.

어느 정도 인정을 받고 있으며 금융 관련 언론에서도 어느 정도 주목을 받고 있다.

5.4 오스트리아 경제학과 자본주의

오스트리아학파는 종종 자본주의 및 자유시장에 대한 지지, 그리고 정부의 경제 개입에 대한 반대와 연관된다. 오스트리아학파의 생각들의 배경은 이것이 왜 그런지를 알려 준다. 경제를 어느 한 개인 또는 개인의 한 집합에 의해서는 그 전모가 이해될 수 없는 복잡한 질서로 보지 않고서는 오스트리아학파의 구성원으로 간주될 수 없다. 이것은 경제를 조직하는 생산적인 방식으로서의 중앙 계획뿐 아니라 특정한 결과를 낳기 위해 설계된 정부 개입 역시 배제한다. 복잡한 질서 속에서는, 정부 개입의 실제 결과는 사전에 예견될 수 없다. 물론 일부는 예측될 수 있지만, 리스먼(Reisman, 1998)이 지적하듯이 예측하기 어려운 복잡한 질서 속에서는 의도하지 않은 결과들도 있을 것이다.

복잡한 질서 속에서 정부 계획이 의도하지 않은 결과들에 대한 예시로 미국의 사회 보장 제도(Social Security Program)를 보라. 그것이(초기 세율이 피고용자에 대해서 1.5%, 고용주에 대해서 1.5%으로!) 확립되었을 때 그 기획자들은 늘어나고 있는 노동 인구가 충분한 수입을 그 제도에 계속 넣어 줌으로써 낸 만큼 받아간다는(pay-as-you-go) 방식으로 퇴직자들에게 자금을 지원할 수 있을 것으로 상상했다. 무슨 일이 나타났던가? 무엇보다도 출생률은 낮아지고 기대수명은 높아졌으며, 노동자에 대비한 퇴직자의 비율을 상당히 높여 놓았다. 부분적으로는 출생률 감소는 노인들이 보장된 사회 보장 급여를 받음으로써 더 이상 부양을 위해 그들의 자녀에게 많이 의존할 필요가 없어졌기 때문일지도 모르며, 따라서 그 사업 자체가 어느 정도 출생률 감소의 원인이었는데, 이것이 자금 조달의 어려움에 기여했다. 그 사업의 창안자들은 또한 그 사업을 헤프게 늘리려는 노인 투표자들의 정치적 압력을 예측하지 않았다. 그 사업이 전반적으로 바람직한가는 살펴볼 필요도 없이 그것이 그 창안자들이 의도한 대로 작동중이지 않음이 분명한데, 이는 그들이 복잡한 경제 질서의 맥락 속에서 그 결과를 예측하지 않았기 때문이다.[4)]

설탕에 배정된 경작 면적을 제한하며 외국 설탕의 수입을 억제하는 미국 정부의 설탕 프로그램을 생각해 보라. 그것은 본래 쿠바 내 미국 설탕업계의 이익을 보호하기 위해 만들어진 것이지만, 그러한 근거는 1959년 카스트로(Castro) 혁명이 그러한 설탕 농장들을 몰수했을 때 사라졌다. 이 프로그램은 21세기까지 유지되는데 이는 그것이 창출한 일단의 새로운 이익 집단 때문이었다. 국내 설탕 농장주들 외에도 미국의 설탕 가격이 세계 나머지 국가들보다 상당히 높기 때문에 청량음료 및 다른 사탕 제품 생산자들은 설탕 대신 옥수수 감미료를 사용하고 있는 중인데, 그것은 자신들의 이익을 위해 이 프로그램을 지지하는 옥수수 농부들이라는 선거구민을 만들어 냈다. 그 프로그램의 원래 동기는 반세기도 더 전에 없어졌음에도 불구하고 원래 프로그램의 이러한 의도하지 못한 결과는 그 프로그램이 지속되는 데 기여한 요인이 되어 왔다.

4 이 사업이 피고용자들에 대한 1.5%의 세율로 설립되었을 때, 사회보장청(Social Security Administration)으로부터 시민들에게 주어진 정보는 "이것은 당신이 앞으로 죽 지불할 금액 중 최고액입니다" 라고 확신시켰다.

복잡한 질서 안에서 경제에 대한 정부 개입의 모든 결과들이 예측될 수 없다는 점을 예증하는 수많은 예시들이 주어질 수 있다. 그러한 결과들 중 어떤 것들은 의심의 여지 없이 바람직하지 않을 것이며, 그것은 이케다(Ikeda, 1997)가 주장한 대로 그러한 예견하지 못한 결과들을 해결하기 위해 추가적인 정부 개입을 낳을 것이다. 이러한 추가적 정부 개입은 점점 더 비효율적 자원의 배분을 증가시키는 결과를 낳았다. 경제를 '복잡계'(complex system)로 보는 인식은 오스트리아학파의 경제학자들로 하여금 경제에 대한 정부 개입들을 바람직하지 않은 것으로 보게 만든다.

오스트리아학파의 경제 서술은 개인들로 하여금 자신의 분산된 지식(decentralized knowledge)을 그것들이 굳이 타인들에게 전달되거나 총합되지 않고도 조정할 수 있게 해주는 기구로 경제를 파악하는 것과 밀접히 관련되어 있다. 분산된 지식은 그것을 소유한 사람들에 의해 가장 효과적으로 사용될 수 있는데, 왜냐하면 이는 많은 지식이 암묵적인 것이며 다른 사람들에게 완전히 전달될 수 없기 때문이다. 사회주의 계산 논쟁에서의 미제스에 대한 비판가들은 시장을 시장 균형을 잡아 주는 가격 및 수량을 찾기 위한 기구로 서술했으며, 오스트리아학파는 시장의 그런 기능을 인정하지만 모든 경제 주체들 사이에 흩어져 있는 분산된 지식 사용을 조정하는 시장의 역할이 이루어지려면 그 지식은 분산된 상태로 남아 있어야 하며, 시장 기구는 합리적 경제 계산 및 효율적 자원 배분을 위한 요건이 되어야 한다.

정부 계획보다 시장 기구를 지지하는 것은 오스트리아학파의 거시 경제 분석에도 확장된다. 20세기에 거시 경제학이 발전함에 따라 경제를 안정하기 위해 통화 정책 및 재정 정책을 통한 정부 개입의 활용이 크게 강조되었다. 미국에서는 연방준비은행(Federal Reserve)이 거시 경제에 영향을 주기 위한 상례적 수단으로 금리 조작을 사용하고 있다. 오스트리아 경기 순환 이론은 '이질적 자본'(heterogeneous capital)의 틀 위에 서 있고, 따라서 금리 조작은 총투자에 영향을 미칠 뿐 아니라 발생하는 투자 유형에도 영향을 미친다. 다시금 분산된 지식을 강조할 때에 자원을 효율적으로 배분하기 위해서는 시장이 필요하며, 이자율 – 시장 가격의 하나 – 이 정부 개입으로 인해 변경될 때 투자자는 그들 자신이 장애에 빠져 있음을 발견하게 된다. 통화 정책과 재정 정책을 통한 거시 경제의 조작은 오스트리아학파의 분석 틀 안에서는 불안정을 가져오는 경향이 있으며, 그것은 오스트리아학파의 경제학자들이 자본주의와 자유시장을 지지하는 경향을 갖는 또 다른 이유를 가리킨다.

자본을 이질적인 것으로 다루지 않는 전형적인 거시 경제 모델에서는 경제는 투자가 너무 많이 혹은 너무 적게 되어 있다고 묘사될 수 있지만, 이질적 자본을 갖는 오스트리아학파의 분석틀은 투자자들이 그릇된 유형의 투자를 할 가능성을 인정하며, 이러한 '잘못된 투자'(mal-investment)는 나중에 수익성이 없는 것으로 드러날 것이다. 1990년대 후반의 닷컴 버블과 2000년대의 주택 버블은 오스트리아학파의 분석틀에 잘 맞아드는데, 왜냐하면 두 경우 모두 문제는 투자자들이 특정 유형의 투자에 과잉 투자한 것이었으며 – 첫째는, 인터넷 회사들 및 인터넷 기반 기업들이었고, 그 다음은 주택 – 그것들은 나중에 수익성이 없는 것으로 나타났다. 문제는 투자가 너무 많거나 적은 것이 아니라 '잘못된 유형'의 자산에 투자하는 것이었다. 베를린 장벽의 붕괴가 경제 계산에 대한 미제스의 견해에 신뢰성을 부여한 것과 마찬가지로 이러한 잘못된 투자 일화들은 오스트리아학파의 경기 순환 이론을 뒷받침해 주어 왔다.

오스트리아학파는 기업가 정신의 중요성을 강조하며, 다시금 그 기업가들은 오직 시장 가격이 그들이 생각하는 진정한 투입의 비용 및 산출의 가치를 그들에게 드러낼 때에만 합리적 경제 계산을 할 수 있다. 미래는 불확실하므로 경제에는 항상 기업가의 오류가 어느 정도 있을 것이지만, 시장의 조작은 시장의 신호를 왜곡하는데 그것은 기업가의 오류 가능성을 높인다.

오스트리아학파가 시장 과정을 이해하는 방식은 많은 이유들로 인해 그 구성원들로 하여금 자본주의와 자유시장을 옹호하도록 만든다. 이것은 이념적 주장이 아니라 그 학파의 경제 분석에서 직접적으로 나오는 것이다.

5.5
경제에서의 정부의 역할

오스트리아학파가 자본주의 및 자유시장을 옹호하는 것이 반드시 그 구성원들이 모든 정부에 반대한다는 의미는 아니다. 시장이 효과적으로 작동하기 위해서는 재산권이 명확하게 정의되고 보호되어야 하며, 사람들은 법의 지배(rule of law) 제도 아래서 움직여야 한다. 미제스와 하이에크는 둘 다 정부의 역할이 이러한 목적들을 달성하는 데 있으며, 아마도 경제에서는 그런 일을 더 많이 해야 한다고 보았다. 재산권의 정의 및 보호는 자본주의 사회를 위한 명백한 요건이다. 만약 사람들이 교환에 참여하려면 그들이 교환 중인 것에 대한 재산권을 가지고 있어야 한다. 만약 투자자들이 자본을 사고파는 – 가치를 매기는 – 자본 시장을 창설한다면 자본 소유자들은 그들의 자본재에 대한 재산권을 가지고 있어야만 한다. 재산권이 절도와 강제가 아니라 자발적인 교환을 통해 임자가 바뀔 수 있도록 재산권들이 보호되어야 한다. 그러지 않을 경우 시장경제는 기능을 할 수 없다.

법의 지배는 모든 사람이 객관적인 법체계 아래 동일하게 취급되는 것을 의미한다. 법의 지배가 존재한다면 사람들은 자신의 이익을 위해 생산 활동에 참여할 유인을 가진다. 만약 어떤 사람들이 법 아래에서 더 유리한 대우를 받는다면 이는 기업가적 개인들이 생산 활동에 참여하기보다는 유리한 법적 대우를 받을 수 있는 방법들을 모색하게 하는 동기를 만들어 낸다. 오스트리아학파 구성원들은 명확하게 정의되고 실행력 있는 사적 재산권 및 법의 지배를 지지하는데, 이는 그것들이 시장경제의 효과적인 작동에 필수적 토대가 되기 때문이지만, 이러한 재산권의 보호 및 법의 지배를 지지하는 것이 오스트리아학파에 특유한 주장은 아니다.

오스트리아학파 사람들의 일부는 이러한 활동들을 정부의 역할로 보는 반면에, 다른 사람들은 정부의 강제 없이 발전된 시장 제도들 또한 재산권을 보호하고 법의 지배를 확립할 수 있으며, 또 정부보다 그런 일들을 더 효과적으로 할 수 있다고 주장한다. 이러한 입장에 대한 가장 유명한 주장자는 로스버드이다. 로스버드(Rothbard, 1973)는 시장이 어떻게 정부가 하는 모든 일을 할 수 있고, 또 더 효과적으로 할 수 있는가를 설명하였고, 그리고 로스버드(Rothbard, 1982)는 왜 정부를 없애는 것이 한 사회를 조직하는 유일한 윤리적 방식인가를 설명하였다.

시장이 어떻게 도로와 학교와 같은 재화들을 제공할 수 있는지는 상상할 수 있는데, 이는 경제에는 이미 사유 도로 및 사립 학교가 있기 때문이다. 치안은 어떤가? 로스버드(Rothbard, 1973)는 사람들의 권리를 보호하기 위해 어떻게 사설 치안 회사들이 출현할 수 있는지, 또 그것들이 어떻게 권리 침해 사건들 속 양측을 다룰 것인지를 설명한다. 법원은 어떤가? 로스버드는 이미 널리 사용되고 있는 사적 중재가 어떻게 정부의 법원들보다 더 나은 대안이 될 것인가를 설명한다. 국방은 어떤가? 로스버드는 여기서 두 갈래의 주장을 하는데, 첫째, 전쟁은 국가의 정부들 간에 치러지는 것이므로 정부가 없다면 전쟁의 동기를 많은 부분 없앨 수 있다. 둘째, 항복할 정부가 없다면 집집마다 들어가 그 지역 내 모든 사람을 정복하는 것은 실제로 불가능하다.[5] 관심 있는 독자는 로스버드의 생각들을 자세히 살펴보기를 권한다. 여기서의 목적은 그것들을 설명하거나 변론하는 것이 아니라, 오히려 오스트리아학파의 일부 구성원들은 어떠한 정부의 활동도 불필요하고 바람직하지 않다고 말할 정도로 시장 기구를 옹호한다는 점을 지적하는 것이다.

시장경제의 성공적인 운영이 재산권을 보호하고 법을 집행하는 정부의 몇몇 역할들을 필요로 하는가는 오스트리아학파 내의 논쟁거리이다. 오스트리아학파 분석틀은 정부의 생산 및 자원 배분을 지시하는 정부 규제는 비효율적인 결과로 이어짐을 분명히 함축하며, 따라서 오스트리아학파 구성원들은 경제 활동에서 정부 역할을 제한하는 공공 정책들을 지속적으로 지지한다. 이는 공공 정책에 대한 이념적인 주장이 아니라 오스트리아학파가 경제의 작동을 이해하는 방식으로부터 도출되는 주장이다. 이러한 논리가 정부가 하는 모든 일로 확장될 수 있을까? 오스트리아학파의 일부 구성원들은 그럴 수 있다

5 이 주장이 처음에는 설득력이 없어 보일지 모르지만, 2000년대 초반 미국이 이라크와 아프가니스탄을 침공한 것을 본다면 세계 최강의 국가가 작고도 가난한 두 나라들을 장악하느라 겪었던 어려움을 알게 될 것이다.

고 주장한다.

5.6 오스트리아학파의 이데올로기

시장경제 속 정부의 적절한 역할에 관한 일반적인 이슈와 더불어 로스버드 및 오스트리아학파의 다른 사람들에 의해 지지된 자유지상주의적(libertarian) 무정부 상태는 자연스럽게 그 학파의 이데올로기와 오스트리아학파 경제학과 자유지상적 정치철학이 연관되어 있는 정도에 관한 질문을 당연히 제기하게 한다. 이 질문에 대한 답은 경제 제도 및 정치 제도가 서로 의존하고 있다고 생각하는 정도에 달려 있다.

한 가지 시각은 경제학과 정치학은 지적 연구의 별개의 영역이며, 경제의 작동은 정치 및 정부와는 독립되어 분석될 수 있다는 것이다. 그렇다. 오스트리아학파가 경제에서 정부의 경제 안에서의 적절한 역할에 대한 결론들을 도출하고 있지만, 이것은 정부의 역할과는 별도로 보다 일반적으로 분석될 수 있다. 예컨대, 소득 재분배와 같은 이슈를 보자. 오스트리아학파의 한 구성원은 소득세를 사회의 불우한 사람들에게로 가는 이전 지급(transfer payments)에 자금을 대기 위한 소득 과세에 우호적일 수 있다. 경제 분석에 따르면 사회의 생산적인 구성원에 대한 조세는 그들이 생산적이어야 할 유인을 줄일 것이고, 가난한 사람들에 대한 지불은 그들 자신이 빈곤에서 벗어나기 위한 행동을 취할 유인을 줄일 수 있다. 대부분의 경제학자들은 자신들이 오스트리아학파의 구성원이든 아니든 이러한 결론에 동의할 것이다. 그러나 경제 분석이 경제의 생산성이 소득 이전 프로그램의 결과로 더 낮아질 것임을 보여 준다 하더라도, 오스트리아학파의 어떤 구성원은 그것을 여전히 좋아할 수 있다. 경제 분석은 단지 이러한 정부 프로그램들과 관련되어 있는 비용들이 있음을 인식하는 것이다.

또 다른 시각은 경제 제도 및 정치 제도가 밀접하게 연관되어 있다는 것이다. 경제는 정치 제도에 의해 미리 예측할 수 없는 방식으로 영향을 받는 복잡한 체제이다. 본질적으로 경제 체제 및 정치 체제는 상호 연결되어 있는 보다 더 큰 복잡한 사회 체제의 두 가지 요소이다. 하이에크(Hayek, 1944), 이케다(Ikeda, 1997), 리스먼(Reisman, 1998)의 생각들에 따르면 시장경제에 대한 개입들은 예상하지 못한 부정적 결과들을 가져오는데, 그것은 그런 부정적 결과들을 해결하기 위해서는 더 많이 개입을 하라는 대중의 요구로 이어지게 되며, 따라서 경제 정책 및 정치의 관계는 일반적으로 제한된 정부가 바람직함을 함축한다. 앞 단락의 재분배 예시를 다시 살펴보자. 처음의 동기는 경제적인 것이라기보다는 정치적인 것이었지만, 처음에 개입한 이후에는 경제적 비효율성은 추가적 개입들을 요구할 것이다. 정부는 시장경제가 기능하기 위해서는 모든 영역에서 제한되어야 한다.

경제학자들이 20세기 대부분에 걸쳐 합리적 경제 계산에 대한 미제스의 주장을 일축했던 것과 아주 유사하게 시장경제가 정부가 운영하는 보건 제도들, 상당한 복지 국가들 및 시장에 대한 상당한 크기의 규제적 감독과도 공존한다는 것을 지적하면서 이러한 생각을 일축할 수 있지만, 만약 경제 제도와 정치 제도가 상호의존적이라면 이는 20세기 동안의 복지 국가의 성장이 21세기에서 경제 진보를 둔화(또는 종식)시키는 결과를 가져올 수 있음을 시사한다.

오스트리아학파의 경제 분석이 자유지상주의적 정치를 함축하는지에 관한 두 시각들이 마음대로 취해질 수 있으나, 그것의 연관성은 다른 방식으로도 연결될 수 있다. 자유지상주의적 정치 시각들을 가진 사람들은 오스트리아학파의 경제 시각들에 당연히 공감하게 되어 있다. 다른 경제 사상 학파들도 자유지상주의적 정치 시각들과 부합한다; 예컨대, 밀턴 프리드먼(Milton Friedman)과 시카고 경제학파는 종종 제한된 정부에 대한 옹호와 관련되어 있다. 따라서 자유지상주의적 정치 시각들이 많은 개인들을 오스트리아학파로 인도하기는 했지만, 자유지상주의적 정치 시각들이 꼭 오스트리아 경제학파와 연관되어 있음을 함축하는 것은 아니다.

순수주의 경제학자들은 오스트리아학파의 경제학과 자유지상주의 정치가 완전히 구분된 것이라 주장할지 모르지만, 대략적으로 관찰해 보면 자칭 오스트리아학파의 구성원이라는 사람들은 일반 대중들보다 자유지상주의적 정치 시각들을 더 많이 가진 경향이 있음을 보여 준다. 이러한 연관성은 경제, 더 일반적으로는 사회가, 인간 설계(design)가 아니라 인간 행동(action)의 결과인 자율적(self-regulating)인 복잡계(complex system)라는 생각과 그 체제 속에 개입하려는 것은 예상하지 못한 부정적 결과들을 낳을 것이라는 생각으로부터 도출되는 것이다.

5.7
오스트리아학파의 방법론

경제 분석은 그 역사 동안에 걸쳐 더 '과학적'인 것이 되어 왔으며, 정교한 수학적 분석과 고급 통계 기법들에 점차 더 의존해 왔다. 오스트리아학파는 수학적 및 통계적 분석에 대한 의존도가 훨씬 낮으며, 그것들에 의존하는 경제 분석들에 대해 흔히 회의적이다. 오스트리아학파 경제학은 인간 행동(human action) 밑에 놓여 있는 역사적·제도적 세부 사항들에 더 주의를 기울이는 경향이 있으며, 수학적 및 통계적 분석이 함축하려는 것처럼 세계가 결정론적(deterministic)인 것이 아니라고 인식한다.

경제학의 수학적 모델은 균형 상태에 있는 경제의 특성들을 묘사하는 것에 크게 치중하는 경향을 지녀 왔다. 시장이 균형을 이룩하는 상태 속에서 경제의 특성들을 이해하는 것이 가치가 있기는 하지만, 균형에 초점을 두는 것은 경제의 몇 가지 측면들을 흐리게 만든다. 경제학을 이해하기 위해 오스트리아학파가 취하는 '시장 과정적 접근 방법'은 경제 활동을 지시하는 개인의 결정 및 기업가의 행동의 중요성에 주목하는 반면에, 수학적 균형 모형은 경제의 이러한 점들을 모호하게 만든다. 개인의 행동은 효용함수의 형태에 의해 사전에 결정되는 효용함수의 수학적 표현으로 묘사되는 경향이 있다. 개인과 기업을 불확실성 하에서 그들이 할 수 있는 최선의 결정을 내리려고 노력하는 것으로 보기보다는 개인은 효용을 또 기업은 수익을 극대화하는 것으로 본다. 경제 진보를 주도하는 기업가 정신은 균형 모형에서는 들어 있지 않다. 또 다른 문제는 수학적 모형들이 결정론적 해(deterministic solutions)를 갖는 경향이 있는 반면에, 현실 세계에서는 오늘의 기업가 행동이 미래의 경제 궤적에 영향을 준다는 점이다. 또 다른 문제는 수학적 모형이 전체 경제가 방정식 체제로 이해될 수 있는 것처럼 보이도록 하는 식으로 경제를 표현하는 반면에, 복잡계로서의 경제에 대한 오스트리아학파의 시각은 경제란 너무나 복잡하고도 불확실하여 어느 한 개인이나 집단이 이해할 수 없다는 것을 강조한다는 것이다.

수학적 모형화의 이러한 특성들은 그것이 함유하는 한계점들이 이해되는 경우 꼭 문제가 되는 것은 아니지만, 그렇지 못하는 것이 대부분이며 수학적 모형이 전체 경제의 현실적인 표현인 것처럼 취해진다. 사회주의 계산 논쟁에서 미제스에 대한 비판자들이 그 한 예이다. 그들은 이 모형에서 반영되지 않은 경제 국면들은 무시하고서 균형 가격들이 일반 균형 모형에서 발견되는 것과 같은 방식으로 중앙 계획 기구가 균형 가격을 찾을 수 있다는 것을 보임으로써 미제스를 반박했다.

비록 중앙 경제 계획은 인기가 떨어졌지만 정책 결정자들이 그들의 분석을 경제 모형에 토대하여 의료 시장이나 에너지 시장과 같은 경제의 부분 요소들을 계획하려고 할 때에는 이와 똑같은 문제들이 더 작은 규모에서 발생한다. 모형은 가르침을 주는 유용한 장치이지만 모형의 결과들이 현실 세계에서 그에 상응하는 결과들로 그대로 나타난다는 생각은 하이에크의 서술에 의하면 '치명적 자만'(fatal conceit)이다.

수학적 모형의 결정론적 성격은 오늘의 경제 여건이 미래의 경제 궤적을 함축하는 것처럼 보이게 만든다. 이것은 경제의 추진력인 기업가 정신을 무시하는 것이며, 미래의 여건은 오늘 내리는 결정들에 달려 있는데, 그것들은 불완전하고 불확실한 정보에 근거한 것임을 깨닫지 못한다. 경제 진보는 결정론적 미래를 상정하는 분석틀 안에서는 이해될 수 없다. 수학적 모형이 가진 문제는 모형들 자체가 아니라 모형을 사용하는 사람들이 그 모형에 포함되지 않은 경제 과정을 나타내는 데 그것들을 사용한다는 점이다. 한 예만 든다면 경제 진보의 원인이 되는 기업가 정신을 나타내지 않는 모형으로는 경제 진보의 한 요소인 경제 성장을 이해할 수 없다.

수학적 모형은 시장을 이용하는 사람들로 하여금 시장이 시장 참여자들의 분산된 결정들을 조정하는 방식을 이해하도록 도와줄 수 있지만 그 모형들은 시장 과정에서 나타나는 실제의 결과들을 서술할 수 없는데, 그 모형들은 개인들의 결정 기반이 되는 분산적이고도 흔히 암묵적인 지식을 포함할 수 없기 때문이다. 경제를 분산되고도 암묵적인 지식을 조정하는 복잡계로 보는 오스트리아학파의 시각은 그 구성원들로 하여금 수학적 모형들이 산출하는 어떤 특정한 결과들에 의구심을 갖게 만든다.

오스트리아학파의 구성원들은 또한 경제학 전문가들이 흔히 통계적 결과들을 사용하는 방식들에 대해서도 회의적인 경향이 있다. 경제는 불완전하고도 흔히 상충된 정보에 근거하여 선택을 하는 자율적인 개인들로 구성되어 있으며, 따라서 그런 개인의 결정들은 예측할 수 없으며 변하게 된다. 수요의 법칙은 가격과 수요량 사이에는 역의 관계가 있다고 말하는데, 그렇다면 재화의 가격이 상승함을 볼 때 개인들은 어떻게 반응할까? 어떤 개인은 더 높은 가격에서는 더 적게 구입하겠다고 결정할지 모른다. 다른 사람은 지금 가격이 올라가고 있다면 가격이 훨씬 더 올라가기 전에 지금 더 많이 사면 좋겠다고 결정할지도 모른다. 두 사람 모두 수요의 법칙을 따르고 있다. 두 번째 사람은 현재의 가격을 더 높을 것으로 예측된 미래 가격과 비교하고 있으며, 나중에 더 많이 지불하기보다는 지금 더 많이 구매하기로 결정을 내리고 있다. 물론, 나중에 가격이 더 올라가지 않을 수도 있고, 따라서 그 개인의 예측은 틀린 것일 수 있다. 그러나 이것은 경제적 의사 결정의 성격이며, 이 간단한 예는 두 개인의 행동이 모두 수요의 법칙과 일치하지만, 가격 상승이 어떻게 어떤 사람들은 덜 사게 만들고 다른 사람들은 더 사게 만드는가를 보여 준다.

통계 분석을 통해 발견될 수 있는 경험적 규칙성이 있을 수 있다. 오스트리아학파는 통계학의 사용에 반대하지 않으며, 통계학 및 계량 경제적 분석을 역사적 사실을 더 잘 이해할 수 있는 방법으로 본다. 통계적 분석은 자료 속에서 통계적 분석 없이는 쉽게 보이지 않는 경험적 규칙성 및 상관관계를 찾아낼 수 있다. 그러나 과거에 통계적 규칙성이 존재했기 때문에 그것이 미래에도 존재할 것이라는 보장은 없다. 그러한 판단을 내리기 위해서는 경제 이론의 렌즈를 통해 통계적 규칙성을 이해해야 할 것이다.

계량 경제 분석은 흔히 이론의 검증으로 제시되는데 오스트리아학파의 구성원은 이런 식으로 계량 경제학이 사용되는 것에 특히 회의적이다. 이 회의주의의 일차적 이유는 검증 받기 위한 역사적 자료를 만들어 낸 인간 행동이 계량 경제 모형 밖에 놓여 있는 미래 여건의 변화에 대응하여 바뀔 수 있다는 것이다. 물리적인 세계에서는 반복되는 물리적 현상에 의존할 수 있는데, 이는 원자들이 의사 결정을 내리거나 그 마음을 바꾸지는 않기 때문이다. 사람들은 그런 일을 하는데, 왜냐하면 그들의 취향이 바뀌고 외부 여건이 바뀜에 따라 과거에 발생했던 경험적 규칙성이 미래에는 사라질 수 있음을 학습하기 때문이다. 이러한 회의론은 경제를 복잡계로 이해하는 것에 바탕을 두고 있다.

오스트리아학파의 구성원들이 이론의 통계적 검증에 회의적인 또 다른 이유들이 있는데, 그것들은 오스트리아학파 경제학 자체에 관한 것이기보다는 그러한 검증들이 수행되는 방식에 근거하는 것이다. 연구자들은 흔히 데이터를 통해 자신들의 가설을 지지하는 결과를 얻기 위해 자료들을 뒤지고 구체화(specification test) 검증을 수행하며, 그들의 가설을 지지하지 않는 경험적 검증들은 폐기한다. 이러한 활동들이 반드시 지적으로 부정직한 것은 아니다. 그것은 단지 올바른 구체화(specification)를 찾기 위한 문제일 수 있다. 통계적으로 유의미한 결과를 얻지 못하는 경험적 검증들은 흔히 발표할 수 없는 것으로 여겨지며, 그래서 그것은 연구자에 의해 폐기될 것이다.

많은 다른 구체적 상황에도 맞고 많은 다른 연구자들에 의해 확인된 견고한 경험적 결과들은 경험적 규칙성이 있다는 보다 나은 증거를 제공하며, 만약 이것이 굳건한 이론에 의해 지지된다면 오스트리아학파는 이러한 유형의 경험적 연구들에서 장점을 얻을 것이다. 그러나 위에서 주어진 이유들 때문에 이것이 아직도 이론의 검증으로 인정될 수는 없다. 그것은 타당성 있는 이론에 의해 지지되어야 하며, 그런 후에 그 이론에 부합하는 역사적인 증거로 받아들여질 수 있다.

오스트리아학파는 수학적 또는 통계적 분석에 반대하지 않지만, 많은 이유들로 그 구성원들은 많은 경제학자들이 그러한 분석으로부터 도출한 결론들을 회의적으로 보는 경향이 있다. 이러한 회의주의는 오스트리아학파의 구성원들로 하여금 그들의 분석이 보다 수학적이고도 통계적인 것으로부터 멀어지도록 했다. 학문적 성과를 흔히 기술적 정교함에 의해 판단하는 어떤 학계에서는 오스트리아학파의 구성원들에 의해 수행된 학문 연구가 대표적인 학술 저널들에 나타나는 것보다 흔히 덜 정교해 보이고, 따라서 그들의 연구는 최첨단의 경제학 연구에서 이루어진 것보다 과학성이 떨어지는 것으로 평가절하되는 경향이 있다. 오스트리아학파의 관점에서 보면 수학 및 통계학의 정교함으로 포장된 많은 경제 분석들은 그 분석가들이 이해하고자 하는 근본적인 경제 과정을 불분명하게 만들고, 그들에게 잘못된 이해의 인식을 준다. 그들은 모형을 이해하지만, 만약 그 모형이 그들이 현실 세계 속에서 이해하고자 하는 경제 과정과 부합되지 않는다면 그 모형은 현실 세계의 경제를 이해하는 데 도움이 아니라 오히려 방해가 되는 것이다.

오스트리아학파의 구성원들이 기술적으로 정교한 수학 및 통계적 기법을 사용하지 않는 이유들은 명확하지만, 경제학계에서 전반적으로 그러한 기법들이 널리 사용 – 및 존중 – 된다는 것은 오스트리아학파의 생각들을 학문적으로 수용하는 데 대한 장애물로 남아 있다.

5.8
결론

오스트리아학파의 중요성(momentum)은 1970년대 이후 구축되는 중이며, 오스트리아학파는 21세기에 계속적으로 부활하고 있는 중이다. 오스트리아학파는 20세기 초부터 1930년대에 걸쳐 발달했기 때문에 경기 순환 이론(business cycle theory) 및 합리적 경제 계산을 위해 시장이 필요함을 주장한 것으로 가장 유명하다. 이 두 분야에서 오스트리아학파는 20세기 중반에 이르러 그 인기를 잃게 되었다. 케인즈의 거시경제학이 오스트리아학파의 경기 순환 이론을 무력하게 하였다. 경제학자들 간의 일치된 의견은 경제 계산에 대한 오스트리아학파의 주장이 잘못되었다는 것이었다. 1930년대에 오스트리아학파는 경제사상의 주류 안에 잘 정착하였지만 20세기 중반에는 오스트리아학파의 생각들이 인기를 잃게 되었다. 미제스(Ludwig von Mises)는 오스트리아학파가 살아 있게 만들던 유일한 경제학자였으며 그가 미국으로 이주하자 그 학파도 미국으로 이주하였다.

미제스의 미국 제자들 – 특히, 커즈너와 로스버드 – 이 1970년대에 시작된 오스트리아학파의 부활을 목도하였다. 1989년 독일 베를린 장벽의 붕괴와 그 뒤 1991년 소련 연방의 소멸은 오스트리아학파가 중앙 경제 계획에 관하여 한 비판에 대해 경제학자들의 시각을 조롱으로부터 마지못해 표하는 존경(grudging respect)으로 바꾸게 만들었으며, 또한 1990년대 닷컴 버블 기간 동안 발생한 '잘못된 투자'(mal-investment) 및 2000년대의 주택 버블(housing bubble)은 오스트리아학파의 경기 순환 이론에 대해 어느 정도 호의적으로 바라보게 했다. 오스트리아학파가 경제 분석의 주류 밖에 머물러 있지만 그 생각들은 21세기에 와서 1930년대 이후에 그것들이 받아 왔던 것보다 더 인정을 받고 더 호의적으로 인식되고 있다.

경제 분석이 수십 년 동안 발전해 옴에 따라 오스트리아학파가 어떤 점에 기여해야 하는가를 고려하는 것은 가치가 있다. 많은 분야들에서 오스트리아학파의 생각들은 주류 경제 분석과는 다르며 주류 경제학이 간과하기 쉬운 통찰력을 경제 분석에 주는 공헌을 한다. 본서는 오스트리아학파의 통찰력을 4가지의 광범위하고도 아마 자의적일 수도 있는 범주로 따로 나누는 구성을 취하였다.

오스트리아학파는 시장 과정을 강조하는데, 이는 오스트리아학파를 경제 균형에 아주 중점을 두는 오늘날의 경제 분석과 차이가 나게 하는 점이다. 오스트리아학파의 일부 연구자들은 시장 과정에 대한 이러한 강조를 경제가 어떻게 균형 결과에 도달하는지를 이해하는 데 유용하다고 생각하고 있다. 그러나 시장 과정을 이렇게 보는 방식은 오스트리아학파의 차별성을 과소평가하는 것인데, 왜냐하면 경제 진보의 특징을 갖는 경제는 결코 균형에 도달하지 못하기 때문이다. 결코 도달될 수 없으며 항상 변하는 균형이 아니라 늘 움직이고 있는 과정에 초점을 맞추는 데는 충분한 이유가 있다. 이보다 더 중요한 것은 시장 과정에 초점을 맞춤으로써 시장 기구는 균형 가격과 균형 수량의 집합을 찾는 수단이 아니라 경제 참여자들의 분산되고도 불완전한 지식을 조정하는 발견 과정(discovery process)으로 파악되는 것이다.

분산되고도 불완전한 지식에 직면하여 오스트리아학파는 기업가들이 자신이 감지하는 이윤 기회들에 바탕을 두어 행동하며 기업가적 행동으로부터 이윤을 획득하는 경제 조직을 기업이라고 인식한다. 경제 분석은 통상적으로 기업들이 주어진 산출물을 생산하기 위하여 주어진 생산함수를 이용하여 주어진 투입물들을 결합하는 것으로 묘사하며, 산출물들을 효율적으로 생산하기 위해 투입물들을 결합하는 회사의 경영적 기능(managerial function)을 강조한다. 오스트리아학파는 기업 범주 안에 있는 개인들로 하여금 산출물을 생산하기 위하여 자신의 지식을 결합하도록 해주는 하나의 제도로서 기업을 강조한다. 기업들의 기업가적 성격이 의미하는 바는 기업들은 주어진 어떤 종류의 산출물을 생산하기 위하여 주어진 생산함수 내에서 활동하기보다는 시장에 혁신을 가져온다는 것이다. 따라서 이러한 기업가 정신은 경제적 진보를 만들어 낸다.

지식은 분산되어 있고 흔히 암묵적이며 그래서 개인들 간에 쉽게 전달되지 않으며, 또한 흔히 불확실하다. 기업은 사람들이 그들의 지식을 생산적으로 결합하는 것을 가능하게 해주는 조직이다. 오스트리아학파는 산출물을 생산하기 위해 투입물들을 결합하기보다는 산출물을 생산하기 위해 지식을 결합하는 기업의 역할을 강조한다. 이러한 분산되어 있는 지식을 사용하는 최선의 방법은 그것을 소유한 개인들이 지식을 가장 잘 사용하도록 허락하는 것이며, 시장 기구는 이러한 분산된 지식을 굳이 그것을 총합하지 않고도 조정하도록 작동한다. 사실상 경제 지식의 성격으로 인해 그것은 총합될 수 없다. 기업들은 지식의 저장소이며, 기업의 핵심 활동은 생산에 종사하기 위해 거기서 일하는 사람들의 지식을 결합하는 것이다.

신고전파 회사 모형은 기업을 운영하는 사람들을 산출물을 생산하기 위하여 자원을 효율적으로 사용하는 경영자들로 묘사하는 반면에, 오스트리아학파는 기업의 기업가적 성격을 강조한다. 경제학자들에 의해 흔히 비용을 인상시키는 것으로 묘사된 제품 차별화(product differentiation)는 오스트리아학파의 분석틀에서는 경제 진보의 엔진이다. 신고전학파의 경제 분석틀에서 이윤은 그것이 독점력이나 불균형으로부터 나오기 때문에 비효율성의 신호로 간주되는 반면에, 오스트리아학파의 분석틀에서 이윤은 이윤이란 미끼가 기업가 정신을 움직이는 것이기 때문에 효율성을 위해 필수적인 것으로 묘사한다. 오스트리아학파는 기업들 및 이윤이 시장경제 내에서 수행하는 역할에 대해 독특한 통찰력을 준다.

경제 계산은 오스트리아 경제학의 토대를 이루고 있다. 사회주의 계산 논쟁은 오스트리아학파의 독특한 생각들을 보여 주는 역할을 한다. 그 논쟁에서 미제스의 주장들에 대한 비판자들은 균형 경제 모형을 바탕으로 연구를 하여 중앙 계획자들이 어떻게 균형 가격을 계산할 수 있는지를 보여 주었다. 오스트리아학파의 반응은 경제는 그 전모가 완전히 이해될 수 없는 복잡계이며, 따라서 비록 우리가 그 과정이 작동되는 방식은 이해할 수 있지만, 그 세부 내용들(details)은 개인의 지식에 바탕을 두고 있고 또 시간 및 장소에 관한 개인들의 특정한 지식에 따라 내려질 수밖에 없는 기업가적 결정에 바탕을 두고 있기 때문에 우리가 이해할 수 없다는 것이었다.

시장은 개인들의 경제 활동을 조정하는데, 왜냐하면 가격들이 다른 사람들의 경제 활동에 대한 정보를 전달해 주기 때문이다. 사람들은 다른 사람들에 대한 지식을 갖고 있지 못하지만 가격들은 그에 관한 정보를 그들에게 제공해 주며, 그 결과 사람들은 그 지식을 갖지 않고서도 다른 사람들의 지식으로부터 이익을 얻을 수 있다. 합리적 경제 계산을 위해서는 시장 가격이 필요하다. 이러한 경제 계산은 단지 균형 가격 및 균형 수량을 찾는 것보다 훨씬 더 많은 일을 수행한다. 여건들은 항상 변하고 있으며, 따라서 사람들은 그러한 변화하는 여건을 반영하기 위해 끊임없이 경제 계산을 갱신할 필요가 있다. 시장 기구는 개인들이 그렇게 할 수 있게 하는 정보를 제공해 준다. 기업가들의 경제 계산은 경제 진보를 가져오며 시장 기구는 이 경제 진보가 일어날 때 개인의 계획들이 조정되도록 하는 역할을 한다.

대부분의 경제 분석이 극대화 행동의 가정에 바탕을 두고 있는 반면에, 오스트리아학파는 의사 결정이 불확실성 하에서 이루어지기 때문에, 또 취하지 않은 선택들의 결과는 결코 알 수 없기 때문에, 개인들 및 회사들은 자신들이 효용 극대화 혹은 이윤 극대화의 선택을 했는지를 결코 알 수 없다고 인식한다. 그들은 선택하는 시점에서 할 수 있는 최선의 선택으로 여겨지는 것을 선택할 수 있을 뿐이다. 어떤 기업이 어떤 행동 방침을 선택한 후에 그 행동 방침이 알고 보니 이윤을 가져다주는지를 말할 수 있지만, 다른 행동 방침이 더 많은 이윤을 가져다주었을 것인가에 대해서는 결코 말할 수 없다. 시장 과정은 개인들로 하여금 자신의 선택 대상들을 평가하고 선택을 하도록 해주지만, 어느 누구도 자신의 선택이 '최적'(optimal)이었는지를 알 수 있는 사람은 아무도 없는데, 왜냐하면 취해지지 않은 선택 대상들의 결과는 결코 알 수 없기 때문이다.

오스트리아학파의 경기 순환론은 오스트리아학파의 또 다른 특징적 모습이다. 그 이론은 가격들, 특히 이자율에 영향을 미치는 화폐 공급의 팽창 및 축소에 의해 초래되는 경기 변동을 묘사한다. 합리적 경제 계산은 시장 가격들을 필요로 하며, 그리고 통화의 변동에 의해 가격 신호들이 왜곡되면 그러한 왜곡된 가격들은 경제 계산에서 오류들이 많아지게 한다. 오스트리아학파의 경기 순환론의 핵심 요소는 '이질적 자본'이다. 통상적인 거시 경제 모형들은 동질적인 자본 스톡을 가정하고 있으며 자본 스톡들이 동질적일 경우 그런 모형들은 그릇된 유형의 투자가 이루어져 발생하는 '잘못된 투자'를 설명할 수 없다. 개인의 계획들의 조정이 붕괴되기 때문에 거시 경제의 불안정이 일어나며 오스트리아학파의 거시 경제학은 그런 붕괴의 중요한 부분이 잘못된 투자 때문에 발생한다고 강조한다. 이것은 오스트리아학파의 거시 경제학에 대한 접근 방법을 대부분의 다른 접근 방법들로부터 구별되게 하는 것이다. 사실, 실제 세계에서 우리는 거시 경제적 문제들이 나중에 잘못된 유형의 자본에 대한 투자인 것으로 드러나는 투자들 때문에 발생하고 있음을 보고 있으며, 따라서 거시 경제학에 대한 오스트리아학파의 잠재적 공헌은 분명하다.

오스트리아학파의 생각들은 다른 경제학파들과 다르며, 오스트리아학파의 생각은 다른 학파들이 제공해야 하는 것을 넘어서 경제 과정에 대한 통찰력들을 제공해 준다. 오스트리아학파는 1970년대 이후에 부활을 겪었으며 그것은 21세기까지 계속되고 있다. 오스트리아학파 경제학에 대한 현대적 관심을 보여 주는 하나의 작은 증거는 당신이 시간을 들여 이 책을 통독했다는 것이다!

참고 문헌

Armentano, Dominick T. (1972), *The Myths of Antitrust: Economic Theory and Legal Cases*, New Rochelle, NY: Arlington House.

Arthur, W. Brian (1989), "Competing technologies, increasing returns, and lock-in by historical events," *Economic Journal*, 99, March, pp. 116–31.

Boettke, Peter J. (1993), *Why Perestroika Failed*, New York: Routledge.

Böhm-Bawerk, Eugen (1884, 1889, 1909), *Capital and Interest*, 3 Vols., Reprinted in 1959, South Holland, IL: Libertarian Press.

Boudreaux, Donald J. and Randall G. Holcombe (1989), "The Coasian and Knightian theories of the firm," *Managerial and Decision Economics*, 10, pp. 147–54.

Buchanan, James M. (1964), "What should economists do?," *Southern Economic Journal*, 30(3), January, pp. 213–22.

Buchanan, James M. (1969), *Cost and Choice: An Inquiry in Economic Theory*, Chicago, IL: Markham.

Cordato, Roy E. (1992), *Welfare Economics and Externalities in an Open-ended Universe: A Modern Austrian Perspective*, Boston, MA: Kluwer Academic Publishers.

Desrochers, Pierre (2001), "Geographical proximity and the transmission of tacit knowledge," *Review of Austrian Economics*, 14(1), pp. 25–46.

Dolan, Edwin G. (1976), *The Foundations of Modern Austrian Economics*, Kansas City, MO: Sheed and Ward.

Foss, Licolai J. (1997), "Austrian insights and the theory of the firm," *Advances in Austrian Economics*, 4, pp. 175–98.

Foss, Licolai J. (1999), "The use of knowledge in firms," *Journal of Institutional and Theoretical Economics*, 155(3), pp. 458–86.

Foss, Licolai J. and Peter G. Klein (2012), *Organizing Entrepreneurial Judgement: A New Approach to the Firm*, Cambridge: Cambridge

University Press.

Garrison, Roger W. (2001), *Time and Money: The Macroeconomics of Capital Structure*, London: Routledge.

Harper, David A. (1996), *Entrepreneurship and the Market Process: An Enquiry into the Growth of Knowledge*, London and New York: Routledge.

Harper, David A. (1998), "Institutional conditions for entrepreneurship," in Peter J. Boettke and Sanford Ideka (eds.), *Advances in Austrian Economics*, 5, Stamford, CT: JAI Press, pp. 241–75.

Hayek, Friedrich A. (1933), *Monetary Theory and the Trade Cycle*, reprinted in 1966, New York: Augustus M. Kelly.

Hayek, Friedrich A. (1935), *Prices and Production*, 2nd edition, New York: Augustus M. Kelly.

Hayek, Friedrich A. (1937), "Economics and knowledge," *Economica*, n.s. 4, pp. 33–54, reprinted in F. A. Hayek (1949), *Individualism and Economic Order*, London: Routledge and Kegan Paul.

Hayek, Friedrich A. (1941), *The Pure Theory of Capital*, Chicago, IL: University of Chicago Press.

Hayek, Friedrich A. (1944), *The Road to Serfdom*, Chicago, IL: University of Chicago Press.

Hayek, Friedrich A. (1945), "The use of knowledge in society," *American Economic Review*, 35, pp. 519–30.

Hayek, Friedrich A. (1949), *Individualism and Economic Order*, London: Routledge and Kegan Paul.

Hayek, Friedrich A. (1960), *The Constitution of Liberty*, Chicago, IL: University of Chicago Press.

Hayek, Friedrich A. (1973, 1976, 1979), *Law, Legislation, and Liberty*, 3 Vols., Chicago, IL: University of Chicago Press.

Hayek, Friedrich A. (1988), *The Fatal Conceit*, Chicago, IL: University of Chicago Press.

Herbener, Jeffrey M. (1997), "The Pareto rule and welfare economics," *Review of*

Austrian Economics, 10(1), pp. 79–106.

Holcombe, Randall G. (ed.) (1999), *15 Great Austrian Economists*, Auburn, AL: Ludwig von Mises Institute.

Holcombe, Randall G. (2007), *Entrepreneurship and Economic Progress*, London: Routledge.

Holcombe, Randall G. (2009), "Product differentiation and economic progress," *Quarterly Journal of Austrian Economics*, 12(1), Spring, pp. 17–35.

Holcombe, Randall G. (2013), *Producing Prosperity: An Inquiry into the Operation of the Market Process*, London: Routledge.

Horwitz, Steven (2000), *Microfoundations and Macroeconomics: An Austrian Perspective*, London: Routledge.

Ikeda, Sanford (1997), *Dynamics of the Mixed Economy: Toward a Theory of Interventionism*, London: Routledge.

Jevons, William Stanley (1871), *The Theory of Political Economy*, London: Macmillan.

Kirzner, Israel M. (1973), *Competition and Entrepreneurship*, Chicago, IL: University of Chicago Press.

Kirzner, Israel M. (1985), *Discovery and the Capitalist Process*, Chicago, IL: University of Chicago Press.

Klein, Peter G. (1999), "Entrepreneurship and corporate governance," *Quarterly Journal of Austrian Economics*, 2(2), pp. 19–42.

Kohn, Meir (2004), "Value and exchange," *Cato Journal*, 24(3), pp. 303–39.

Lachmann, Ludwig M. (1956), *Capital and Its Structure*, London: G. Bell and Sons.

Lachmann, Ludwig M. (1986), *The Market as an Economic Process*, Oxford: Basil Blackwell.

Lange, Oskar and Fred M. Taylor (1938), *On the Economic Theory of Socialism*, Minneapolis, MN: University of Minnesota Press.

Langlois, Richard N. (2007), "The entrepreneurial theory of the firm and the theory of the entrepreneurial firm," *Journal of Management Studies*,

44(7), pp. 1107–24.

Langlois, Richard N. (2013), "The Austrian theory of the firm: retrospect and prospect," *Review of Austrian Economics*, 26(3), pp. 247–58.

Langlois, Richard N. and Paul L. Robertson (1995), *Firms, Markets and Economic Change: A Dynamic Theory of Business Institutions*, London: Routledge.

Lerner, Abba (1946), *The Economics of Control: Principles of Welfare Economics*, New York: Macmillan.

Lewin, Peter (1997), "Hayekian equilibrium and change," *Journal of Economic Methodology*, 4, pp. 245–66.

Lewin, Peter (1999), *Capital in Disequilibrium: The Role of Capital in a Changing World*, London: Routledge.

Lewin, Peter and Howard Baetjer (2011), "The capital-based theory of the firm," *Review of Austrian Economics*, 24(4), December, pp. 335–54.

Lewin, Peter and Steven E. Phelan (2000), "An Austrian theory of the firm," *Review of Austrian Economics*, 13(1), pp. 59–79.

Marshall, Alfred (1920), *Principles of Economics*, 8th edition, London: Macmillan.

Menger, Carl (1871), *Principles of Economics*, Reprinted in 1976, New York: New York University Press.

Mises, Ludwig von (1912), *The Theory of Money and Credit*, in German, Reprinted in 1953, New Haven, CT: Yale University Press.

Mises, Ludwig von (1922), *Socialism*, in German, reprinted in 1951, New Haven, CT: Yale University Press.

Mises, Ludwig von (1949), *Human Action*, Scholar's 1st edition, reprinted in 1998, Auburn, AL: Ludwig von Mises Institute.

O'Driscoll, Gerald P. and Mario J. Rizzo (1985), *The Economics of Time and Ignorance*, New York: Basil Blackwell.

Penrose, Edith (1959), *The Theory of the Growth of the Firm*, Oxford: Oxford University Press.

Pongracic, Ivan, Jr. (2009), *Employees and Entrepreneurship: Spontaneity and Co-ordination in Non-hierarchical Business Organization*, Cheltenham, UK and Northampton, MA, USA: Edward Elgar.

Read, Leonard E. (1958), "I, pencil," *The Freeman*, December, pp. 32–7.

Reisman, George (1998), *Capitalism: A Treatise on Economics*, Ottawa, IL: Jameson Books.

Richardson, G. B. (1972), "The organisation of industry," *Economic Journal*, 82(327), pp. 883–96.

Richardson, G. B. and David J. Teece (1997), *Information and Investment: A Study in the Working of the Competitive Economy*, Oxford: Clarendon Press.

Rothbard, Murray N. (1956), "Toward a reconstruction of utility and welfare economics," in Mary Sennholz (ed.), *On Freedom and Free Enterprise: Essays in Honor of Ludwig von Mises*, Princeton, NJ: Van Nostrand, pp. 224–62.

Rothbard, Murray N. (1962), *Man, Economy, and State*, Los Angeles, CA: Nash.

Rothbard, Murray N. (1963), *America's Great Depression*, Kansas City, MO: Sheed and Ward.

Rothbard, Murray N. (1973), *For a New Liberty*, New York: Macmillan.

Rothbard, Murray N. (1982), *The Ethics of Liberty*, Atlantic Heights, NJ: Humanities Press.

Rothbard, Murray N. (1999), "Ludwig von Mises: Dean of the Austrian School," in Randall G. Holcombe (ed.) (1999), *15 Great Austrian Economists*, Auburn, AL: Ludwig von Mises Institute. Chapter 10.

Rothbard, Murray N. (2004), *Man, Economy, and State, with Power and Market*, Scholar's edition, Auburn, AL: Ludwig von Mises institute.

Sautet, Frederic E. (2000), *An Entrepreneurial Theory of the Firm*, London: Routledge.

Schumpeter, Joseph A. (1934), *The Theory of Economic Development*, Cambridge, M.A.: Harvard University Press.

Schumpeter, Joseph A. (1939), *Business Cycles: A Theoretical, Historical, and Statistical Analysis of the Capitalist Process*, New York: McGraw-Hill.

Schumpeter, Joseph A. (1947), *Capitalism, Socialism and Democracy*, 2nd edition, London: George Allen & Unwin.

Selgin, George (1988), *The Theory of Free Banking*, Totowa, NJ: Rowman and Littlefield.

Smith, Adam (1776), *An Inquiry into the Nature and Causes of the Wealth of Nations*, reprinted in 1937, New York: Modern Library.

Vaughn, Karen I. (1994), *Austrian Economics in America: The Migration of a Tradition*, Cambridge: Cambridge University Press.

Wagner, Richard E. (2007), *Fiscal Sociology and the Theory of Public Finance*, Cheltenham, UK and Northampton, MA, USA: Edward Elgar.

Walras, Leon (1874), *Elements of Pure Economics*, Reprinted in 1954, translated by William Jaffe, Homewood, IL: R.D. Irwin.

White, Lawrence (1984), *Free Banking in Britain: Theory, Experience and Debate, 1800-1845*, Cambridge: Cambridge University Press.

White, Lawrence and George Selgin (1987), "The evolution of a free banking system," *Economic Inquiry*, 25(3), pp. 439-57.

Witt, Ulrich (1999), "Do entrepreneurs need firms?: A contribution to a missing chapter in Austrian economics," *Review of Austrian Economics*, 11(1/2), pp. 99-109.

■ 오스트리아 경제학파에 대한 간략한 소개(이성규)

'오스트리아 경제학파'(Austrian School of Economics)는 1871년에 멩거(Carl Menger)가 『경제학 원리』(*Principles of Economics*)를 출판함으로써 만들어졌다. 멩거는 제본스(William Stanley Jevons), 왈라스(Leon Walras)와 함께 경제 분석에서 '한계혁명'(marginal revolution)을 전개하였다. 멩거는 자신의 『경제학 원리』에서 경제 분석은 보편적으로 적용할 수 있으며, 분석의 적합한 단위(appropriate unit)는 '인간'(man)이며, 분석 대상은 '인간의 선택'이라고 주장하였다. 또한 멩거는 인간의 선택은 '개인의 주관적 선호'(subjective preference)에 의해 결정되고, 그 결정은 '한계적으로' 이루어진다고 주장하였다. 멩거는 이러한 선택 논리가 '보편적으로 타당한 경제 이론'의 전개에 필수적인 주춧돌이라고 믿었다.

오스트리아 경제학파가 신봉하는 경제학에 대한 주요 명제(命題)들은 다음과 같다(명제(命題)란 "논리적 판단의 내용과 주장을 언어나 기호로 표현한 것"을 말함).

[명제 1] 각자의 목적과 계획을 가진 개인들만이 선택 행위를 한다.

인간(개인)은 각자의 목적과 계획을 가지고 있으며, 모든 경제 분석의 시작이다. 오직 개인들만이 선택 행위를 한다. 집단은 선택 행위를 하지 못한다. 경제 분석의 첫 번째 임무는 경제 분석을 각 개인의 목적과 계획에 기초함으로써 우리가 경제 현상들을 이해할 수 있게 하는 것이다. 경제 분석의 두 번째 임무는 개인의 선택 행위들이 초래하는 '의도하지 않은 결과'(unintended consequences)를 찾아내는 것이다.

[명제 2] 시장 질서에 대한 연구는 근본적으로 '교환 행위'와 교환이 이루어지는 '제도들'에 관한 것이다.

가격 시스템과 시장경제는 '카탈락시'(catallaxy)로 가장 잘 이해될 수 있다. 따라서 시장 질서(market order)를 연구하는 학문은 '카탈락틱스'(catallactics)의 범주에 속한다. 이러한 용어들은 그리스어인 'katallaxy'에서 유래되었다. 여기서 'katallaxy'란 "교환과 이를 통해 낯선 사람에게 우호(친목)를 가져다주는 것"을 말한다. 따라서 카탈락틱스는 ① 시장에서 일어나는 교환 관계, ② 교환 과정을 나타내는 거래 행위, 그리고 ③ 교환이 발생하는 제도들에 분석적 초점을 맞추고 있다.

[명제 3] 사회 과학에서 세상 '사실들'이란 사람들이 생각하고 믿는 것이다.

자연 과학과 달리 인간 과학(human sciences; 인간 행동에 대한 과학)은 '개인들의 목적과 계획'으로 시작한다. 자연 과학에서는 개인들이 가진 목적과 계획을 제거함으로써 의인화(擬人化, 또는 인격화)의 문제를 극복할 수 있으며, 그 결과 과학적 진보를 가져다준다. 그러나 인간 과학에서 개인들이 가진 목적과 계획의 제거는 인간 과학의 주제인 '인간 행동'(human action)에 대한 연구를 제거하는 - 즉, 인간 행동에 대해 알지 못하는 - 결과를 초래한다. 따라서 인간 과학에서 '세상 사실들'(facts of the world)이란 바로 목적과 계획을 가진 '사람들이 생각하고 믿는 것'이다.

인간 과학, 즉 인간 행동에 대한 과학의 목적은 인간 행동에 대한 예측이 아니라 이해(intelligibility)에 있다. 인간 과학은 이러한 목적(즉, 인간 행동의 이해)을 달성할 수 있다. 왜냐하면 인간 과학은 인간을 대상으로 하며, '인간 내부로부터의 지식'(knowledge from within)에 의존하기 때문이다. 반면에 자연 과학은 인간 이해라는 목적을 달성할 수 없다. 왜냐하면 자연 과학은 '외부로부터의 지식'(knowledge from without)에 의존하기 때문이다. 또한 우리는 다른 인간 행위자들의 목적과 계획도 이해할 수 있다. 왜냐하면 우리 자신이 인간 행위자들이기 때문이다.

[명제 4] 효용과 비용은 주관적이다: 효용뿐만 아니라 비용도 주관적이다.

모든 경제 현상은 '인간의 심리'(human mind; 심리(心理)란 마음의 움직임을 말함)를 통해 표출된다. 1870년대 이래로 경제학자들은 '가치가 주관적(subjective)'이라는 사실에 동의하였다. 그러나 마셜(Alfred Marshall)에 이어 많은 경제학자들은 "비용은 객관적 조건들(objective conditions)에 의해 결정된다"고 주장했다. 마셜은 가위의 양날이 종이를 자르듯이 "주관적 가치(subjective value)와 객관적 비용들(objective costs)이 가격을 결정한다"고 주장하였다. 그러나 마셜은 비용들도 또한 '주관적'이라는 사실을 깨닫지 못했다. 왜냐하면 비용이 희소 자원의 대체적 사용(alternative use)에 대한 '가치'에 의해 결정되기 때문이다. 따라서 가치는 주관적이므로 비용도 주관적이다. 가위의 양날이 종이를 자르듯이 공급(비용)이라는 날도 사람들의 '주관적 가치'에 의해 결정된다.

비용이 주관적이라는 점은 '기회비용'(opportunity costs) 개념을 통해 더욱 분명하게 드러난다. 우리 앞에 여러 개의 길이 있는 경우 행동 방침(courses of action; 방침(方針)이란 앞으로 일을 할 방향과 계획을 말함)을 결정할 때 우리는 여러 개의 길들 중에서 오직 한 길만 가야 한다. 이를 선택 대안들에 대해 적용하면 우리는 '기회비용'을 이용하여 행동 방침을 결정해야 한다. 경제학적으로 어떤 한 행동에 드는 비용은 그 행동을 취함으로써 포기해야 하는 여러 대안들 중에서 가장 가치가 높은 대안에 대한 '가치'를 말한다. 따라서 기회비용은 주관적이다.

[명제 5] 가격 체계는 사람들이 의사 결정을 하는 과정에서 처리해야 하는 '정보'를 절약(효율적으로 이용)하게 해주는 역할을 한다.

가격은 시장에서 일어나는 '교환의 조건'을 요약적으로 말해 준다. 가격 체계는 시장 참가자들에게 필요한 정보를 신호로 보내며, 그들이 교환으로부터 얻는 상호 이익을 얻도록 도와주는 역할을 한다. 하이에크(F. A. Hayek)의 유명한 예에서 보듯이 사람들은 주석(tin) '가격'이 오르는 것을 알아챈다면 그들은 그 원인이 주석 수요의 증가 때문인지 아니면 주석 공급의 감소 때문인지에 대해서는 알 필요가 전혀 없다. 원인이 어느 쪽이든 주석 가격의 상승하면 사람들은 주석 사용(소비)을 절약할 것이다. 시장의 기본 조건(사정)들이 변하면 시장 가격도 빠르게 변하며, 이에 따라 사람들도 자신의 행동을 빠르게 조정한다. 따라서 사람들이 시장에서 의사 결정을 할 때 필요한 여러 정보들 가운데서 '가격'에 의존함으로써 정보 처리 과정을 절약할 수 있다.

[명제 6] 생산 수단의 '사적 소유권'은 합리적 경제 계산의 필수 조건이다.

경제학자들과 사회사상가들은 오랫동안 "사적 소유권은 희소 자원의 효율적 배분에 강력한 유인을 제공해 준다"고 인식해 왔다. 그러나 사회주의(Socialism)에 동조하는 사람들은 사회주의도 인간의 본성(human nature)을 변화시킴으로써 이러한 유인 문제를 해결할 수 있다고 믿어 왔다. 그러나 미제스

(Ludwig von Mises)는 가정된 인간 본성의 변화가 발생할지라도 사회주의는 유인 문제를 해결하는 데 실패할 것이라고 주장했다. 왜냐하면 사회주의 경제에서 경제 계획가들(economic planners)이 희소 자원의 대체적 사용을 합리적으로 계산할 수 없기 때문이다. 미제스에 따르면 생산 수단의 사적 소유권이 없다면 생산 수단에 대한 시장이 존재하지 않으며, 그로 인해 생산 수단에 대한 화폐 가격(money price)도 존재하지 않을 것이다. 또한 생산 수단의 상대적 희소성을 나타내는 화폐 가격이 없다면 경제 계획가들은 생산 수단의 대체적 사용을 합리적으로 계산할 수 없을 것이다. 따라서 생산 수단의 '사적 소유권'이 있어야만 생산 수단에 대한 '시장'과 '화폐 가격'이 존재하며, 이를 바탕으로 생산 수단의 대체적 사용을 합리적으로 계산할 수 있다.

[명제 7] 경쟁 시장은 기업가의 발견 과정이다.

많은 경제학자들은 경쟁을 '일의 정적인 상태'(a state of affairs)로 간주한다. 그러나 '경쟁'이라는 용어는 '활동'(activity)을 수반한다. 만약 경쟁이 일의 정적인 상태라면 기업가는 수행할 역할이 없을 것이다. 그러나 경쟁은 '활동'이기 때문에 기업가는 시장을 자극하여 새로운 방향으로 이끄는 '변화의 대행자'(agent of change)로서 커다란 역할을 수행한다.

기업가는 상호 이익을 가져다주면서 다른 사람들이 알아채지 못한 기회들을 발견하는 데 빈틈이 없다. 기업가는 그러한 기회들을 발견함으로써 막대한 이익을 얻는다. '기업가의 발견'은 자유시장에서 자원의 효율적 사용을 가져다준다. 또한 이익의 매력은 기업가들을 끊임없이 자극하여 생산 능력을 증가시키는 '혁신'(innovation)을 추구하도록 한다. 이익 획득 기회를 알아채는(발견하는) 기업가에게 '오늘의 불완전함은 곧 내일의 이익'을 의미한다. 따라서 시장경제와 가격 체계는 사람들이 상호이익의 기회를 발견하고 희소자원을 효율적으로 사용하게 하도록 이끄는 '학습 장치'(learning devices)와 같다.

[명제 8] 사회 제도들은 대체로 인간 설계가 아니라 인간 행동의 결과이다.

많은 중요한 사회 제도들과 관례들은 인간 설계(human design)의 직접적 결과가 아니라 다른 목표들을 달성하기 위해 취하는 인간 행동(human action)의 부산물이다. 예를 들어, 어느 춥고 눈이 많이 내리는 지방에 사는 어떤 대학생이 추위를 피하면서 강의실에 빨리 도착하려면 그는 먼 길을 돌아서 걷는 것보다 사각형 안뜰을 가로질러 가는 게 더 나을 것이다. 어느 눈이 내린 날 그 학생이 사각형 안뜰을 가로질러 간다면 눈 위에 발자국이 남게 될 것이다. 만약 뒤이어 오는 다른 대학생들도 이 학생의 발자국을 따라 걷는다면 그 길은 점점 더 넓어질 것이다. 학생들의 목표는 단지 추위를 피하면서 강의실에 빨리 도착하는 것이지만 그 과정에서 이들은 눈 위에 '하나의 길'을 만들었고, 이 길은 뒤이어 오는 학생들에게도 강의실에 빨리 도착하는 데 도움을 줄 것이다. 이와 같이 '눈 위에 난 길'(a path in the snow)은 인간 설계의 결과가 아니라 바로 '인간 행동의 결과'에 대한 하나의 단순한 예이다.

시장경제와 가격 체계도 '눈 위에 난 길'처럼 인간 설계의 결과가 아니라 '인간 행동의 결과'이다. 사람들은 시장경제를 구성하는 복잡한 교환과 가격 신호를 의도적으로 만들려(즉, 설계하려) 하지 않는다. 사람들은 그저 자신의 삶을 더 낫게 하려고 '행동할' 뿐이다. 따라서 설계가 아니라 사람들의 '행동'이 결과적으로 시장 시스템을 가져다준다. 화폐, 법, 언어, 과학 등은 인간 설계가 아니라 '인간 행동'에 의해 초래된 사회 현상들이다. 즉, 화폐, 법, 언어, 과학 등은 인간 설계가 아니라 사람들이 자신의 삶을 향상시키려고 노력한(행동한) 결과 – 즉, 인간 행동의 결과 – 로 생겨난 것이며, 그 결과 다른 사람들과 사회에도 이익을 가져다준다.

경제학자들도 의사들의 신조를 받아들여만 한다. 대개 의사들은 히포크라테스(Hippocrates)의 선서에 따라 "무엇보다도, 해가 되지 않아야 한다"(First, do no harm)라는 교의를 신봉한다. 시장경제는 '사람들이 자신의 상태를 더 낫게 하고, 이러한 목표 달성을 위해 상호 이익을 가져다주는 교환을 발견하려는 자연적 성향'에 바탕을 두고 있다. 애덤 스미스(A. Smith)가 최초로 『국부론』을 통해 이러한 메시지를 체계화하였다. 20세기에 와서 오스트리아 경제학파의 경제학자들도 이러한 메시지를 가장 열렬히 지지하였다. 아마 앞으로도 비록 간헐적이지만 오스트리아 경제학파의 통찰력과 영향력은 계속될 것이다.

참고 문헌

Boettke, Peter J., "Austrian School of Economics," *The Concise Encyclopedia of Economics*.

찾아보기

[ㄴ]

[ㄷ]

[ㄹ]

[ㅁ]

[ㅂ]

[ㅅ]

[ㅇ]

[ㅈ]

[ㅊ]

[ㅋ]

[ㅌ]

[ㅍ]

[ㅎ]